대치동 1% 아이들은 종이신문을 읽습니다

국어·영어 성적이 동시에 올라간다!
대치동 엄마들이 선택한 **문해력 공부의 정석**

대치동 1% 아이들은 종이신문을 읽습니다

매일경제신문사

들어가며

'뇌의 분절화'로부터, 우리 아이들을 지켜라

서문 제목을 '챗GPT시대, 왜 지금 문해력인가'라고 썼다가 지웠습니다. 너무 고루해보이고, 한가해 보이잖아요. 우리는 지금 전대미문의 전쟁을 앞두고 있습니다. 스마트폰과 인공지능(AI)의 공습에서 '우리 아이들의 뇌'를 지키는 일이죠. 결코 이길 수 없을 것 같은 싸움이지만, 최소한의 진지(陣地·언제든지 적과 싸울 수 있도록 설비 또는 장비를 갖추고 부대를 배치하여 둔 곳)는 마련해둬야겠지요. 이미 도구를 넘어, 인간의 삶과 생각까지 뒤바꿀 만큼 진화한 AI와 살아가려면 많은 준비가 필요할 겁니다.

기획의도가 너무 거창했나요. 대치동에서 밤늦게까지 제자들과 씨름하다 보면, 산업 현장의 최전선을 취재하다 보면, 하루하루 거대한

불안이 몰려오는 걸 느낍니다. AI 시대에 대한민국이 살아남으려면 어떤 인재를 키워야 할까, 우리 아이가 거센 물살에도 꿋꿋이 중심을 잡게 하려면 무엇을 가르쳐야 할까. 저희 둘이서는 아무리 궁리해도 답이 안나오는 지라, 독자 여러분들과 함께 찾아보고자 이 책을 씁니다. 초등 저학년 자녀를 두신 부모님부터, 중고등학교 선생님, 왠지 모르게 일상이 답답한 학생들까지 함께 읽어주셨으면 하는 바람입니다.

필자들은 특히 '뇌의 분절화'라는 단어에 꽂혔습니다. 과학 용어는 아니고 비유적인 표현입니다. 전두엽이 발달할 중요한 청소년기에 책을 읽지 않으면서, 문해력은 물론 통합적 사고력을 기를 기회가 사라졌습니다. 원래 충동적인 기질이 발동하는 시기에 더 충동적이 되고, 그저 즉자적으로 반응할 뿐입니다. 이 생각과 저 생각이 연결되지 않고, 상자 안과 상자 밖에서의 생각을 동시에 할 수 없는 겁니다. 비단 학생들 뿐 아니라 어른들, 이 책의 필자들도 마찬가지입니다.

학생들에게 강의할 때에는 이를 '모래' 같다고 표현했어요. 우리는 초중고 시절에 뇌에 어떤 집을 짓고 평생을 거기서 살아가는데, 모래만으로는 제대로 된 집을 지을 수 없다고요. 아이들은 약간 이해하는 눈치였습니다. 누군가는 거대한 초고층빌딩을 올리고, 누군가는 3층짜리 전원주택을 짓는데, 지금 아무것도 지어놓지 않으면 평생을 모래사장 위에서 노숙하는 것처럼 살아야 한다고 했지요. "엄마아빠도 매일 스마트폰 보잖아요!"라는 질문에도 이 논리로 대답할 수 있더군요. 엄마아빠는 이미 집을 다 지어놓아서 상관없다(사실 상관이 없진 않습니다만)고요.

뇌과학자인 정재승 교수(카이스트 바이오·뇌공학과)가 실험한 유명한 결과도 있습니다. 책을 읽을 때와 쇼츠를 볼 때 활성화되는 뇌 부분이 다르다는 것이지요. 굳이 뇌 사진을 찍지 않고도 우리 아이가 어떤 상태로 AI 시대에 던져질 지 체험해보는 간단한 방법이 있습니다. 쇼츠를 2~3시간 정도 몰입해서 본 후 스마트폰을 놓고 일상생활을 해 보세요. 아마 술을 진탕 마신 다음날이나, 며칠 밤을 샌 것처럼 몽롱하고 멍한 느낌이 한참 동안 가시지 않을 겁니다.

투자에 관심 많으신 분이라면 변동성이 극심한 가상자산의 1분봉(1분마다 움직이는 가격을 보여주는 차트)을 15분만 보고 있어도 됩니다. 내 돈이 그렇게 불어났다 사라졌다 한다고 생각하면, 다른 생각은 아무것도 안납니다. 머리에 뿌연 안개가 낀 것처럼 몽롱하고, 아예 다른 건 다 상관없다는 생각이 들기도 합니다. 내 삶의 비전과 장기계획을 세우는 건 이런 뇌로는 불가능합니다.

우리 아이가 그런 상태로 평생을 살아간다고 생각해보세요. 끔찍하지 않으세요? 저 같은 경우 그럴 때 활자를 읽으면 훨씬 빠르게 회복이 되더라고요. 사실 더 좋은 방법은 글을 쓰는 것인데요, 글쓰기는 훨씬 더 많은 기술을 요구하기 때문에, 이 책에서는 종이로 된 활자 읽기를 먼저 추천드립니다.

국어와 영어를 함께 다룬 것은 '영어를 잘하려면 국어 문해력을 먼저 길러줘야 한다'는 교육철학 때문입니다. 대치동에서 24년간 영어를 가르쳐보니, 영어는 단순한 스킬이 아니라 '생각하는 집'을 짓는 일이었습니다. 우리는 한국인이니 먼저 국어로 생각하는 집을 짓겠지요. 그 '사고(思考)의 집'이 탄탄해야, 2층 3층에 다른 언어의 집을 지을 수 있다는 것을 꼭 강조하고 싶었습니다.

그리고 선생님들과 학부모님들은 모두 아시겠지만, 사실상 AI가 발달하면서 언어장벽은 무너진 지 오래입니다. "챗GPT시대에 영어를 꼭 배워야 하나요?"라는 질문이 나오는 것도 무리가 아니지요. 대치동에서 매일 이 질문과 씨름하면서 선생님들과 새로운 교재와 학습법을 연구하고 있답니다. 어떻게 하면 더 현명하고 효율적으로 영어를 배울 수 있을 지는, 2부에서 자세히 설명해드릴게요.

이 서문의 또 다른 제목은 '당신이 잠든 사이에'입니다. 우리가 물리적으로 잠을 자고, 쇼츠를 넘겨보며 뇌를 재워둔 사이, AI는 무섭게 진화하고 있습니다. 세계최고 딥러닝과 자기주도 학습을 넘어 자기들끼리 소통하면서 더 나은 대답을 하려고 노력합니다. 이렇게 365일 24시간 열심히 공부해서 AI가 지향하는 최종 학습목표가 '인간처럼 스스로 생각하기'라는 것은 일견 섬뜩하기까지 합니다.

다행히 아직은 늦지 않았습니다. 필자들은 신문과 잡지라는 도구를 제안하지만, 아이가 흥미를 가지는 '종이 자료'라면 무엇이든 상관없습니다. 왜 종이 자료인지는 뒤에 자세히 설명드리겠습니다. 지금 이 순간은 'AI 네이티브'로 자랄 아이들에게 지금 우리가 입혀줄 수 있는 한 겹의 옷, 정도로 이해해 주세요.

대치동 아이들이 신문이나 잡지를 옆구리에 끼고 다니면서, 틈틈이 읽는 모습을 상상해봅니다. '텍스트 힙'이라는 신조어처럼, 그게 참 멋진 일이라고 생각하면 얼마나 좋을까요. 모쪼록 이 책을 읽으시는 독자님도 이번 기회에 활자(活字)와 더 친해지셨으면 하는 바람입니다. '읽는 행위'가 사람을 사람답게, 인생을 활력있게 만들어 줄 거거든요. AI는 열공하고 사람은 더 이상 공부하지 않는, 이 '대질문의 시대'와 '만인의, 만인에 대한, 명령만 하는 시대'에도 말입니다.

2025년 9월

김정민 신찬옥 드림

| P.S. |

이 책의 최종 원고를 쓰는 몇 달 동안 '세계최고 AI 왕좌'는 열 번 넘게 바뀌었습니다. 챗GPT 시대가 오래 갈 것으로 봤지만 바로 중국 딥시크가 나왔고요. 챗GPT의 경쟁자 앤쓰로픽과 퍼플렉시티는 각각 글쓰기와 검색문답에 특화한 AI로 자리잡았습니다. 마냥 뒤처진 줄 알았던 구글과 메타도 이를 갈고 만든 AI를 내놓았을 만큼 발전 속도가 어마어마하게 빠릅니다. 책이 인쇄되어 서점에 깔릴 때쯤이면, AI는 얼마나 더 멀리 가 있을까요.

자녀의 스마트폰 라이프를 24시간 통제할 수 없다면, AI의 알고리즘을 이길 수 없다면, 하루라도 더 빨리 읽기와 쓰기와 생각하기를 시작해야 합니다.

Contents

들어가며 | '뇌의 분절화'로부터, 우리 아이들을 지켜라

1 1부
국어편

1장 · 종이신문으로 국어 문해력 기르기

1. 요즘 누가 종이신문 봐? 상위 1%는 봅니다	**17**
2. 월 2만 5,000원, 책 한 권 값만 투자하세요	**23**
3. 천재기업가들에게는 '이런 시간'이 있었다	**29**
4. 앙드레 김 선생님이 17개 신문을 본 이유	**35**
5. 편집이라는 마법, 그 CEO는 알고 있었다	**39**
6. 종이신문 귀찮은데, 디지털 판은 안되나요	**44**
7. 문해력 교재로 경제신문을 추천하는 이유	**50**
8. 재테크 관심많은 엄마 아빠도 같이 읽어요	**56**
• 아이들과 함께 읽고 싶은 추천도서	**63**

2장 · 종이 신문으로 국어 문해력 기르기 실전 훈련법

1. 독해력과 지구력 키우는 시간별 학습법　　71
2. 상식 넓히는 분야별 학습법　　92
3. 창의력 키우는 깊이별 학습법　　112
4. 문제해결력 키우는 참여형 학습법　　125
 • 신문사 데스크가 짚어주는 '자소서 잘 쓰는 법' 이론편　　139
 • 신문사 데스크가 짚어주는 '자소서 잘 쓰는 법' 실전편　　144

2부 영어편

3장 · 영문 뉴스로 문해력 기르기

1. 챗GPT 시대, 영어공부 안 해도 되지 않나요　　155

Contents

2. 언어는 사고의 집, 생각하는 법까지 규정한다 — **163**
3. 내신부터 수능 만점 고정, 중3까지 완성하자 — **170**
4. 수능 만점자의 영어, 글로벌 상위 1%의 영어 — **177**
5. 중1때 SKY 예약하는 아이들의 4가지 공통점 — **190**
   - SKY 진학을 결정짓는 4가지 요소 — **196**
6. 진짜 유창성은 생각의 힘: 영어 문해력의 본질 — **199**
   - 3 DEEP SYSTEM, 깊이 읽고 사고하고 표현하는 힘 — **206**
7. 영어 너머 원더랜드, 뉴스센스가 답이다 ❶ — **209**
8. 영어 너머 원더랜드, 뉴스센스가 답이다 ❷ — **219**
   - 트럼프 vs 오바마, 대통령 연설의 힘 비교 — **224**
   - 아무도 말해주지 않는 대치동 이야기 ❶ — **228**
   - 아무도 말해주지 않는 대치동 이야기 ❷ — **232**
   - 학년별 AI 영어 선생님 활용법 — **236**

4장 · 영문 뉴스로 문해력 기르기 실전 훈련법

1. 뉴스센스: 읽고, 말하고, 표현하는 영자신문 문해력 루틴 — **242**
2. 대치동 선생님들이 만들었다. 수준별 맞춤형 뉴스센스 학습지 — **246**

3. 읽고, 말하고, 나만의 생각을 써보는 문해력 첫걸음 — 253
- LEVEL 1 – 1일 학습 루틴 실전 연습장 — 256
- LEVEL 1 – 5일 학습 루틴 실전 연습장 — 262

4. 사고 확장 + 비판적 사고능력 + AI 대화 가이드 — 275
- LEVEL 2 – 1일 학습 루틴 실전 연습장 — 278
- LEVEL 2 – 5일 학습 루틴 실전 연습장 — 281

5. 주장하기, 반론 구성, GPT로 논리적 글쓰기 확장 — 287
- LEVEL 3 – 1일 학습 루틴 실전 연습장 — 290
- LEVEL 3 – 5일 학습 루틴 실전 연습장 — 295

6. 글의 구조 이해 + 주제 요약 + 생각 정리 + GPT 활용 대화 훈련 — 301
- LEVEL 4 – 5일 학습 루틴 예시 — 311
- LEVEL 4 – 5일 학습 루틴 활동지 — 316

7. 원문 독해 + 비판적 분석 + GRE형 문제 훈련 + 영어 에세이 작성 — 327
- LEVEL 5 – 5일 학습 루틴 활동지 — 330
- LEVEL 5 – 5일 학습 루틴 활동지 실전 연습 — 334

부록 | 틴매일경제를 활용해 영어 문해력 정복하기 — 342

대치동 1% 아이들은
종이신문을 읽습니다

1장

종이신문으로 국어 문해력 기르기

2장

종이 신문으로 국어 문해력 기르기 실전 훈련법

1부
국어편

1장
종이신문으로 국어 문해력 기르기

1. 요즘 누가 종이신문 봐? 상위 1%는 봅니다
마지막으로 종이신문 읽어 본 것이 언제인가요?

중학교 3학년 학생들에게 '신문읽기 특강'을 하면서 신문을 나눠 준 적이 있었습니다. 종이신문을 직접 보는 게 생전 처음이라는 친구들도 있더군요. 종이를 넘겨보는 행위 자체를 신기해하는 아이들을 보면서, 신문 만드는 사람으로서 만감이 교차했습니다.

"요즘 누가 종이신문을 봐요?" 이런 질문을 자주 받습니다. 그럴 때마다 "대한민국 오피니언 리더, 상위 1%만 보죠."라고 대답합니다. 그리고는 "바꿔 말하면 신문만 잘 읽어도 상위 1%가 될 수 있다는 뜻이에요!"라고 덧붙이죠.

제가 아는 대한민국 오피니언 리더들은 대부분 새벽에 일어나서 종이신문을 봅니다. 바빠서 보지 못한 날에는 출근하는 차 안에서 탭이나 스마트폰으로 보고요. 자세히 읽어야 할 기사는 링크로 보기도 하지만, 대부분은 지면을 그대로 옮긴 전자판(e신문이라고 부릅니다)으로 읽기도 합니다. 주요 기업 홍보팀들은 여전히 두툼한 아침 뉴스 스크랩을 만들어서 매일 보고하는 게 중요한 일과입니다. 임원들이 오늘의 중요한 지면 기사를 놓치지 않도록 말이에요.

분초를 나눠서 쓸 만큼 바쁜 분들이 종이신문을 손에서 놓지 않는 이유는 무엇일까요? '가장 중요한 정보'가 무엇인지 한눈에 알 수 있기 때문입니다. A라는 뉴스와 B라는 소식이 어떤 관계인지도 종이신문을 보면 한눈에 보이지요. 이 두 문장에서 키워드는 '한눈에'입니다. 어떤 지식을 한눈에 보는 것은 정말 중요하고요, 우리 아이들이 살아갈 AI 시대에는 더욱더 중요해질 겁니다. 신문은 매일 한눈에 보여주죠. 그것도 매일매일 새로운 살아있는 뉴스로 말입니다.

제가 이 이야기를 했더니 어느 서울대 교수님께서 '지식을 체계적으로 정리해주는 지도'라고 표현하더군요. 멋진 비유라고 생각했습니다. 신문은 다양한 뉴스를 담고 있으면서도 정치, 경제, 사회면 등으로 '페이지네이션' 되어 있잖아요. 중요한 것은 크게 쓰고, 상대적으로 덜 중요한 것은 작게 쓰지요. A신문은 작게 쓴 기사를 B신문은 크게 쓰기도 합니다. 종이신문을 꾸준히 읽다 보면, 자연스럽게 전체를 보는 눈이 생깁니다.

무엇보다, 지도를 보면 지금 내 위치를 알 수 있습니다. 저는 이게 종이신문 읽기의 가장 중요한 장점이라고 생각합니다. 내가 지금 어디까지 왔는지, 도착하려면 얼마나 남았는지, 맞는 길로 가고 있는 건지도 알 수 있죠. 아무리 먼 길이라도 내비게이션을 보면서 가면 갈만합니다. 지도 상에서 내 위치를 알면 상대가 어디쯤 있는지도 짐작이 되고요. 지식과 지식의 '경계'도 넘나들 수 있습니다. 내가 지금 경계

선을 지나고 있구나, 인식까지 하면서 말이죠.

인터넷 뉴스는 결이 완전히 다릅니다. 24시간 동안 인터넷에 쏟아지는 기사가 수천 건에서 수만 건은 될 거에요. MBN 등 여러 아침 방송에서 신문을 읽어주는 프로그램도 있고, 예닐곱 개의 주요 뉴스를 짧게 요약해서 매일 보내주는 서비스도 많지요. 이렇게 뉴스가 넘쳐나는 시대, 웬만한 뉴스들은 다 봤다고 생각하는 분들이 많습니다. 과연 그럴까요? 유튜브와 네이버, 다양한 SNS 게시물로 정말 뉴스를 다 본 걸까요?

오히려 제대로 된 뉴스를 만나는 것은 더 어려워졌습니다. 우리 뇌가 집중할 수 있는 시간은 한정되어 있는데, 너무 많은 정보들이 들어오기 때문입니다. 단언하건대, 전 세계 최고경영자(CEO)나 오피니언 리더들 중에서 SNS 게시물이나 단톡방에 올라온 뉴스 요약으로 세상을 파악하는 사람은 없을 거에요. 중대한 의사결정에 참고할 만한 진짜 중요한 뉴스는 거기에 없기 때문입니다.

특히 저는 신문 만드는 입장에서 '종이신문 독자'와 '인터넷 뉴스 독자'가 완전히 다르다는 점을 강조합니다. 정제된 종이신문은 국내 오피니언 리더와 C레벨들이 본다고 가정하고 만듭니다. 제가 다니는 경제신문사 같은 경우 재테크에 관심 많은 사람들까지 대상으로 하지요. 이런 독자들이 궁금해할 만한, 꼭 알아야 할 기사들을 '선별'해서 싣는 데 사활을 겁니다.

반면 인터넷 뉴스는 기본적으로 실시간 클릭 수를 염두에 둡니다. 당연히 대중들이 좋아하는 특정 키워드를 의식하지 않을 수 없고, 클릭이 많이 될수록 AI 알고리즘이 그 기사를 더 오래 노출시키는 구조에요.

독자 반응이 실시간 결과로 바로 나오는 온라인 특성상, 경쟁사 사이트에서 많이 읽힌 기사는 다른 매체들도 줄줄이 받아쓰게 됩니다. 심심풀이 땅콩 같은 가벼운 뉴스에, 비슷비슷한 기사들이 양산될 수밖에 없는 구조인 것이죠. 이게 나쁘다는 것이 아니라, 둘은 완전히 다른 미디어라는 뜻입니다. 엄연히 타깃 독자가 다르기에 뉴스 종류도 달라질 수 밖에 없는 것이지요.

조금 더 설명해볼까요. 똑같은 기자라도 종이신문과 인터넷 기사를 쓰는 자세가 다릅니다. 인터넷 기사를 담당할 때에는 '지금 읽는 독자들'의 클릭을 노리고 씁니다. 예를 들어 토요일 오후 4시쯤에는 〈배달음식 먹고 종일 누워서 쇼츠 봤나요? 당장 나가서 걸으세요!〉라는 건강 기사를 쓰면 클릭 수가 확 올라갑니다. 자기 이야기 같거든요. 토요일 오후와 저녁에는 〈"로또 외엔 방법 없다" 올해 복권 구매액 사상 최대〉라는 기사를 쓰지요. 로또 추첨을 앞두고 독자들의 관심이 많은 시간대이니까요.

하지만 종이신문에는 완전히 다른 기사를 씁니다. 정부가 75년 만에 상속세 개편안을 내놓았다는 소식, 토지거래허가제가 한 달 만에 강남 아파트시장을 어떻게 바꿔놓았는지를 쓰지요. 삼성바이오로직스와 셀트리온이 미국과 유럽에서 올들어 줄줄이 허가를 따내면서 한국이 바이오의약품위탁개발생산(CDMO) 강국의 입지를 다졌다는 분석기사도 냅니다. 자고 나면 새로운 뉴스가 나오는 빅테크들의 인공지능(AI) 동향과 양자컴퓨터가 바꿀 세상을 조망하기도 합니다.

이해를 돕기 위해 잠시 종이신문이 어떻게 만들어지는지 알려드릴게요. 모든 기자들은 본인이 전담할 전문 분야를 나눠 받습니다. 이를 '출입처'라고 합니다. 같은 사회부 기자라도 경찰서 사건사고를 챙기는 시경팀이 있고, 법원을 담당하는 법조팀이 있습니다. 수능과 교육제도 전반을 챙기는 교육담당 기자가 있는가 하면, 서울시나 세종시 등 각 지자체를 담당하는 기자들도 있지요.

정치부와 증권부, 금융부, 과학기술부 등 다른 부서 기자들도 각자 출입처를 배정받아 열심히 취재합니다. 매일 아침 우리 회사의 모든 기자들이 취재한 내용과 주요 뉴스를 한데 모아서, 무엇이 중요한 뉴스인지를 가리는 한판 전쟁이 벌어집니다. 이게 신문사 데스크(대부분 20년 이상 취재 경험이 있는 선임 기자)들의 회의이고요. 그렇게 나온 결과물이 여러분이 받아보는 종이신문입니다.

여기서 끝이 아닙니다. 주요 신문사들은 초저녁부터 밤늦게까지 3~4회씩 다른 버전을 인쇄합니다. 먼 곳에 배달하기 위해 저녁 6시에 한 번 찍고, 그 사이에 나온 중요한 뉴스를 추가해서 자정까지 2~3회 더 새로 찍습니다. 통상 서울 도심에 배달되는 신문은 맨 마지막까지 살아남은 정말 중요한 뉴스들입니다.

매일경제신문 기자들만도 200명이 훌쩍 넘는데요, 그 많은 기사들의 치열한 경쟁을 뚫고 가장 중요하다고 인정받은 뉴스들이 1면에 실리는 겁니다. 보통 1면에 실리면 3면이나 뒷면에 해설 기사가 함께 나갑니다. 맨 뒤에 오피니언과 사설면에도 실릴 가능성이 크고요. 그만큼 중요하고, 자세히 알아둘 필요가 있다고 독자들에게 어필하는 것입니다. 중요한 기사라는 걸 모를래야 모를 수가 없을 정도에요.

그런데 스마트폰으로 보는 뉴스는 이런 기사의 경중을 파악하기가 불가능합니다. 1면 기사와 3면 기사의 연관성, 그 행간에 숨은 의미를 파악하기도 쉽지 않지요. A기자가 일주일 동안 발품팔고 10여 명의 전문가를 만나서 쓴 심층 분석기사와 B기자가 몇 분 동안 보도자료를 다듬은 기사가 인터넷에는 나란히 배치됩니다. 물론 종이 신문에도 이런 기사들이 섞이긴 하지만, 한눈에 중요도를 알 수 있게 지면에 배치된다는 점이 다릅니다. 이 '편집의 묘미'야말로 우리의 뇌를 자극하고, 아이들의 문해력을 키워준다고 저는 생각합니다.

거칠게 비유하자면 종이신문을 만드는 일은 매일매일 쪽지시험을 치는 것과 같고요. 이를 받아보는 독자들에게는 중요한 핵심만 모아놓은 '족보'와도 같습니다. 기출문제를 알면 공부할 범위가 줄어들고 시간을 아낄 수 있잖아요? 족보가 있다면 안 볼 이유가 없지요. 어려서부터 종이신문 읽기가 훈련이 되면 처음 보는 어려운 글(예를 들면 수능 지문)도 물 흐르듯 술술 읽게 됩니다. 지금 한국 사회에 가장 중요한 변화와 사건들도 자연스럽게 알게 되고요. 이것이 바로 대한민국 상위 1%가 매일 아침 종이신문을 읽는 이유입니다.

2. 월 2만 5,000원, 책 한 권 값만 투자하세요

문해력 키우기, 집을 팔아도 안된다고요?

요즘 종이신문 구독료는 한 달 2만 5,000원입니다. 한 부씩 구매하면 1,300원이네요. 매일 새벽에 집까지 배달해주는 상품임을 감안하면, 결코 비싼 가격은 아니라고 생각합니다.

문해력 교재로 종이신문을 추천하는 것은 '가성비' 때문입니다. 뒤에 소개할 주간지 매경이코노미나 MIT테크놀로지리뷰 같은 월간지도 마찬가지인데요. 한 달 2~3만 원의 구독료로, 어떻게 활용하느냐에 따라 엄청난 가치를 창출할 수 있는 아주 좋은 도구들입니다. 저는 팀 패리스의 《타이탄의 도구들》이라는 책을 매년 꼭 다시 읽는데요. 신문이야말로 성공하는 사람들의 중요한 도구가 아닌가 합니다.

요즘 대치동에서는 "문해력은 집을 팔아(서 과외를 시켜)도 안된다"는 말이 돈다면서요? 아닙니다. 어렸을 때부터 신문과 친하게 만들어주면 문해력과 문장력, 사고력은 저절로 키워집니다. 학창 시절부터 신문 읽는 습관을 길러주면요. 성인이 된 후에도 신문을 구독할 확률이 높습니다. 앞서 상위 1%만 신문을 본다고 말씀드렸지요? 장담하건대 100% 남는 장사입니다.

어릴수록 좋겠지만, 고등학생과 대학생 자녀에게도 당장 오늘부터 신문읽는 습관을 들여줘야 합니다. 인생이 대학 입학으로 끝나는 것이 아니잖아요. 문해력은 평생 써먹는 힘이고요. 인터넷 카페 게시판에 올라오는 '문해력 딸리는 학부모'가 되고 싶지 않다면, 당장 신문 읽기부터 시작해보세요.

보통 신문 한 페이지에 들어가는 원고량이 얼마인지 아시나요? 광고에 따라 조금 다릅니다만, 원고지 기준 18매에서 많게는 25매 정도입니다. 신문 한 부에는 전면광고를 빼고 30페이지(평일 기준) 내외의 지면 기사들이 실립니다. 원고지로 750매면 여러분이 읽는 단행본 1~2권을 훌쩍 넘어요. 그래서 신문 1부를 정독하려면 1~2시간도 모자라고, 주요 일간지와 경제신문을 다 보려면 하루를 온전히 투자해야 합니다. 게다가 주요 신문은 일요일자를 제외한 주 6일 발행이지요. 매주 6권의 책, 한 달이면 24권이 배달되는 셈입니다.

책 한 권보다 신문이 나은 점은 또 있습니다. 다루는 주제가 다양하고 광범위하죠. 하루치 신문 필진은 수십 명이나 됩니다. 아이들은 아직 스페셜리스트가 될 필요가 없으니까, 일반적인 지식과 상식을 한 번에 두루 파악하면 좋겠죠. 여기에는 신문만큼 좋은 교재가 없습니다. 매달 좋은 책을 골라주는 것도 쉽지 않은 일인데, 신문은 읽을 만한 것들을 1등부터 50등까지 줄을 세워줍니다.

우리는 기사를 다 읽을 것이 아니니까, 그날그날 읽을 분량을 조절

할 수 있다는 것도 장점입니다. 그래서 국어 실전편을 구성할 때, 5분-15분-30분-60분 학습법으로 설명합니다. 신문 1개 지면에서 제일 큰 기사를 메인 혹은 톱기사라고 부르는데요. 평범한 지면에서 요즘 톱 기사 분량은 원고지 10매 내외입니다. A4 용지로 설명하면 10포인트 기준으로 3분의 2쯤 되기 때문에, 잠들기 전이나 이동하는 차 안에서 짬짬이 읽기 좋지요.

보통 기자들은 취재를 시작할 때 가능한 많은 '사전조사'를 하려고 노력합니다. 저도 이 책을 기획하면서 시중에 나와 있는 독서력, 글쓰기, 문해력 교재를 열심히 찾아 읽었습니다. 초등학교 선생님, 대치동 1타 강사님, 수십 년 경력의 독서 선생님, 엄마표 교육 전문가 등 최고의 전문가들이 쓴 좋은 책이 정말 많더라구요. 이런 검증된 교재와 매일 나오는 신문을 적절히 섞어서 활용하면 최고의 문해력 커리큘럼이 될 겁니다.

물론 신문읽기보다 더 좋은 방법은 독서와 글쓰기입니다. 고전을 섭렵하고, 요즘 나오는 인문학 책을 챙겨 읽고, 독서노트를 쓴다면 금상첨화겠죠. 하지만 이런 방법은 호흡이 너무 깁니다. 학교와 학원 스케줄로 바쁜 요즘 아이들이 따라가기 쉽지 않을 거에요. 그래서 매일 달라지는 뉴스, 정제된 기사들이 실리는 종이신문을 먼저 읽으라고 추천하는 것입니다.

주의할 점도 있습니다. 23년째 매일 신문을 만드는 사람으로서 고백하자면, 신문에는 '나쁜 뉴스'가 많습니다. 요즘처럼 전세계가 어수선한 시국에는 정신이 어지러울 정도죠. '굿뉴스'만 모아서 신문을 따로 만들고 싶을 만큼 심적으로 힘듭니다. 입시 스트레스로 힘든 아이들에게 굳이 안 좋은 소식까지 알려줄 필요는 없잖아요. 그래서 부모님들이 신문을 먼저 한 번 훑어보고, 아이가 읽어볼 만한 기사를 골라주길 권합니다.

아이가 유치원생이나 초등 저학년이라면, 매일 아침 신문을 읽는 부모님 모습을 보여주는 것이 가장 효과적입니다. 뭔가 새로운 소식들이 잔뜩 실려 있고, 재밌는 이야기거리들이 배달되었다는 이미지를 심어주세요. 바쁜 아침 시간에 엄마 아빠가 시간을 내어서 읽는 것이라는 느낌만 갖게 해도 충분합니다. 물론 자녀와 함께 읽어볼 만한 기사가 있다면 가끔씩 같이 읽어도 좋겠지요.

바쁠 때에는 신문 앞에 두 장(1~3면)이나 뒤에 두 장(사설과 칼럼면)만 찢어서 가지고 나갑니다. 아이가 왜 찢었냐고 물어보면 출퇴근하면서 지하철에서 읽으려고 한다고 말해주세요. 경제신문을 읽으면 우리나라와 세계 경제의 흐름을 알 수 있고, 우리 가정경제에 보탬이 될 재테크 기회를 잡을 수도 있어서 앞으로도 열심히 볼 것이라고 대답해주세요.

초등 고학년이라면 부모님과 함께 신문읽기 습관을 들이기를 권합니다. 자녀가 스마트폰을 손에서 놓지 않는다면, 신문 읽는 시간만큼 스마트폰 사용 시간을 늘려주겠다고 해보세요. 과도하게 흥분한 뇌를 쉬게 하는 '냉각팬 돌리기'라고 비유하면 될까요. 물론 그냥 읽으라고 내버려두면 소용이 없고, 기사 내용을 파악하고 과거 뉴스와의 연관성이나 앞으로의 파장을 설명할 수 있을 정도로 꼼꼼하게 읽어야겠지요. 엄마 아빠가 먼저 읽고 간단한 퀴즈를 내는 것도 좋고, 아이가 관심 많은 주제라면 즉석에서 찬반 토론을 하는 것도 좋습니다.

경제신문 기사가 너무 어렵다면 대안도 있습니다. 〈매일경제신문〉을 비롯해 주요 신문사들이 청소년을 위한 쉬운 버전의 경제신문을 매주 1회씩 발행하거나, 본지에 신문활용교육 지면을 한 달에 1~2번씩 싣고 있으니, 이걸 활용하는 것도 좋습니다. 뒤에 영어편에서는 아예 뉴스를 작정하고 초등학생 학습교재로 만든 〈뉴스 오 매틱(News-O-MATIC)〉을 다룹니다. 이런 사업모델이 생길 만큼 뉴스 활용 교육이 가치 있다고 이해하면 됩니다.

이제는 중고등학교 교실마다 경제신문 1부쯤 배치해도 좋다고 봅니다. 신문은 여러 사람이 돌려봐도 닳지 않으니까요. 한때 교육현장에 신문활용교육(NIE) 열풍이 불었던 것, 선생님들은 기억할 텐데요. AI와 스마트폰 시대인 지금은 NIE 교육보다 더 적극적이고 능동적으로 신문을 읽게 할 때입니다. 그래야 분절화되는 뇌세포를 겨우겨우, 조금이나마 묶어둘 수 있을 겁니다.

매일 구독이 여의치 않다면 토요일자 신문만 3~4개 사서 온가족이 함께 봐도 좋아요. 매주 보면 뉴스들도 얼추 따라갈 수 있고, 주말판에는 소프트하면서도 읽는 재미가 쏠쏠한 기사들이 정말 많거든요. 예전에는 오피니언 리더들 중에 토요일자 신문에 실리는 것을 기피하는 분들도 있었습니다. 사람들이 많이 안볼까봐요. 그런데 요즘은 토요일자가 인기가 많습니다. 기업 경영자나 오피니언 리더들이 평일에 못 본 신문을 주말에 몰아서 읽기도 하거든요. 상대적으로 시간이 많다

보니 더 자세히 읽는 사람들도 많습니다. 책 소개 지면이나 와이드 인터뷰도 토요일자에 있는 경우가 많은데 제가 가장 좋아하는 지면 중 하나입니다. 매주 나온 신간 소개를 보면서 어떤 책을 살까 행복한 고민을 해보고, 누군가가 묵묵히 걸어온 인생 이야기를 집중해서 읽어보는 것도 추천합니다.

3. 천재기업가들에게는 '이런 시간'이 있었다

몰입과 몰두의 시간이 '남다른 뇌'를 만든다

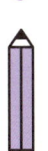

기자가 좋은 점은 보통 사람은 평생 만나기 힘든 사람을 어렵지 않게 만날 수 있다는 겁니다. 보통 신문에는 특별한 사람, 유명한 사람, 자신의 분야에서 일가를 이룬 사람들이 나오잖아요. 제가 기자가 아니라면, 그런 분들이 굳이 만나줄 리 만무하지요. 길게는 몇 시간씩 단둘이 이야기하다 보면, 기사에는 쓸 수 없는 이야기도 많이 듣습니다. 업무상으로는 물론 개인적으로도 많은 것을 배우는 시간입니다.

기자생활 23년간 수천 명은 족히 만났겠지요. 밥 먹고 하는 일이 사람 만나는 일이다 보니, 사람 보는 눈도 생기더라고요. 세상은 넓고 고수는 정말 많습니다. 특히 기업 대표님들 중에는 '이 사람은 정말 천재구나'라는 생각이 드는 분들을 종종 봅니다. 이렇게 남다른 생각을 하시는 대표님들은 공통점이 하나 있더군요. 사업이 본격적으로 궤도에 오르기 전에 반드시 치열한 '몰입과 몰두의 시간'이 있었다는 겁니다.

예를 들면 어린 시절 몸이 너무 약해서 몇 년 동안 학교도 못가고 집에서 책만 읽었다던가, 사업에 실패하고 칩거하면서 1년 동안 동네

도서관에만 틀어박혀 있었다던가 하는 일화들이요. '오프더레코드(기사로 쓰지말라고 요청하는 것)'로 말씀해서 이 책에 소개할 순 없지만, 언젠가 평전을 쓰고 싶을 만큼 감동적인 이야기들입니다.

지금 세계적으로 가장 논란이자 화제의 중심에 선 인물, 일론 머스크에게도 이런 시간이 있었다고 하지요. 남아프리카공화국에서 학창시절을 보낸 머스크는 몸이 약하고 내성적인 성격이었는데, 당시 또래들에게서 따돌림과 폭행을 당했다고 합니다. 어린 머스크가 도피처로 택한 것이 독서와 공상이었는데, 이미 고등학교 시절부터 인류를 화성으로 보내겠다는 꿈을 꿨다고 하는군요.

사실 어린 시절의 집중적인 독서가 '남다른 뇌'를 만들어준다는 것은 새삼스러운 이야기도 아닙니다. 국내 굴지의 기업인들 중 독서광 아닌 사람들을 찾기가 어려울 정도이구요. 글로벌 기업 CEO나 대통령이 어떤 책을 읽었는지는 그 자체로 뉴스가 되죠. 빌 게이츠 마이크로소프트(MS) 창업자처럼 성인이 된 후에도 주기적으로 '독서휴가'를 떠나는 사람들도 많고요.

저는 지난 봄 회고록을 낸 김재철 동원그룹 명예회장의 인터뷰가 인상적이었는데요. "매일 국내외 여러 개의 신문을 읽고, 틈만 나면 책을 보면서 다방면에 지식을 쌓는다"며 "만약 지금 새로 창업을 한다면 수십 년 동안 독서와 신문 읽기 등을 통해 축적된 지식이 많은 분야에 도전하겠다"고 하더라고요. 참 멋진 말이라고 생각했습니다.

문제는 우리 아이들이 자라는 환경이 차분히 독서만 하기에는 너무나 부산스럽다는 점입니다. 이대로라면 어쩌면 평생 단 한 번도, 몰입과 몰두의 시간을 갖지 못한 채 분절화된 뇌로 고통받으면서 살아야 할 지 모릅니다. 서문에서 우리가 전대미문의 전쟁을 벌이고 있다고 사뭇 진지하게 말한 이유도 여기 있습니다.

'무문관(無門關) 수행'이라고 들어보셨나요? 이름 그대로 '문이 없는 방'에 홀로 들어가서 수행하는 공부 방법입니다. 일반인들이 무문관에 들어가면 제일 먼저 하는 일은 몇 날 며칠이고 자는 거래요. 너무 많았던 일상의 자극과 분리되니 안정감을 찾나 봅니다. 그렇게 한참을 자고 난 후에야 생각이라는 것을 하게 된답니다. 너무너무 심심하니까요.

우리 아이들에게도 이런 '심심해 죽겠는 시간'이 절대적으로 필요합니다. 하루에 몇 분이라도, 뇌를 식혀주는 시간이 꼭 있어야 합니다. 무엇보다 '오래 집중해서 읽는 기쁨'을 자꾸 경험하게 해야 합니다. 어떻게 하면 이런 시간을 확보할 수 있을까요. 대치동에 문해력 퀴즈 풀이 방탈출 카페라도 만들어야 하나 싶었는데, 실제로 홍천에 스마트폰 없이 1.5평 공간에서 책 한 권만 들고 들어갈 수 있는 수련원이 있다고 하더라구요. 바깥세계와 단절된 물리적 공간에서 편안함을 느낀다는 리뷰가 많다고 해서 다들 생각이 비슷하구나, 싶었답니다.

집중과 몰입을 이야기하는 자리이니, 개인적으로 부끄러운 일화를 하나 고백합니다. 몇 달 전 서정진 셀트리온그룹 회장님 인터뷰 도중 있었던 일입니다. 당시 뜨거운 감자였던 주 52시간 관련 질문을 했더니, 서 회장님이 갑자기 저에게 화이트보드에 가서 펜을 들고 서 보라고 하십니다. 다른 기자에게는 3분을 재라고 하시고, 저에게 생각나는 새 이름을 다 적어보라고 하시더라구요. 날아다니는 새로요.

비둘기, 참새, 딱따구리, 벌새, 도요새, 갈매기, 까마귀, 까치 등등 생각나는 걸 적는데 서 회장님을 비롯해 여러 사람들이 뒤에서 보고 있으니 너무 긴장되고 생각이 잘 안나는 겁니다. 3분이 뭡니까, 1분을 겨우 넘기고 백기를 들었습니다. 서 회장님은 "집중하는 게 이렇게 어렵다. 주 52시간 일하는 것보다 중요한 게 집중해서 일하는 것"이라는 가르침을 준 것이지요.

명색이 경제신문 데스크인데, 어찌나 부끄럽던지요. 혼자 조용한 도서관에 앉아 있었다면, 시간 제한 없이 온종일 새 이름만 생각하고 있었다면 좀 달랐을까요. 10년 넘게 참 많은 인터뷰를 했지만 개인적으로 이날 인터뷰는 오래 기억될 것 같습니다. 이 사건 이후로 저는 길을 걸을 때 새 이름을 되뇌어보는 버릇이 생겼습니다. 그때는 왜 이 새 이름이 생각이 안났을까, 이불킥을 하면서요. 출퇴근길에 짬짬이 꽃 이름도 떠올려보고, 네 발 동물도 떠올려보고, 어떻게든 집중하는 시간을 만들어보려고 합니다.

평생 매일 신문을 읽어온 저도 '멀티태스킹의 함정'에 빠진 것이지요. 동시에 많은 일들을 처리하는 유능한 사람인 척하고 살았지만, 사실 제대로 일하는 시간은 얼마 되지 않았나 봅니다. 예전 뉴스나 팩트 확인을 할 때에도 요즘은 컴퓨터나 스마트폰으로 검색해서 찾는 것에 익숙하다보니, 단독자로 칠판 앞에 던져졌을 때 바보가 되고 말았던 것 같습니다. 부끄러운 경험담을 굳이 고백한 것은 우리 아이들도 이렇게 될 확률이 높아서입니다. SNL에도 나왔던 '핑프'라는 단어를 아시나요? '핑거 프린세스·핑거 프린스'의 줄임말로, 적극적으로 찾아보지도 않고 질문만 하는 사람을 비꼬기 위해 만들어진 인터넷 용어인데요. 지금 AI는 사람을 핑프로 만들기 딱 좋은 시스템입니다.

챗GPT로 대표되는 생성AI를 써보신 분은 아시겠지만, 사람은 질문봇(질문만 하는 사람)이나 오더봇(명령만 하는 사람)이 되기 딱 좋은 구조입니다. 사람은 일방적으로 계속 질문하고 AI는 열심히 찾아서, 혹은 공부해서 답을 하지요. 대답이 마음에 들지 않으면 몇 번이고 다시 질문하고, AI는 '질문자가 OK할 때까지' 혹은 '질문을 그만둘 때까지' 다른 대답을 만들어냅니다. 이 과정에서 거짓 정보를 교묘하게 진실인 것처럼 답변을 만들어내는데, 이런 현상을 'AI 할루시네이션(hallucination)'이라고 합니다.

그래서 제가 만난 AI 전문가들은 3번 이상 같은 질문을 하지 않으신다고 하더군요. AI의 답변을 그대로 믿지 않고 검증하는 것은 물론이고요. 그런데 검증이라는 것도 뭘 알아야 할 수 있는 법입니다. 게다가 질문의 수준에 따라 AI의 답변이 완전히 달라진다는 점도 무서운 지점입니다. AI를 잘 쓰려면 질문을 잘 해야 한다는 건 다들 아실 겁니다. AI 이전에는 질문에 따른 답변 차이의 폭이 1~100이었다면, 지금은 1~1억 배라 해도 과언이 아닙니다. 어느 AI 전문가는 질문 프롬프트에만 1시간을 쓰는 경우도 있다고 해서 깜짝 놀랐습니다. 그러면 AI도 답변하는데 15분쯤 걸리고, 당연히 만족할 만한 결과물을 내놓는다고 하네요. 제가 대충 생각나는 대로 쓴 질문과 최고 전문가가 1시간을 고심한 질문에 AI는 완전히 다른 답변을 내놓겠지요.

진짜 무서운 것은 AI가 언젠가 상위층들의 전유물이 될지 모른다는 점입니다. 물론 향후 10~20년 간은 인터넷이나 스마트폰처럼 점점 더 대중화되겠지만요. 업계에서는 벌써 지금의 생성AI 구조가 지속불가능하다는 이야기가 나옵니다. 너무 비싸기 때문입니다. 천문학적인 전기와 과열된 서버를 식힐 물이 필요하거든요. 오죽하면 샘 올트먼 오픈AI CEO가, 챗GPT에게 고맙다는 말을 하지 말라고 했을까요. 챗GPT가 감사 인사에 대답할 때마다, 전기며 물이 낭비되기 때문이라지요.

지금 세계에서 가장 유명한 GPU는 엔비디아 H100인데요. 수천만 원짜리 이 GPU는 700와트의 전기를 먹고, 서버 등까지 포함하면 약 1킬로와트의 전기를 씁니다. 1만 대의 H100이 쓰는 전기량이 인구 5만 명인 도시의 전력소비량과 맞먹고, 일론 머스크가 선보인 그록3가 10만 배를 썼다고 하니 500만 명 도시 하나분입니다. 인천광역시 인구가 302만 명이고, 대구광역시 인구가 236만(2024년 12월 기준)이라고 하는데요. 얼마나 엄청난 전기가 필요한지 짐작이 되지요?

어쩌면 우리 아이들이 중장년이 되는 머지않은 미래에는 선택받은 극소수의 사람들만 AI를 쓰게 될지도 모를 일입니다. 만약 그렇게 되면 챗GPT에 길들여진 우리 아이는 살아남을 수 있을까요. 질문봇이자 오더봇으로 키워진 아이는 '대답할 수 있는 능력'을 전혀 키우지 못해 다른 사람들의 '도구'로 전락할지 모릅니다. 제가 화이트보드 앞에서 무기력하게 서 있었던 것처럼 말입니다. 지금 우리가 아이들에게 물려줄 최고의 유산은 이런 '남다른 뇌' 그리고 AI의 공습으로부터 뇌를 지켜줄 몰입과 몰두의 시간일 겁니다.

4. 앙드레 김 선생님이 17개 신문을 본 이유

같은 사안-다른 생각, 알고리즘의 덫에서 나오기

유튜브에서 유재석 씨와 장도연 씨가 매일 종이신문을 읽는다고 언급한 것이 화제가 되었죠. 두 사람이 종이신문을 읽어야 하는 이유를 콕 짚어주어서 잠시 이야기하고 넘어가려 합니다. 유재석 씨는 유튜브 핑계고에서 '신문에는 여러 뉴스가 다 담겨 있어서 보다 보면 다양한 정보를 습득할 수 있다'고 표현했어요. 심지어 '알고 싶지 않은 분야'까지 알게 된다고요. 저는 장도연 씨 말이 참 인상적이었는데 "누구도 상처받지 않는 개그를 하고 싶어서"라고 하더라고요. 두 사람 다 '정보 편향성'과 '알고리즘의 덫'에서 벗어나기 위해 신문을 활용하고 있다고 이해했습니다.

누구도 상처받지 않게 하기 위해, 신문을 본다는 장도연 씨의 말을 곱씹어봅니다. 혹시 '다정함은 지능'이라는 말 들어보셨나요? 똑똑한 사람이 반드시 다정한 것은 아니겠지만, 다정하려면 '공부'가 필요합니다. 언론에서 내 돈이 아닌 세금 등을 펑펑 썼다는 의미로 '눈먼

돈'이라는 표현을 많이 쓰는데요. 비하발언이기 때문에 쓰지 않는 게 좋습니다. 관용구 같아서 무심코 썼다가도, 이런 지식을 알게 되면 가급적 안 쓰게 되겠지요.

언론중재위원회가 '차별 금지 기준 위반'으로 꼽는 표현은 또 있습니다. 하고픈 말을 하지 못하고 묻어둔다는 의미의 '벙어리 냉가슴' 이라든지, 보통 사람들도 많이들 쓰는 '결정 장애' 같은 표현이 대표적입니다. 장애를 부정적 비유의 대상으로 쓰는 것 자체가 차별이라는 뜻이지요. 자살 사건을 보도할 때 '극단적 선택'이라는 표현을 사용하는 것도 자제해야 합니다. 자살을 삶의 고통을 해결하는 방법이라는 잘못된 인식을 심을 수 있기 때문이에요. '사망' 혹은 '숨지다' 같은 객관적인 표현을 쓰는 것이 맞습니다.

일상적인 대화도 마찬가지에요. 암 환자 앞에서 무심코라도 "아, 암 걸릴 것 같아"라는 말을 해서는 안되잖아요. 서툰 언어실력으로 다른 문화권에 가면, 모르고 쓰게 되는 무례한 발언이나 차별·비하 발언도 많을 겁니다.

종이신문을 꾸준히 읽으면 유재석 씨 말처럼 '알고싶지 않은 분야'까지 알게 되는데요. 이 과정에서 타인의 입장이나 나와 다른 생각을 들여다보게 됩니다. 제가 좋아하는 식으로 표현하면, 상자 안에서만 세상을 보다가 상자 밖으로 나와서 보게 되는 경험이지요. 누군가는 평생 한 번도 해보지 못할 '돈 주고도 못사는 경험'을 신문을 통해 매일매일 하는 겁니다.

제가 알고 있는 최고의 신문 매니아는 작고한 디자이너 앙드레 김 선생님이에요. 어찌나 신문을 사랑했는지, 기자라면 다들 알 정도로 유명했지요. 수십 년 전부터 돌아가실 때까지 매일 새벽 4~5시에 일어나 당시 스포츠신문까지 17~18개를 보았다고 해요. 문화예술과 연예계 뉴스에 민감한 직업이니만큼 TV도 6대를 다 틀어놓고 필요한 부분만 소리를 키워서 보았다고 하지요.

사실 중요한 기사는 정해져 있기 때문에 우리가 모든 신문을 볼 필요는 없습니다. 그런데도 그 분이 17개의 신문을 다 보신 이유는 같은 뉴스를 언론사마다 다르게 전하는 방식에 주목했다고 봅니다. 몇 년간 이런 방식으로 매일 신문을 읽다보면 빠르게 읽는 노하우가 생겨서 시간도 훨씬 단축됩니다. 특히 정치뉴스 같은 경우 같은 사안을 전혀 다른 시각으로 보도하기 때문에 비판적 사고력도 키울 수 있죠.

유튜브의 가장 큰 폐해가 '편향된 사고'를 굳어지게 만든다는 것이잖아요. 알고리즘으로 내 관심사만 한정해서, 내가 좋아할 만한 콘텐츠만 계속 보여주니까요. '나와 다른 생각을 접할 기회'를 아예 차단하는 셈이죠. 그런데 유재석 씨 말처럼, 신문을 보다보면 억지로라도 다양한 지면을 보게 됩니다. 논조가 전혀 다른 신문들을 함께 보면 장도연 씨 말처럼 나와 생각이 다른 사람들의 입장도 알게 되고요. 상대의 입장을 조금이라도 더 이해할 수 있겠지요.

예를 들어 〈조선일보〉와 〈한겨레〉를 함께 비교하며 읽으면 좋겠지만, 초중고생들에게는 너무 벅찬 일일 것 같구요. 정치사회적 입장 차가 큰 만큼 대학에 가서 비교하며 읽어도 늦지 않다고 생각합니다. 그래서 이 책에서는 교재로 경제신문을 권합니다. 제가 경제신문에서 일해서만은 아니에요. 경제신문은 논조 자체가 '국부 창출, 국민소득 향상'이기 때문에 정치 리더십이나 사회문제에 대해서도 비교적 중립적 입장을 고수하기 마련입니다.

게다가 돈의 흐름을 따라가는 뉴스는 물론 국내 주요기업들의 뉴스가 더 자세히 나옵니다. AI나 메타버스 같은 새로운 기술혁명도 다른 신문들보다 크게 쓰지요. 여기에 4차 산업혁명과 첨단 과학기술을 다루는 MIT테크놀로지리뷰나 시사 주간지, 월간지 등에서 괜찮은 콘텐츠들을 엄마, 아빠가 '큐레이션' 해주면 아이의 읽는 습관과 문해력 기르기에 큰 도움이 될 겁니다.

무엇보다, AI 알고리즘의 덫에서 빠져나올 수 있는 한 가닥의 동아줄을 만들어 줄 수 있습니다. 요즘은 초등 저학년만 되어도 아이의 스마트폰 라이프를 간섭하기가 쉽지 않은데요. 아이들이 공유하는 SNS상 정보를 보면 대부분의 부모님들이 기함할 겁니다. 여기에 유튜브와 인스타그램, 틱톡 같은 SNS로 '주입받는 줄도 모르고 주입받는' 가치관은 평생을 좌우할 정도로 큰 영향을 미칩니다.

그래서 '다른 이야기'가 필요합니다. 당장 눈앞의 작은 문제에 함몰되어 아무런 생각도 나지 않을 때, 살짝 고개를 돌리는 것만으로도 마음이 차분해질 때가 있지 않나요. 아이가 관심 있을 만한 사람의 인터뷰 지면을 찾아서 보여주세요. 더 궁금한 점이 있다면 그 사람에게 이메일로 질문해보는 것도 좋죠. "어느 중학교에 다니는 학생인데 매경 인터뷰를 감명깊게 읽었다. 이런 부분에 대해 조언을 듣고 싶다"고 하면, 십중팔구 다정한 답장이 돌아올 겁니다.

5. 편집이라는 마법, 그 CEO는 알고 있었다

AI도 압축하고 함축하고 비유할 수 있게 됐다

신문사 이야기를 조금 더 해드릴게요. 드라마에서 흔히 보신 기자들은 '취재기자'입니다. 발로 현장을 뛰고 핵심 인물들을 만나 이야기를 듣고 기사로 쓰는 사람들이죠. 그런데 신문사 사무실에는 취재기자만큼 중요한 기자들이 또 있습니다. 바로 '편집기자'와 '교열기자', '그래픽 기자'입니다. 제가 10년 이상 맡았던 편집기자들의 이야기를 해드릴게요.

모든 직업을 통틀어 문해력이 가장 뛰어난 사람들이 편집기자일 겁니다. (이 책을 편집해준 매경출판 김민보 팀장님처럼 출판 편집자들도 포함해야겠네요.) 편집기자들은 취재기자들이 쓴 기사를 지면에 배치하고 기사량에 맞게 문장을 줄이고, 메시지가 가장 잘 전달될 수 있게 제목을 뽑습니다. 글보다 효과적인 사진을 고르고, 그래프를 어떻게 그릴 것인지 고민하는 것도 중요한 업무죠. 내일자 신문에 어떤 기사를 제일 크게 쓸지, 취재 부서 데스크와 논의하는 것도 편집기자들입니다.

신문을 읽는 독자는 취재기자보다는 편집기자에 가깝습니다. 그래서 편집기자를 '첫 번째 독자'라고도 합니다. 편집기자가 읽어서 잘 이해가 안된다던지, 너무 편파적이라고 생각된다면 잘 쓴 기사가 아닙니다. 독자들의 판단도 비슷할 확률이 높기 때문이지요. 그리고 최종적으로 독자들이 보는 지면은 편집기자의 손을 거친 버전입니다. 취재기자로서 고백하자면 좀 부족한 글도 좋은 편집자를 만나면 엄청 근사한 지면으로 바뀌는 경우가 많아요.

한 번은 어느 기업인께서 매경 편집기자들을 모두 초청해 밥을 사고 싶다고 한 적이 있었습니다. 매일 좋은 지면을 만들어줘서 고맙다는 인사였습니다. 벌써 10년도 더 된 일인데, 엄청난 칭찬을 받은 것처럼 기뻤던 기억이 납니다. 그 분은 '편집의 마법'을 알고 있었던 것이지요. 단순히 글자를 나열하는 것이 아니라 체계적으로 정리하는 것이고, 한 부의 신문이 자체로 완결된 작품이 되도록 압축하고 응축한다는 것을 말입니다.

편집기자가 하는 일을 자세히 설명한 것은 기사를 그대로 받아들이기보다, 다각도로 읽어보는 연습이 필요하다는 말을 하고 싶어서입니다. 이 신문사는 왜 이 기사를 제일 좋은 자리에 배치했을까, 이 제목은 객관적으로 뽑아놓고 저 제목은 왜 감정을 넣었을까, 왜 1면에 쓰고 뒷면이랑 사설면에 또 썼을까, 이 문제는 국가 경제와 나의 재테크에 어떤 영향을 미칠까, 물어보면서 읽는 겁니다.

어려서부터 이런 비판적 신문 읽기가 익숙해지면 나중에는 제목만 훑어보아도 이해가 됩니다. 많은 뉴스들이 어제의 연장선 상에 있고,

매년 이맘때 비슷한 뉴스들이 나오기 마련이며, 경제 흐름도 일정한 트렌드가 있거든요. 예를 들어 주식시장이 불안하면 안전자산인 금값이 고공행진을 하고, 금리가 오르면 부동산 시장이 침체되는 경향이 있지요. 요즘 같은 시절에는 도널드 트럼프 대통령의 한 마디, 제롬 파월 연준 의장의 한 마디에 금융시장이 요동치면서 수십 조원이 왔다갔다 하고요.

무엇보다, 신문 편집을 보면 압축하고 함축하고 비유하는 방법을 배울 수 있습니다. 신문 지면 기사는 원고지로 적게는 2매에서 많게는 25매까지 다양합니다. 편집기자들은 이 기사를 읽고 또 읽어서 10~14글자 제목으로 압축합니다. 제목이 흥미롭지 않으면 기사를 건너뛰는 독자들도 많잖아요? 어떻게든 쉽고 재미있게 달려고 머리를 싸매지요.

그런데요, 제목을 다는 방식도 온라인과 오프라인이 완전히 다르답니다. 스마트폰을 보다가 제목에 끌려서 기사를 클릭한 경험 다들 있으시죠? 일부 '낚시 제목' 때문에 비난을 받기도 하지만, 변명하자면 온라인 독자들의 취향을 반영한 제목들입니다. 그에 반해 지면 제목은 훨씬 더 점잖고 은유적이고 함축적이죠. 그래서 기사와 제목을 함께 읽으면 문해력은 물론, 일상생활에서 써먹을 수 있는 말센스까지 기를 수 있습니다.

매일 신문을 읽다보면 그야말로 무릎을 탁 치게 만드는, 기가 막힌 제목들도 많습니다. 이런 제목들을 보고 싶으시다면 한국편집기자협회 홈페이지를 방문해보세요. 매달 수천 개의 신문 제목들 중에서 최고를 뽑아서 '편집상'을 주거든요. 편집기자들에게는 훈장 같은 상입니다. 비주얼 그래픽과 절묘하게 조화된 최고의 지면들을 볼 수 있는데, 이 지면들만 출력해서 아이들과 '편집자의 의도'를 파악해보는 것도 좋은 공부가 될 겁니다.

이 책에서 단 한 가지 공부 방법을 실천해야 한다면 이것이라고 할 만큼 꿀팁이니 꼭 기억하세요. 공짜이고, 효율적이며, 시간도 오래 걸리지 않으니 꼭 한 번 해보십시오. 압축과 함축과 비유의 묘미를 느끼실 수 있을 겁니다.

사실 이 책을 쓰기 시작했을 때 이 챕터의 부제는 '인간은 압축하고 함축하고 비유할 수 있는 존재다'였습니다. 그런데 불과 두 달 만에 'AI도 압축하고 함축하고 비유할 수 있게 됐다'로 수정해야 했습니다. 이게 참 무서운 일인데요. 요즘 AI는 '은유적 뉘앙스'까지 알아듣습니다. 뿐인가요, 비아냥거리거나 냉소적인 답변도 곧잘 내놓습니다.

정작 현실에서는 무슨 소리인지 못 알아듣고 '눈치없는 사람'이 되는 사람들을 자주 보지요. 이런 사람들은 놀림거리가 되거나, 서서히 멀리할 사람으로 낙인찍혀 조용히 낙오되기도 합니다. 평생 깊이 있는 대화가 안 되는 것은 개인적으로도 큰 비극입니다. 외국인과 대화하면서 "잘 지내냐? 나도 잘 지낸다"면서 근황 토크만 하다가 몇 분을 못 버티고 조용히 자리를 피했던 경험 있으시죠? 반드시 친해져야 할 모임에 갔는데 은연중에 왕따를 당하는 것만큼 고통스러운 것도 없지 않습니까?

단순히 단어의 뜻을 알고, 문맥을 파악하자고 이 책을 쓴 게 아닙니다. 결국 '문해력은 센스'라고 생각합니다. 센스와 문해력을 함께 기르려면 생생한 지식과 경험이 필요합니다. 그래서 이 책의 키워드를 '뉴스센스'로 잡았습니다. 신문을 읽으면서 자란 아이들은 앞서 말씀드린 '다정함'과 '센스'를 함께 갖출 수 있습니다. 상자 안이 아닌 상자 밖이 있다는 것을 알게 되니까요.

6. 종이신문 귀찮은데, 디지털 판은 안되나요

숏폼은 뇌를 멈추게 하고, 활자는 뇌를 춤추게 한다

이 책 부제만 보고도 이런 생각한 사람들, 많을 줄 압니다. 저는 직업상 매일 10개 이상의 종이신문을 보는데요. 종이라는 '허들'이 만만치 않지요. 부피가 커서 자리 많이 차지하고, 매주 모았다 재활용으로 버리기도 귀찮고요. 문해력 교재로 신문기사 활용하는 것, 편집된 버전으로 보는 게 좋은 건 알겠다면서도, 혹시 신문 버전 그대로 나오는 PDF로 보면 안되느냐고 많이들 물어봅니다.

네, 즉답하자면 아이들은 안됩니다. 전자책도 많이 보고, AI 교과서까지 도입하는 시대에 왜 안되냐고요? 우리가 기대하는 효과를 볼 수 없기 때문입니다. 신문을 문해력 교재로 쓰려는 첫 번째 이유가 아이를 스마트폰으로부터 단절시키기 위해서이기도 하고요. 활자에 집중할 수 있는 뇌를 만들려면 종이신문이 필수입니다.

부모님이나 선생님들이 직접 똑같은 신문 1면으로 한 번 시험해보세요. 종이신문으로 읽는 것과 패드나 노트북 화면으로 읽는 경우 집중력이나 이해도가 확연히 달라진다는 걸 느끼실 겁니다. 저는 23년간 매일 신문을 읽어온 사람인데도, 전자판은 종이신문에 비해 집중력이 50% 이상 떨어지는 것 같거든요. 그래서 오늘 신문 말고 예전 기사를 보여줄 때에도 컴퓨터 화면 말고 출력해서 종이로 보여주길 권합니다.

요즘 인류는 진화해서 화상으로 보아도 괜찮다고요? 인터넷 강의도 1.5배속, 2배속으로 보는 아이들이라고요? 그런 환경에 있는 아이들이기 때문에 더욱 하루라도 빨리 종이신문에 익숙해지게 해야 합니다. 그게 이 책을 쓴 이유이자, 반드시 달성했으면 하는 학습목표입니다.

어느 선생님께 들었는데요. A4 1장짜리 원고를 읽게 하고, 뒤집은 다음에 내용을 질문하면 제대로 대답하는 아이가 별로 없다고 합니다. 읽는 게 아니라 보는 척하는 것이지요. 일부러 그러는 게 아니라 뇌가 그렇게 굳어져 버린 겁니다. 이렇게 건성으로 보는 습관이 들어버리면 백약이 무효입니다. '강남 아파트를 팔아서 과외를 시켜도 문해력은 길러줄 수 없다'는 웃픈 농담도 그래서 나왔겠지요.

특히 사춘기 전 1분 미만의 짧은 숏폼 콘텐츠에 중독이 되면 집중력과 문해력이 떨어진다는 것은 이미 상식입니다. 도파민과 강한 자극에만 반응하는 뇌가 된다고 해서 '팝콘 브레인'이라는 신조어도 생겼습니다. 정신건강의학과 교수들은 '자제력을 갖는 나이'가 될 때까지 숏폼 시청을 제한하라고 권하지만 그게 어디 쉬운가요. 어른들도 누워서 숏폼 넘겨보다 서너 시간은 훌쩍 버리는 걸요. 초등생 10명 중

9명(88.9%)이 숏폼을 보는 상황(여성가족부, 청소년 매체 이용 및 유해환경 실태조사)에서 부모가 자제시키기는 쉽지 않습니다.

종이신문 읽기는 그나마 최소한의 대비가 되어줄 겁니다. 여기서 최소한의 대비란 정말 추운 날 헐벗고 거리에 섰을 때, 신문지로 꽁꽁 싸매면 조금이나마 따뜻한, 그런 수준입니다. 우리 아이에게 해줄 수 있는 대비가 이것밖에 없는 것이 너무 속상합니다만, 이거라도 해주지 않을 수 없습니다.

돌 전 아기가 뒤집고 일어설 무렵, 자주 넘어지잖아요? 안전장치로 머리쿵 쿠션이나 머리 보호대가 있지만 아기는 금방 벗겨내면서 거추장스러워합니다. 이걸 계속 쓰고 있게 하는 방법은 더 어릴 때부터 씌워서 익숙해지게 하는 겁니다. 그리고 영유아 때 남들 다 본다는 전집이랑 교재들 많이 사주셨잖아요. 그때 아이에게 텔레비전이나 노트북으로 보여주지 않은 이유와 철학, 명확하게 가지고 계셨지요? 청소년기에 종이신문으로 보아야 하는 이유도 똑같습니다.

멀리 갈 것도 없이 코로나 때 비대면 수업을 떠올려보세요. 아이들이 잘 집중하던가요? 눈 나빠지고 자세 나빠지고 수업 핑계로 스마트폰이랑 탭으로 딴짓하느라 몇 배는 더 산만해졌지요. 코로나 시국에 대학에 들어간 학번들이 캠퍼스 생활을 제대로 누리지 못하면서, 조별과제는 물론 인간관계와 조직생활 자체를 힘들어한다는 이야기도 들립니다.

자연스럽게 신문과 종이 자료를 볼 수 있는 환경을 만들어주세요. 신문을 보는 시간만큼 스마트폰 사용 시간을 늘려줘 보세요. 매주 배달되는 어린이 경제신문을 읽고 퀴즈를 맞추면 용돈이라도 더 줘보세요. 예를 들어 10분의 스마트폰 사용 시간을 얻기 위해 30분간 신문을 읽는 동안, 아이의 뇌는 잠시나마 춤을 출 것이고 장기적으로 좋은 습관으로 굳어질지 모릅니다.

제가 그리는 가장 이상적인 풍경은 우리 아이들이 주말마다 2~3시간씩 앉아서 일주일 치 신문을 찬찬히 읽는 겁니다. 물론 불가능한 꿈이라는 걸 잘 압니다. 하지만 바로 지금 일어나는 일들을 이렇게 정제된 글로, 잘 편집된 버전으로 읽는 경험은 참 귀합니다.

자연스럽게 어려운 단어도 익힐 수 있고, 심층 인터뷰 기사를 보면서 다른 사람의 삶에 잠시 들어가 볼 수도 있지요. 평소 관심 있던 분야는 더 잘 알게 되고, 관심 없던 분야에서 뜻밖의 이야깃거리를 발견할 수도 있습니다.

이때 스마트폰을 사용할 때와는 다른 뇌세포들이 움직입니다. 활자와 책이 대중화된 이래 인류가 계속 써왔던 바로 그 뇌세포들이요. 게다가 내신이나 수능 모두 '종이 시험지'로 보잖아요? 매일 보는 교과서 외에, 새로운 글을 읽게 해서 자극을 주는 게 중요합니다. 활자 매체로 공부하는 마지막 세대가 될 지도 모르지만, 우리 아이들 학창 시절까지는 종이 시험지가 살아남을 테니까요.

더 극단적으로 말하자면 전자판 신문을 읽게 하는 것은 '영상통화'로 육아를 하는 것과 같습니다. 그만큼 전혀 다른 효과가 나타난다는 의미의 비유입니다. 영상으로 엄마, 아빠 얼굴을 아무리 생생하게 보여준다고 해도, 바로 앞에서 실제로 보는 것과는 비교할 수 없잖아요.

안아주고 뽀뽀하고 쓰다듬는 과정은 또 어떻구요. 앞으로 점점 더 애착관계가 중요해질 텐데, 종이매체를 넘기는 시간과 경험도 아이들에게 선물해준다고 생각하면 어떨까요.

마음 같아서는 부모 세대들이 학창시절에 했던 '빡지'나 '빡빡이(빽빽이)'라도 시키고 싶습니다만, 요즘 아이들에게 그런 걸 시켰다간 아동학대로 몰릴지도 모르겠습니다. 대신에 예전에 썼던 고리로 된 넘기는 단어장이나 손바닥만한 스프링 수첩을 하나 준비해주세요. 맨 위에 날짜를 적고, 오늘 신문에서 읽은 재미있었던 기사나, 더 생각해볼 것들을 간단히 적어보게 합니다. 필요하면 그 신문 기사를 오려서 옆에 같이 붙여도 됩니다.

고리 단어장이나 스프링 노트를 권한 것은 언제든 찢어서 여러 장을 나란히 놓고 볼 수 있도록 하기 위해서입니다. 누구 보여주려는 것도 아니니, 나만 알아볼 수 있게 써도 됩니다. 샘 올트먼이 아이디어를 이렇게 발전시킨다고 하지요. 떠오르는 것들을 쭉 쓴 다음, 관련 있는 아이디어 부분을 찢어서 나란히 늘어놓고 '한눈에' 본다고 합니다. 그리고 최종 결론이나 액션플랜을 도출하고 난 뒤 그 종이들은 구겨서 버린다고 하네요.

종이신문 보고 정리하기는 장기적으로 자녀의 스펙 만들기로도 활용할 만합니다. 매일은 못하더라도 〈이번 주 신문읽기〉라는 블로그나 SNS를 만들어서 운영할 수도 있고요. 유튜브나 팟캐스트 채널로 남겨놓을 수도 있겠죠. 대입에서 활용하지는 못한다 해도, 장기적으로 취업 등에서 유리하게 써먹을 수 있을 거에요. 채용하는 사람들이 매일 신문을 보는 독자니까요.

지금 유튜브에 '종이신문'을 검색하려니 종이신문 추천, 구독, 장점, 읽는법, 무료, 스크랩 등이 연관 검색어로 뜨네요. 〈유퀴즈 온더블록〉 조병영 한양대 국어교육과 교수님 편이 가장 먼저 뜨는데, 댓글에 유용한 팁이 많습니다. 한 번 보세요. 덕분에 저도 한 수 배웠네요. 역시 세상은 넓고 고수들은 많습니다.

아직은 유튜브에 종이신문 읽기로 특화한 채널은 없어 보이니, 자녀나 제자들과 함께 만들어보는 것도 좋을 것 같습니다. '대치동 상위 1% 문해력' 블로그도 참고해주세요.

7. 문해력 교재로 경제신문을 추천하는 이유

돈에 밝은 아이, 돈 밝히는 아이, 돈 잘 아는 아이

경제신문은 어른도 읽기 어려운데, 아이들에게 읽히라구요?

이런 질문도 많이 받습니다. 시중에 신문처럼 가공한 쉬운 교재들도 있으니 활용해 보면 좋고요. 그래도 '상위 1% 아이'로 키우려면 어른들이 보는 경제신문을 접하게 해주시길 권합니다. 처음에는 어려운 경제용어가 많이 나오고 생소할 수 있지만 '돈'이라는 관점에서 설명해나가다 보면 흥미를 갖는 경우가 많았습니다. 부모님이 얼마나 힘들게 돈을 버는지도 자연스럽게 이야기할 수 있고, 생각 없이 돈을 쓰는 잘못된 습관을 바로잡아줄 수도 있지요.

실제 대치동 중3 학생들에게 〈매일경제신문〉을 줘봤는데요. 생각보다 어렵지 않다면서 잘 읽혀서 놀랐다는 반응이었습니다. "경제신문은 막연히 어려울 줄 알았는데 술술 읽을 수 있었다"면서 "부모님께 말해서 구독신청을 하고 꾸준히 보겠다"고 해줘서 참 고마웠습니다.

우리 아이들은 대학교 입학 때까지 '돈'에 대해 한 번도 숙고해보지 않고 자랍니다. 넉넉한 집일수록 더 그렇죠. 요즘은 현금도 잘 쓰지 않고 카드로 긁고 다니다보니, 그냥 사이버머니 정도로 생각하는 것 같더라고요.

한 번은 대기업 홍보팀장님이랑 점심을 먹는데, 대학생 딸 걱정을 하면서 한숨을 쉽니다. 부모님 말씀 잘 듣고 공부도 잘해서 떡하니 스카이에 합격한 친구인데요. '경제관념'을 길러주지 못한 것 같다고 고민하시더라구요. 학교 다닐 때는 '엄카(엄마카드)'로 생각없이 쓰라고 했는데, 대학생이 되어서도 그 습관이 이어진 것이지요.

멋모르는 제가 "용돈을 아예 끊어보세요" 했더니, 그러면 집에만 있고 돈을 안 쓰니 전혀 타격이 없더래요. 경제관념 키워주는 학원이라도 있으면 보내고 싶다는 말씀에 좀 놀랐습니다. 아무리 귀하게 키우고 아무리 많은 돈을 물려줘도, 아이가 '경제관념'이 없으면 순식간에 잃어버릴 수 있는 시대입니다. 나중으로 미루지 마시고 어릴 때부터 돈을 대하는 자세와 돈의 속성은 필수로 예습시켜줘야 합니다. 경제신문이야말로 최고의 교과서지요.

제가 예전에 왕초보 재테크 책을 두 권 쓰면서 취재를 많이 했었거든요. 이건 꼭 강조하고 싶은데, 자본주의 사회에서 '돈=생명력'이라는 개념을 자연스럽게 체득시켜 주십시오. 의외로 어른들도 이 개념을 생각해본 사람들이 많지 않습니다. 약육강식인 동물의 왕국에서는 먹고 먹히면서 진짜 생명이 오간다면, 우리가 사는 인간 세상, 자본주의에서는 돈이 그런 역할을 합니다. 이걸 깨닫는 것이 참 중요합니다. 눈뜨고 코 베이는 세상에서 나에게 무료로 생명력을 건네주는 사람은 부모 뿐이고, 그마저도 부모가 자신의 생명력을 내어주면서 벌어온 돈이라는 걸 알아야 합니다.

돈 귀한 줄 아는 아이로 키워야지요. 게임에서 생명력이 다 떨어지면 아무것도 할 수 없잖아요? 자본주의에서도 돈이 떨어지면 손발이 묶입니다. 그래서 돈을 내 생명력이라고 생각하며 전략적으로 다뤄야 합니다. 예를 들어 너무나 갖고 싶던 게임기나 가방을 30만 원 주고 샀는데, 사자마자 중고 가격이 확 떨어지네요. 물론 자기만족과 그 게임기(가방)로 쌓는 추억은 돈과 등가교환할 수 없지만, 교환가치 상 화폐(30만 원)로 가지고 있는 것이 유리하다는 것도 한 번쯤 생각해보게 하세요.

반대로 6년 전 금값이 20만 원이었을 때 사두었다면, 올해 60만 원이 훌쩍 넘기도 했으니 훨씬 이득을 보았겠지요. 그때 제약바이오 대장주이자 코스닥 시총 1위인 알테오젠(5만 원대 → 50만 원 터치)을 샀더라면, 코로나 시국에 비트코인(400만 원대 → 1억 6,000원 터치)을 샀더라면, 돈의 교환가치는 엄청나게 불어났을 겁니다. 국민평형이라고 불리는 84제곱미터가 50억을 넘긴 서울 핵심 부동산은 또 어떻구요.

물론 망해버린 투자가 훨씬 더 많지만, 언제고 기회는 또 올 겁니다. 그래서 열심히 경제공부를 하고 분산 투자를 하고 경험을 쌓으면서 생명력을 키워가야 하죠. '돈=생명력'인 자본주의 게임이 또 하나 재미있는 건, 게임에서 무한대의 생명력이 필요하지 않듯이 돈도 일정 수준을 넘으면 행복도에 큰 영향을 미치지 않는다는 점입니다.

이렇게 경제가 아닌 돈으로, 자본주의를 게임에 비유해서 이야기를 시작해보세요. 그러면 자연스럽게 대화 주제가 확장됩니다. 엔화가

800원일 때 일본 여행을 다녀와서 좋았는데, 지금은 1,000원을 넘어버린 이유에 대해서도 같이 생각해보고요. 지금은 전세계 화폐의 중심이 달러인데, 앞으로 비트코인 같은 디지털 화폐가 이를 대체할 수 있을지 토론도 해볼 수 있겠지요. 불과 얼마 전까지 종이신문에서 비트코인 기사를 보기가 쉽지 않았는데, 요즘은 하루 걸러 한 번씩 지면에 등장하는 것을 보면 어느 정도 자산 가치를 인정받았다고 생각됩니다.

돈이라는 생명력을 노리는 나쁜 사람들도 많다는 걸 알아야 합니다. 신문을 읽으면서 친구들 사이에서 매일 돈 내는 '호구'가 되지 말고, 쉽게 돈 벌게 해주겠다는 사람들은 모두 나의 생명력을 노리는 사람들이니 조심하라고 말해주세요.

중고등학생이라면 '대출의 무서움'도 반드시 알려주어야 합니다. '댈입(대리입금)', '수고비', '지각비'라는 말 들어보셨나요? 중고등학생들을 대상으로 영업하는 대부업 은어입니다. 대출이나 이자 대신 아이들에게 친숙한 용어를 쓴 것이지요. 무려 5,475%의 초고금리를 매긴 불법금융업자도 있었답니다. 아이들이 빌린 돈은 1~10만 원 수준이었지만 이자는 수백만 원으로 불어났고, 나체 사진으로 협박당한 아이도 있었다고 합니다. 끔찍한 일이지요.

금융권에는 은행 같은 1금융권이 있고, 저축은행 등 2금융권, 대부업권인 3금융이 있다는 걸 알려주고 대출을 받아야 한다면 1금융권부터 상담해야 한다는 걸 가르쳐야 합니다. 무심코 인터넷 배너광고를 클릭해서 대부업 대출이라도 받는 날에는 가문이 패가망신할 수도 있다는 걸 아이들도 알아야 합니다. 이런 사회면 기사는 의도적으로라도 보여주길 권합니다.

사회면에는 청소년 도박과 마약문제가 심각하다는 뉴스도 종종 나옵니다. 한국청소년정책연구원의 청소년 사이버도박 관련 보고서에 따르면 12.7%가 도박 빚을 갚기 위해 인터넷 불법 대출 등 사채를 쓴 경험이 있다고 합니다. 오히려 중학생이 50%로 고등학생(34.3%)보다 높게 나타났다는 게 충격이에요. 성적 올리는 것도 좋고, 세상의 어두운 면을 굳이 보여주지 않으려는 마음도 이해하지만, 우리 아이가 내던져질 세상을 생각하면 '무균실'에서 귀하게만 키우는 것이 능사는 아니라는 생각입니다.

어릴 때부터 '1,000원 주식투자' 등으로 경제교육을 시키는 사람들도 많은데요. 경험상 장점보다는 단점이 많았습니다. 주가가 떨어지는 상황은 어른들도 견디기 힘든 고통이잖아요. 같은 가족끼리도 투자 성향이 다른데, 아이가 힘들어 할 수도 있습니다. 쉽게 벌면 쉽게 버는 대로, 돈에 대한 그릇된 가치관을 심어줄 수 있고요.

친구에게서 들은 이야기인데요. 초등 저학년인 아이가 아침에 일어나서 대성통곡을 하더랍니다. 본인이 좋아하는 나이키와 넷플릭스에 매주 1,000원씩 투자를 하고 있었는데, 주가가 떨어진 것을 확인하고 서럽게 울었던 것이죠. 결국 친구는 아이의 주식투자를 중단시켰습니다. '돈에 밝은 아이'로 키우려다가 '돈만 밝히는 아이', '돈에 연연하는 아이'로 키우게 될 것 같았다나요. 그래서 직접투자보다는 돈의 흐름을 엿볼 수 있는 경제신문으로, 경제교육을 시작하길 권합니다.

자녀 세뱃돈이나 용돈은 엄마, 아빠가 적립식으로 투자해뒀다가,

나중에 보여주면서 투자 방식을 설명해주는 것도 좋겠죠. 10년 전 100만 원을 투자하지 않고 써버렸다면 지금 그 물건의 가치는 0에 수렴했겠지만, 투자를 해놓았더니 500만 원으로 불었다는 해피엔딩이면 금상첨화이구요. 이 기업이 전망이 좋다고 해서 넣어놨더니 오히려 손해를 봤다. 남의 말만 듣고 투자해서는 안된다는 반면교사도 나쁘지 않습니다.

경제신문 특성상 '확증편향'을 부르는 편가르기식 기사가 적은 것도 장점입니다. 평일에는 경제신문을 보고, 종합지의 주말판 기사 중에 재밌고 좋은 기사들을 출력해서 읽어보게 하면 좋을 것 같습니다.

경제신문을 읽다 보면 아이가 궁금한 것들을 물어볼 겁니다. 제가 이번 책을 쓰면서 취재해보니 어린이 경제교육 콘텐츠도 정말 잘 나와 있더라구요. 시중에 출간되어 있는 책을 활용해도 좋고, 관련 기사를 검색해서 출력해 보여주어도 좋습니다. 이럴 때만큼은 예외적으로 유튜브 강연을 활용할 수도 있겠지요. 어려운 경제용어와 일찍부터 친해질 수 있다는 것도 경제신문의 장점 중 하나입니다.

경제신문을 열심히 읽은 아이라면 '틴매경TEST'처럼 경제 퀴즈 시험에 응시해 볼 수도 있습니다. 동기부여도 되고, 국가공인 시험이어서 좋은 성적을 거두면 진학이나 취업에도 유리합니다. 시험을 준비하면서 살아있는 경제 상식을 배울 수 있다는 것도 장점입니다. 저도 이 책을 쓰면서 처음 알게 됐는데요. 전체 50문항 중 절반이 '금융영역'에서 출제된다고 합니다. 글로벌 금융위기 이후 세계 각국의 청소년 금융교육 강화 트렌드에 맞춘 것이라고 하네요.

8. 재테크 관심 많은
　　엄마 아빠도 같이 읽어요

가족은 경제공동체, 우리집 가계부·투자일기 공유해요

　　경제신문은 위기 때 빛을 발합니다. 〈매일경제신문〉 구독자가 급증한 시기는 1998년과 2003년인데요. 많은 사람들이 '내가 경제를 몰라서 실패했다'는 생각과 '언제 다시 위기가 올지 모르는데 경제를 공부해야 한다'는 불안감에 앞다퉈 경제신문을 구독했기 때문입니다.

　　온가족이 경제신문을 함께 읽는다면 자녀의 문해력을 키워주는 동시에, 부모님들도 경제를 배우고 재테크 팁을 얻을 수 있어요. 꼭 경제신문을 구독하지 않더라도, 매일 홈페이지를 방문해서 기사들을 챙겨 읽으시길 권합니다. 부모님들은 그냥 링크로 보겠지만, 자녀들에게는 출력해서 종이로 보여주시고요. 신문사마다 자사 홈페이지에 '신문보기' 메뉴가 있고요. 각 지면에 실린 기사들을 무료로 읽을 수 있습니다. 1면부터 3면까지는 전체 지면 레이아웃도 무료로 볼 수 있어요.

　　한 가지 재미있는 것은요. 이 신문보기 메뉴로 기사를 읽은 사람들 중 절반 이상이 전자판이나 종이신문을 구독한다는 점입니다. 기사를 하나하나씩 클릭해서 읽다 보면 답답하거든요. 앞서 계속 강조한 대로 '한눈에' 읽고 싶어질 겁니다. 관심 가는 뉴스들은 인터넷 페이지 채로 북마크를 해둘 수도 있겠지만, 저는 고전적인 종이신문 스크랩 방식을 추천합니다. 한눈에 다시보기가 편하기 때문입니다. 많은 시간을 쓸 필요도 없고, 그냥 가위로 오려서 상자나 파일첩에 넣어두기만 해도 됩니다.

부동산 투자에 관심 있는 사람들이라면 부동산 뉴스들을, 주식투자에 흥미가 있는 사람들은 증권면을 모으시면 되겠지요. 요즘처럼 혼란스러운 시기에는 국제뉴스 지면도 스크랩할 거리들이 많이 보입니다. 아이들과 같이 스크랩하면서 이야깃거리를 만들 수도 있고, 스크랩한 것들 중 관련 있는 것들을 펼쳐놓고 인과관계를 설명해주어도 좋겠습니다.

기업 홍보팀들이 쓰는 지면스크랩 전문 유료 프로그램도 있는데요. 저는 여기서 스크랩한 파일을 내 카톡으로 모아놓고 그때그때 찾아봅니다. 유료 프로그램을 이용할 수 없는 개인 독자들은 지면 사진을 찍어서 스마트폰 앨범에 별도 파일로 저장해두고 필요할 때 찾아보면 똑같은 효과를 볼 수 있습니다.

특히 신문마다 광고 없이 전체를 펼쳐서 쓰는 기사들을 눈여겨보세요. 업계 용어로 '0단'이라고 하는데요. 매일경제신문 같은 경우 각 분야 전문가들의 깊이있는 분석과 기자들이 이름 걸고 쓰는 고정 코너를 0단으로 씁니다. 반도체면 반도체, 과학 지식이면 지식, 경제 분석이면 분석, 모두 심층적으로 쓰는 기사들이기 때문에 따로 스크랩해두고 여러 번 읽을 가치가 충분합니다.

인물 와이드 인터뷰와 뒤에 사람면에 실리는 피플 뉴스도 꼭 챙겨 보길 권합니다. 바쁜 CEO들은 1면에서 한 장 넘겨서 3면까지 보고, 바로 맨 뒷장으로 넘겨서 기고와 사람면을 봅니다. 매경을 보는 오피니언 리더들은 본인 소식이 인물면에 실리는 경우도 많고요. 특히 인사와 부고 기사는 꼭 챙기는 사람들이 많습니다. 승진 소식에는 축하 인사를 전하고, 궂은 일에는 위로를 전하기 위해서지요.

의미있는 업적을 이룬 사람들의 부고는 크게 씁니다. 그래서 언론사들은 유명 인사의 사망에 대비해 약력과 경력, 일화 등을 미리 상세하게 써놓는 것이 관행입니다. 외국 유수의 미디어들은 '오비추어리(부고) 전문기자'를 따로 두고 있을 정도죠. 작년 말 지미 카터 전 미국 대통령이 100세를 일기로 사망했을 때, 그 부고 기사들을 쓴 기자들이 먼저 유명을 달리했다는 보도가 나오기도 했습니다. 당시 공개된 기사 중에는 이미 고인이 된 모 기자가 약 35년 전에 부고담당 기자로 일하면서 써놓은 것도 있었다고 합니다.

찬반의견이 갈리는 주제도 챙겨 봅시다. '최저임금의 역설'은 온 가족이 난상토론을 하기에도 적절한 주제가 아닐까 합니다. 매년 이맘때면 몸살을 앓는 단골뉴스인데요. 2026년 최저시급은 1만 320원으로 2025년보다 2.9% 인상되었습니다. 월급으로 환산하면 215만 6,880원이네요. 문재인 대통령 시절에도 취임 첫해에 최저임금이 크게 오른 적이 있어서, 이재명 대통령 첫해 최저임금 인상률이 관심을 모았는데 예상보다는 적은 인상 폭입니다. 2018년 문 대통령 취임 첫해 최저임금은 16.4%나 올랐는데, 이는 역대 최대 인상폭입니다.

아르바이트생이 하루 8시간씩 주 5일을 일하는 경우, 2025년 기준 최저시급(1만 30원)을 적용하면 주휴 수당을 포함해 한 달에 209만 6,270원을 받습니다. 여기에 사업주는 4대 보험료(국민연금, 건강보험, 고용보험, 산재보험)로 직원 1인당 17만 5,558원을 추가로 부담해야 하죠. 단순 계산으로 1인당 227만 1,828원인데, 식당 사장님들은 통상 월 250만 원은 줘야 사람을 구할 수 있다고 이야기합니다. 만약 최저임금이 큰 폭으로 올랐다면 어떻게 될까요. 식당 사장님의 입장만 생각하냐고요? 그렇다면 근로자 입장에서 생각해볼까요. 월 250만 원으로 이런 고물가 시대를 어떻게 버티나요. 당장 이번 달 월급을 더 받는 것이 나에게 좋은 것 아닐까요.

찬반 토론으로 적절한 주제가 되지 않을까요? 이렇듯 경제는 단순하지 않습니다. 오죽하면 살아 움직이는 생물이라는 말도 합니다. 그래서 끊임없이 공부해야 합니다. 아는 만큼 보이고, 돈을 벌지는 못해도 최소한 허무하게 잃지는 않을 수 있습니다.

드라마 '재벌집 막내아들'의 명대사를 빌리자면, 경제신문은 돈이 됩니다. 이 책은 부모님들이 읽는 자녀교육용 학습서이니 '증여'를 예로 들어보겠습니다. 자녀에게 증여할 때, 10년마다 세금이 면제되는 한도가 리셋된다는 것은 많이 알지요? 그래서 태어나자마자 한 번, 10살에 한 번, 스무 살에 한 번씩 증여하는 사람들이 많을 겁니다. 미성년 자녀에게는 10년마다 2,000만 원, 성인 이후에는 5,000만 원까지 가능합니다. 그래서 증여세 절감 키워드는 '10년, 2,000만 원,

5,000만 원'이라는 기사들이 많이 나왔죠.

예를 들어 0세에 2,000만 원을 증여한다면 스무 살까지 총 4,000만 원을 세금 없이 줄 수 있습니다. 자금이 넉넉한 부모님들이라면 20세와 30세에 각각 5,000만 원씩을 증여하면 총 1억 4,000만 원을 세금 없이 물려주는 셈이 되죠. 증여세 기준은 10년마다 리셋되기 때문에 하루라도 빨리 시작하는 것이 좋다는 건 상식입니다.

그런데 이렇게 큰돈을 턱턱 줄 수 있는 부모가 어디 흔한가요. 경제신문을 읽으면 '유기정기금 증여'라는 것을 배울 수 있습니다. 목돈이 없어도, 하루라도 빨리 증여할 수 있는 방법이에요. 홈택스에서 한 번 신고해놓으면 매번 증여 신고를 할 필요도 없지요. 10년을 기준으로 한다면 매달 18만 9,693원씩 자녀 명의 통장에 입금하는 방식이 가장 편리합니다. 따박따박 10년간 모으면 276만 원을 추가로 증여하는 효과가 있어요.

은행 예적금으로 넣어줘도 되고, 장기로 묻어둘 돈이니까 주식으로 굴려줘도 좋겠죠. 장기 투자인 만큼 우량자산을 모아간다는 생각으로 접근해야 합니다. 예를 들어 미국 지수를 추종하는 QQQ(나스닥 100 지수를 추종하는 ETF)나 한국인이 유독 사랑하는 SCHD(슈왑 미국 배당주 ETF)만 담아도 추가수익을 기대할 수 있으니까요. 단, 레버리지가 아닌 순수 인덱스 추종형 적립을 택해야 하는 것, 잊지 마세요!

에이, 이런 경제지식은 블로그에도 많이 나온다고요? 유튜브나 쇼츠에서 훨씬 쉽게 정리해준다고요? 그런데 그 지식은 어디에서 나왔을까요? 챗GPT가 그럴 듯하게 답변해주는 내용은 어디서 학습한 걸까요. 아마 신문에서 보았을 겁니다. 물론 블로그나 SNS에 다른 사람이 정리해놓은 것을 보는 것도 의미가 있겠지만, 내가 직접 경제신문에서 읽고 그 지식을 검색해보면서 가지를 뻗어나가는 것이 재테크 실력 키우기에는 훨씬 도움이 됩니다.

엑스(트위터 전신)나 쓰레드에도 '고수'들이 많은데요. 내가 뭘 알아야 키워드 검색도 할 수 있고, 알고리즘의 파도를 타서 '찐고수'들을 만날 수 있는 법입니다. 당장 지난 주 눈여겨봤던 기사를 검색하려고 해도 토씨 제목 하나까지 다 넣지 않는 한, 기사 찾기가 쉽지 않습니다. 중요도에 따라 배치하는 게 아니기 때문에, 지금 스크랩하지 않으면 영영 못 찾게 될 수도 있죠. 이럴 때면 정보의 홍수 시대라는 게 실감이 납니다.

위기는 기회라고 하던가요. 우리 가정경제를 생각하면 앞으로 3~4년이 정말 중요합니다. 많은 사람들이 느끼겠지만, 지금도 과거 어느 때 못지않게 일촉즉발 위기 상황입니다. 도널드 트럼프 대통령의 경제정책이 하루 사이에 호떡 뒤집듯 바뀌고, 그로 인해 글로벌 경제가 출렁이고 있지요. 금값과 원자재를 비롯한 '불황 지표'들이 일제히 위기 수준이며, 전지구적 차원에서 추진해왔던 ESG 정책에도 제동이 걸리면서 기업들은 혼란스럽기만 합니다.

뿐인가요. 곳곳에서 빈발하는 자연재해와 식량위기, 두 개의 전쟁이 촉발한 국가별 재무장 바람 등등 신경을 곤두세워야 할 것들이 한두 가지가 아닙니다. 이런 변화의 속도는 점점 더 빨라질 것이고, 방향을 잃지 않으려면 세계 경제 돌아가는 흐름을 모니터링하고 있어야 합니다. 트럼프 대통령이 왜 관세와 환율정책을 들었다 놨다 하는지, 미국에 제조업 공장을 모으려는 이유가 무엇인지, 중국은 여기에 어떻게 대응할 지도 지켜봐야겠지요. 자고 일어나면 바뀌어 있는 AI와 빅테크, 양자컴퓨터 등 첨단 기술 동향도 꼭 체크해야 합니다.

말만 들어도 현기증 나지요? 걱정마세요. 경제신문의 200명이 열심히 취재해서, 이쁘게 편집해서, 매일 집 앞까지 배달해드릴테니까요. 받자마자 펼쳐서 보기만 하면 됩니다. 오늘 신문을 읽으면 하루가 바뀌고, 한 달을 읽으면 생각이 바뀌고, 1년을 꾸준히 읽는다면 인생이 바뀔 겁니다.

아이들과 함께
읽고 싶은 추천도서

문해력 키우기에 도움이 되는 앱과 뉴스레터

☑ 추천도서

추천도서에는 '뇌 관련' 책들이 많습니다. 이 책을 쓰는 동안 AI 전문가들을 1시간 이상씩 따로 보고 말씀나눌 기회가 있었는데요. 어떤 사람을 만나든 우리의 이야기는 '뇌'로 귀결되었답니다. AI를 이해하기 위해서든, 활용하기 위해서든, 때로 차단하기 위해서라도 인간의 뇌에 대해 아는 것이 중요할 것 같습니다. 문해력 교재와 관련 책은 학부모님들과 선생님들이 더 잘 알 것 같아서 넣지 않았습니다. 지면상 넣지 못한 다른 리스트는 블로그에 올려두겠습니다.

- **퍼펙트 게스 (이인아 서울대 뇌인지과학과 교수, 21세기북스)**
"탁월한 맥락 설계자는 패턴완성과 패턴분리를 오가며 최적의 뇌를 만든다." 이 문장을 몇 번이고 곱씹어 보게 할 책입니다. AI시대 우리의 뇌를 이해하는

데 이인아 교수의 인사이트는 최고입니다. 유튜브 강의도 꼭 들어보세요.

• **듀얼 브레인(이선 몰릭, 상상스퀘어)**

'AI 시대를 맞이하는 모든 사람이 꼭 읽어야 할 책'이라는 문구로 베스트셀러가 되었죠. 읽어보면 명불허전이라는 말이 나올 만큼 내용이 알찹니다. AI에 지배당하지 않고, 공동지능으로 활용할 네 가지 원칙을 실천해보세요.

• **뇌는 어떻게 성공하는가(에바 반 덴 브룩·팀 덴 하이어, 매일경제신문사)**

행동경제학 전문가들이 바로바로 실천할 수 있는 기법들을 알려주어 유용한 책입니다. 나의 의지라고 생각했지만 사실은 아니었다니! 소름이 돋으실 겁니다. 특히 3장의 '뇌는 상상의 고통에서 도망치고 싶다'는 세 번 읽어주세요.

• **아이의 뇌(김붕년, 포레스트북스)**

김붕년 교수는 국내 발달뇌과학 권위자입니다. 이 책을 읽으면서 초등 5학년 전에 종이신문 읽는 습관을 심어줘야겠다고 다짐했습니다. 무엇보다, 자녀에게 건강하고 안정된 사춘기를 선물할 수 있는 방법을 찾을 수 있으니, 꼭 읽어보세요.

• **넥서스(유발 하라리, 김영사)**

'정보란 무엇인가'부터 시작되는 우리 시대 베스트셀러 작가의 인사이트가 놀랍습니다. 올겨울 무문관(문이 없는 방)에 딱 한 권의 책을 들고 가야 한다면 이 책을 선택할 거에요. 두꺼운 편이니 발췌독이나 저자가 출연한 tvN 프로그램 시청도 추천해요.

- **그랜드퀘스트(이정동 서울대 교수 외, 지식노마드)**

대한민국의 미래를 위한 10개의 위대한 질문이 담겨 있습니다. 이공계 석박사들을 염두에 두고 쓴 책이어서 조금 어렵지만, 매일경제신문에 실리는 연중 기획기사와 함께 읽으시길 추천합니다. 가슴뛰는 미래를 선물하는 책입니다.

- **그거사전(홍성윤, 인플루엔셜)**

편집기자이자 문해력 달인인 홍성윤 기자가 쓴 책입니다. 우리가 흔히 '그거'라고 부르는 사물들의 이름을 찾아주고, 친절하게 설명해줍니다. 토요일 오후에 늦잠자고 낄낄거리면서 읽기 좋은 책, 뉴진스 민지의 추천도서이기도 합니다.

- **하루 한 장 초등 경제 신문(윤지선·김선, 매경주니어북스)**

매경아카데미와 현직 초등학교 선생님이 만든 경제문해력 실전 교재. 엄마들 사이에 입소문이 나면서 베스트셀러가 된 책입니다. 100개의 경제 뉴스를 쉽고 재미있게 설명해주어 하루에 한 장씩 공부하기 좋아요. 어른들이 읽어도 재밌습니다.

☑ 추천 연사(유튜브 등, 가나다순)

• 김지현 SK경제경영연구소 부사장

도구로서의 AI 관리법을 정말 잘 설명해줍니다. 저자는 30년 가까이 수십 권의 책을 쓰고 전국에 강연을 다니는 등 독보적 커리어를 쌓고 있습니다. 유튜브에 관련 강의가 많으니 챙겨보길 권해드립니다. 시간관리 팁도 얻을 수 있어요.

• 문병로 서울대 컴퓨터공학과 교수

지금 대한민국에서 AI를 가장 잘 쓰고 있는 사람 중 한 명일 거에요. 문병로 교수조차 놀랍다고 할 정도로 AI의 발전속도가 빠른데요. 매경 필진인 교수님 글을 따라읽으면 AI의 최전선을 엿볼 수 있어요.

• 유영만 한양대 교수, 지식생태학자

유튜브 녹화 한 번에 쇼츠 100개를 만들어주는 '어록 제조기'입니다. AI 시대를 살아갈 사람이라면 유 교수님의 책과 강연을 꼭 들어봐야 한다고 생각합니다. 청중 눈높이에 맞게 기가 막히게 설명해주시는데요. 유머를 열심히 따라가다보면 어느 새 지식의 산 정상입니다.

• 설상훈 성균관대 서비스융합디자인협동과정 교수

일상에서 손에 잡히는 AI 활용법을 배울 수 있어요. 홍수처럼 쏟아지는 데이터를 활용해 우리의 경험을 디자인할 수 있다니 멋지지 않나요. 저는 정말 많은 인사이트를 얻었습니다. 설 교수님 강연도 꼭 들어보길 추천합니다.

• 장대익 가천대 스타트업칼리지 학장

우리 아이들과 같이 딱 한 명을 뵈어야 한다면 장 학장님을 꼽고 싶을 정도로 훌륭한 분입니다. 미래가 보이지 않아 불안한 중고생이라면 장 학장님의 글과 강연을 보여주세요. '기업가적 마인드'로 전환하는 단초를 줄 겁니다.

• 최재붕 성균관대 기계공학부 교수

최 교수님은 미래를 먼저 보고오는 남자 같습니다. '포노사피엔스', 'AI사피엔스'라는 베스트셀러로 유명하고요. 탁월한 통찰력과 유머로 핵심만 짚어주는 명강의입니다. 모 시사주간지에 연재하는 칼럼 이름처럼 '생존코드'를 배울 수 있습니다.

☑ 활용할 만한 앱, 뉴스레터, 유튜브

• **디그(dig): 무료**

매경 기자들이 만든 '쉽지만 깊이 있는' 경제공부 콘텐츠에요. 매주 월, 수, 금 무료 뉴스레터를 받아볼 수 있고, 얼마 전 앱으로도 출시되어 더 가까워졌습니다. 2030을 위해 기획되었는데, 눈밝은 엄마들이 자녀교육용으로 많이 쓰고 있어요.

• **미라클레터: 무료**

역시 매경 기자들이 만든 '딥테크와 최신 트렌드 분석' 콘텐츠입니다. CEO들이 아침에 가장 먼저 확인하는 것이 미라클레터라는 이야기가 돌았을 정도로 훌륭한 내용들이 많습니다. 내가 잠든 사이에 실리콘밸리의 핫한 뉴스도 정리해주죠.

• **지식전파사: 유튜브, 무료**

당대 최고의 AI 연사들을 모시는 신생 유튜브 채널입니다. 이 분야에 유명한 채널들이 많지만, AI에 관심많은 C레벨이나 전문직들을 위해 매경이 엄선한 콘텐츠를 제공합니다. 인류가 AI와 함께 어디까지 갈 수 있는지 궁금하시다면 꼭 시청해보세요.

- **롱블랙: 유료(월 4900원)**

매일 신규 콘텐츠 1개가 올라오고 딱 24시간만 읽을 수 있도록 기획한 재미있는 플랫폼이에요. 유료구독이긴 하지만 우리시대 가장 핫한 사람들과 트렌드를 집에서 편하게 받아보기에 제격이죠. 소프트한 내용들이라 출력해서 아이들과 함께 보세요.

2장
종이 신문으로
국어문해력 기르기
실전 훈련법

1. 독해력과 지구력 키우는 시간별 학습법

5분 학습법(1): 1, 2, 3면 훑어보고 요약하기

　문해력은 매일 사용하는 힘입니다. 그리고 대부분의 사람들이 스무 살 이전 실력으로 평생을 살아갑니다. 다행인 점은 어른이 되어서도 얼마든지 문해력을 키울 수 있다는 거죠. 가장 좋은 도구인 종이신문으로 문해력 키우기, 이렇게 해보자고요.
　하루종일 짬을 내려 해도 5분밖에 시간이 없을 때가 있죠. 그럴 때는 과감하게 신문 앞에 두 장을 찢어서 가방에 넣고 나가세요. 버스나 지하철에서 짬짬이 1, 2, 3면 큰 제목과 작은 제목들만 읽어도 큰 흐름을 파악할 수 있습니다. 매일 꾸준히 신문을 읽어왔다면 더 쉬울 겁니다. 제목만 읽어도 기사 내용을 짐작할 수 있다면, 문해력 공부가 아주 잘 되고 있는 겁니다.
　여기서 한 가지를 더 한다면 첫 문장(가능하면 첫 단락)만 골라서 읽어보기를 권합니다. 신문 기자들은 막 입사한 수습기자 시절부터 '핵심 주제(기자들 은어로 야마라고 해요)'를 첫 문장에 쓰라고 배우거든요. 데스크들이 기사를 고칠 때 가장 심혈을 기울이는 부분도 첫 문장이고요. 마음에 드는 문장을 수집하고 필사하는 것처럼 첫 문장, 첫 단락을 읽고, 직접 손으로 써보면 글쓰기에도 도움이 됩니다.

1면 지면 한 장으로도 족히 1시간은 이야기를 나눌 수 있습니다. 꼬리에 꼬리를 물면서 경제용어와 지난 뉴스들을 엮어서 대화 주제를 확장하는 방법이에요. 예를 들어볼까요.

☑ 기초 단계

1면 제일 큰 기사 제목인 〈반도체벨트마저… '빈집벨트'로〉를 보면 이게 무슨 뉴스일 것 같나요? 바로 아래 제목에 〈미분양 직격탄 현장〉이라고 나오고, 새 아파트 단지에 불이 꺼진 사진을 실은 걸 보니, 아파트가 잘 안팔린다는 것 같죠? 이 지역은 어딘가 궁금한데, 사진 아래 작은 제목을 보니까 〈평택 안성 이천〉이라고 나옵니다. 이 지역 별명이 기사에 2개가 있는데 찾으셨나요? 정답은 '반도체 벨트'랑 '반세권'입니다.

그렇다면 여기를 왜 반도체 벨트라고 부를까요. 주변에 SK하이닉스라는 우리나라 대표 반도체 회사 공장이 있어서입니다. 반세권(반도체 공장 상권)은 아마 스세권(스타벅스 상권)이랑 비슷한 의미로 쓴 거겠지요. 경기도 지역 미분양이 1년 새 2배로 늘었다고 기사에 나오네요. 집을 다 지어놓았는데 계속 안팔리면 건설사들도 어려워지겠지

반도체 벨트마저… '빈집 벨트'로

미분양 직격탄 현장 ⑤

요? 그래서 4월 위기설이 돌고 있다는 뉴스입니다. 그럼 우리가 이해한 게 맞는지 기사를 한 번 천천히 읽어봅시다.

☑ 심화 단계

이 기자들은 왜 하필이면 반도체 벨트 미분양 현장을 갔을까요. 전국에 미분양 아파트가 아주 많거든요. 그런데도 경기도, 반도체 회사

근처를 찾아간 것은 여기가 원래 인기가 많은 곳이었기 때문입니다. '인기 부동산'이자 '베스트셀러'도 안팔릴 만큼 시장 상황이 좋지 않다는 메시지를 전달하고 싶었던 것이지요. 신문 기사를 읽을 때에는 이렇게 숨어있는 행간의 의미를 찾아보는 연습을 하면 좋습니다. 신문에 실리는 기사들은 중요한 의미가 있는 것만 고른다는 것, 앞에서 설명드렸죠? 늘 이 기사는 왜? 라는 질문을 품고 보는 습관을 들여야 합니다.

주제를 바꿔서, 반도체벨트 주변 아파트가 왜 인기가 많을 지도 생각해볼까요? 일단 반도체 회사가 들어서면 많은 사람들이 일자리를 얻습니다. 게다가 연봉도 높은 아주 좋은 일자리에요. 돈이 많다는 건 구매력이 높다는 것이고, 이왕이면 회사 근처에서 살고 싶으니까 주변 아파트값이 올라갈 확률이 높지요. 다들 이렇게 생각하니까 이 아파트를 사야겠다는 수요도 많다는 게 정설입니다. 그런데 이런 곳마저 안팔린다는 건 투자 심리가 그만큼 얼어붙어 있다는 뜻이라고 이해하면 됩니다.

☑ 한 걸음 더

과거 뉴스 중에서 '미분양'을 검색해보면 기사들이 우르르 뜰 겁니다. 제가 개인적으로 관심이 가지고 보는 곳은 세종시와 송도인데요. 세종시부터 볼까요. 6월 조기 대선을 앞두고 세종시 집값이 다시 들썩이기 시작했다는 뉴스들이 많이 나왔습니다. 왜일까요? 대선 예비 후보들이 대통령 집무실과 국회 등 주요 기관을 세종으로 이전하겠다는 공약을 쏟아냈기 때문입니다.

그런데 과거 뉴스를 보면 세종시는 지난해 전국 시도 중 아파트값이 가장 많이 떨어진 곳입니다. 그런데 4월부터 분위기가 반전되더니, 아파트 매매 거래량이 연초 대비 2배 수준으로 늘고, 종전보다 수억 원 오른 가격에 거래가 되었다고 합니다. 그런데 이런 현상이 처음이 아니라고 하네요. 5년 전인 2020년 총선 당시에도 정치권에서 행정 수도 이전론이 퍼지면서 세종 아파트값은 47%나 뛰었습니다 그러다 2022년부터 다시 20% 가까이 떨어졌지요. 이렇게 집값이 널뛰기를 하면서 세종시 집값은 '정치 테마주'라는 별명도 붙었다고 기사에 나옵니다.

그렇다면 세종시에 아파트를 사려는 사람들은 어떻게 하는 것이 좋을까요? 주식도 아니고 집값이 이렇게 롤러코스터처럼 움직인다면, 가능한 거래가 뜸하고 가격이 떨어졌을 때를 노리는 것이 좋겠지요. 특히 세종시 집값은 국회의원을 뽑는 총선과 대통령을 뽑는 대선을 앞두고 민감하게 반응합니다. 다음 선거에서는 정치뉴스를 눈여겨보면서 세종시 집값을 예측해보는 것도 좋겠네요.

인천 연수구에 위치한 송도신도시도 부동산 뉴스에 자주 나오는 지역입니다. 4월 기준 27주 연속 내림세인데요. 새 아파트 실거래가가 최고가 대비 40~50% 급락한 사례들도 나왔습니다. 시장은 앞으로도 한동안 송도 집값이 약세를 이어갈 것으로 보고 있는데요. 여러 뉴스들을 찾아보면서 그 이유를 짐작해봅시다.

일단 인천 지역 입주 물량이 줄줄이 대기중입니다. 송도 안에 삼성바이오로직스와 셀트리온 같은 좋은 직장이 많지만, 서울에 직장이 있다면 출퇴근하기에는 너무 멀고 힘들죠. 잠만 자는 집(베드타운이라고 합니다)에서 벗어나려면 대중교통 확충이 필수입니다. 그런데 우여곡절 끝에 수도권광역급행철도(GTX)-B노선 사업 착공했다는 뉴스가 있네요. 이 사업이 속도를 내면, 송도 집값도 탄력을 받을 확률이 높습니다. 부동산에 관심있는 부모님이라면, 자녀가 교통망에 관심이 있다면, 같이 GTX 노선과 관련뉴스들을 같이 읽어보는 것도 추천합니다.

이렇게 1면 하나만으로 꼬리에 꼬리를 무는 이야기 거리와 공부 거리를 찾아보았습니다. 1면은 신문의 얼굴인 만큼, 모든 언론사들이 사활을 걸고 만듭니다. 매일 제목만이라도 한 번씩 읽어보기를 추천합니다.

5분 학습법(2): 1, 2, 3면 훑어보고 요약하기

우리 아이들에게 매일 챙겨 읽으라고 권하는 면은 1면보다는 2면입니다. 신문사들은 보통 2면에 소프트한 기사들을 많이 싣거든요. 1면과 3면이 그날 가장 중요한 기사로 유기적으로 연결된 경우가 많고 주로 딱딱한 뉴스들이기 때문에, 2면에 흥미로운 기사를 넣으려고 노력합니다. 맛있고 다채로운 상차림을 위해서요.

3월 12일자 매일경제신문 2면에 반가운 기사가 실렸더라구요. 맨 위에 작은 제목 '종이 매체의 귀환'을 보자마자, 이건 스크랩해야겠

다고 생각했습니다. 〈쇼츠에 질린 MZ, 종이로 복귀〉라니, 뇌가 본능적으로 '살려고' 주인을 조종한 것은 아닌가 싶었답니다. 매일 신문을 읽고 좋은 글귀를 필사하는 것만으로도 뇌에게 숨구멍을 만들어줄 수 있으니까요. "한 번 펼치면 어렵더라도 경제나 부동산처럼 내 인생에 필요한 기사들을 만날 수 있다"는 취재원의 멘트도 딱 저의 마음입니다.

오른쪽 사이드 기사도 보세요. '태블릿으로 읽을 때보다 종이로 보면 독해력이 8배나 상승한다'는 연구 결과를 담고 있네요. 스페인 대학의 연구 결과라는, 디지털 교과서를 채택한 국가들이 속속 종이책으로 전환하고 있는 이유가 있겠지요. 2면에는 이렇게 주제와 상관없이 재미있는 뉴스들이 실립니다. 5분씩 매일 2면만 읽어도 박학다식한 사람이 될 수 있을 거에요.

앞서 정리한 추천도서 중에 유발 하라리의 《넥서스》가 있습니다. 인류의 역사를 '정보'라는 키워드로 관통하면서 인공지능 시대를 어떻게 살아갈 것인지 통찰하는 책인데요. 읽다 보면 '아, 이 사람은 정말 천재구나' 하는 순간을 몇 번이나 마주하게 됩니다.

특히 책과 AI(알고리즘)의 비교가 인상적인데요. '이야기는 우리를 하나로 묶었다. 책은 우리의 생각과 신화를 전파했다. 알고리즘은 우리의 비밀을 알아내 서로를 갈라놓았다. 인공지능은 무엇을 할 것인가?'라고 묻습니다. 이 문구만 읽어봐도 딱 감이 오시죠. 지금이라도 당장 책과 이야기로 다시 돌아가야 할 것 같지 않나요.

하라리도 일본 언론과의 인터뷰에서 '종이신문의 효용'을 강조했어요. 특히 가짜뉴스와 음모론에 맞서는 방패이자 AI에 대항하는 기둥이라고 표현한 점이 눈에 띕니다. 인간이 직접 만드는 종이신문은 신뢰성 높은 정보만 추려서 제공한다는 것을 강조했습니다.

실제로 종이신문은 기사 하나, 사진 한 장도 조심스럽게 씁니다. 인터넷에 뜬 사진 한 장도 출처와 시간, 장소를 꼼꼼히 확인합니다. 속보 경쟁이 치열하지만 조금 늦더라도 '신뢰성'을 택하는 겁니다. 가짜뉴스 전파하는 것을 무엇보다 경계합니다. 유튜브나 SNS의 익명의 개인이 아니라 언론이기 때문입니다.

매경 2면의 경우 '지면 안내'가 있습니다. 가게 앞에 세워놓는 입간판 같은 건데요. 2면 편집자가 오늘의 매경 중 읽어보면 좋을 기사들을 추려서 싣습니다. 매경이 운영하는 유튜브채널 월가월부(서학개미 투자)와 매부리TV(부동산)의 주제 영상도 있고, 바로 가는 QR코드도 넣어놓았습니다. 2면만 잘 뜯어보아도 '슬기로운 신문읽기'가 가능해서 소개해드립니다.

노파심에 디지털 교과서(AI 교과서)와 e신문 이야기를 조금 하고 넘어가려 합니다. 디지털 교과서와 e신문이 무조건 안 좋다는 게 아닙니다. 국내 교과서 회사들은 많은 돈을 투자해서 최고 전문가들과 AI 교과서를 만들었습니다. 제가 종이신문을 문해력 교재로 사용하자고 제안한 것은 지금 상황에서 가장 싸고 효율적인 방법이라는 생각에서입니다. 당연히 전문가들이 만든 AI 교과서도 최적의 활용방안을 고민하는

것이 맞겠지요. 뒤에 설명할 영어 수업의 경우, 바로 원어민 발음을 들으면서 맞춤학습을 할 수 있는 AI 교과서가 매우 유용할 겁니다. 국어 선생님들이 AI 교과서를 100% 활용하는 책을 써주면 꼭 읽어볼 생각입니다.

e신문도 마찬가지입니다. 종이신문으로 보는 것이 1순위지만, 바빠서 건너뛴 날이나 예전 신문을 지면 그대로 보고싶을 때 등 활용할 방안이 많습니다. 매일 읽어서 종이신문에 익숙해졌다면, e신문을 보는 것만으로도 효과를 볼 수 있으니까요.

이 책 국어편 말미에 부록으로 '자소서 잘 쓰는 법'을 실었는데요. 매일경제신문 2면에 우리나라 시니어들이 인생을 돌아보면서 '자서전 열풍'이 불고 있다는 기사가 나와서 보여드립니다. 그저 하나의 사회현상으로 읽을 수도 있지만, 자녀와 대한민국 인구 분포도를 찾아

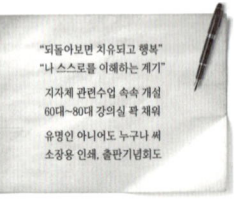

보고 소위 베이비부머를 포함한 1,400만 명의 중장년층이 대한민국을 어떻게 바꿀 지에 대해 토론해보기를 추천합니다. 이들이 어디로 가느냐가 대한민국의 정치사회적 방향은 물론, 경제상황까지 좌지우지할 확률이 높으니까요. 돈이 많은 사람들인 만큼, 소위 성공하는 비즈니스도 이들을 고객으로 잡는 곳에서 나오게 될 겁니다.

한 화장품 회사 대표님은 최근 2030에 집중한 K뷰티 트렌드에 중장년층이 빠져있다는 점을 눈여겨보고 있더라구요. 그래서 40~60대 여성들에게 집중한 화장품 라인 개발에 공을 들이고 있었습니다. C레벨들은 이런 기사 하나도 허투루 넘기지 않고, 새로운 사업 아이디어를 발전시키는 데 활용합니다. 꼬리에 꼬리를 물고 생각을 파고드는 것이 종이신문 읽기의 목적이라고 말씀드렸지요? 우연히 본 기사 하나가 인생을 바꿔줄지 모릅니다.

15분 학습법(1): 맨 뒤 사설 2~3개 면만 읽기

사설은 모든 신문사들이 사활을 걸고 쓰는 글입니다. 그 신문사의 의견(논조)가 반영되어 있고, 글도 정제되어 있어서 사고력 키우기와 글쓰기 예제로 적합합니다. 우리 사회를 이끌어가는 리더 분들은 1, 2, 3면만 훑어보고 바로 뒤로 넘겨서 사람면과 칼럼·사설이 있는 오피니언면을 읽는다는 분들이 많아요. 뉴스보다는 '관점'과 '의견'을 궁금해하는 것이죠.

보통 사설은 3개로 구성되는데, 제일 중요한 사설을 맨 위에 배치

합니다. 사설 제목만 봐도 오늘 그 신문사가 중요하게 생각하는 뉴스가 무엇인지 알 수 있겠죠? 세 번째 사설 제목은 좀 익숙하지 않나요? 맞습니다. 앞서 공부한 1면 미분양 기사 관련입니다.

신문마다 외부 필자의 기고도 실리는데, 좋은 필자는 그 신문의 경쟁력이어서 다들 좋은 필진 모시기에 공을 들입니다. 훌륭한 필자들의 글은 따로 오려서 모아두었다가 시간이 날 때 필사해봐도 좋지요. 미국 신문사들 같은 경우 편집 방침에 진보와 보수 색깔을 뚜렷하게 드러내는 곳도 많은데, 특히 오피니언면에 심혈을 기울입니다. 토요일자는 소프트한 주제의 글들이 많으니, 경제지 외에 주요 일간지를 구해서 오피니언면만 쭉 훑어보는 것도 방법입니다.

☑ 기초 단계

사설 활용법을 구체적으로 알려드립니다. 3개 중 맨 위에 사설이 가장 중요하다고 했죠? '주52시간 무산 위기…잘사니즘, 공허한 말잔치인가'라는 제목을 보세요. 주52시간이 뭔지 찾아보니, 일주일 총 근로시간을 52시간까지로 제한하는 우리나라 근로제도네요. 잘사니즘은 '잘먹고 잘사는 일이 무엇보다 중요하다'는 뜻으로 이재명 님이 자주 쓰는 말이라고 나오구요.

이 사설은 제목만 봐도 '잘 먹고 잘 살려면 52시간만 일해서는 안 된다'는 의미를 담고 있다고 이해하면 되겠죠? 왜 그럴까요? 경제신문이니까 기업들 입장에서 사설을 쓰기 때문이기도 하고, 적게 일하는 것은 국가 경쟁력 차원에서 보면 불리하기 때문이겠죠. 하지만 일하는 시간만큼, 가족과 보내는 시간이나 혼자서 충전하는 시간도 중요하잖아요? MZ들은 '적게 일하고 많이 버세요'를 덕담처럼 한다는데, 주 52시간에 대한 생각을 말해볼까요? 그리고 이 사설을 읽고 본인 생각과 어떻게 다른지 설명해볼 수도 있겠네요.

☑ 심화 단계

법적으로 일주일에 52시간만 일하도록 정해져 있지만, 모든 업종의 근로자가 똑같이 적용받는 게 맞을까요? 이 사설은 '화이트칼라 예외조항(이그젬션)'이라는 제도를 다루고 있습니다. 쉽게 말해 단순 제조업에는 52시간을 적용하더라도, 전문직이나 반도체 같은 첨단 산업에서는 근무시간을 제한하지 말라는 겁니다. 더 일하고 더 돈을 벌 수 있도록 예외를 허용해주자는 거지요. 미국과 일본 등 다른 선진국에서는 이미 시행하고 있다고 하네요.

화이트칼라 이그젬션에 대해서는 찬반이 엇갈립니다. 개인들로서는 선택의 문제이지만, 가뜩이나 중국에 추월당할 판인 우리나라 국가 경쟁력이 밀릴 수 있다는 게 문제입니다. 딥시크를 개발한 중국 IT 업계는 '주7일 매일 24시간 일한다'고 할 정도로 무섭게 한국을 추격하고 있으니까요. 그래서 한국 반도체와 게임 업계 등에서 주 52시간 예외를 허용해달라고 요청하고 있고, 정치권에서도 찬반이 갈리고 있습니다. 기업들은 주 52시간 제한으로는 AI 시대 발전속도를 따라갈 수 없다고 주장하는데요, 여기에 대한 본인의 생각은 어떤가요?

두 번째 사설은 가슴아픈 비극을 다루고 있습니다. 초등학교에서 선생님이 제자를 살해한 사건인데요. 가장 안전해야 할 학교에서 이런 일이 벌어진 책임은 누구에게 물어야 할까요? 이런 사태를 방지할 수 있는 대책에는 어떤 것들이 있을까요? 여기에 대한 본인의 생각을 논리 정연하게 한 편의 글로 쓸 수 있다면 상위 1%라 할 만합니다. 이 사설을 읽으면서 함께 토론하고 정리해봅시다.

☑ 한 걸음 더

세 번째 사설 제목을 볼까요. 〈반도체 벨트까지 미분양, 건설사 줄도산은 막아야〉 이 내용은 아까 본 대로 이날 1면에 제일 크게 나왔던 기사입니다. 사설은 그날의 가장 중요하고 쟁점이 되는 뉴스를 다룬다고 했지요? 그래서 1면 기사에 대한 이 신문사의 '의견'을 사설로 쓰는 경우가 많아요. 매일경제는 경제신문이니까 건설사들이 미분양으로 줄도산할 경우 우리 경제에 큰 타격이 될 것이라고 보고 있다는 의미로 이해하면 되겠지요.

맨 뒤에 대책을 보면 '토지거래허가구역'을 해제한 것과 같이 정교한 '핀셋 대책'을 세우라고 나옵니다. 이 핀셋 대책이라는 단어는 기억해두는 게 좋아요. 부동산 대책은 국민들의 재산과 삶의 질을 좌우하는 아주 중요한 정책이라서 섣불리 바꾸거나 뒤집어선 안되거든요. 의사가 수술을 하듯이 정교하게, 딱 필요한 부분만 건드려야 한다는 의미로 이 단어를 자주 쓰곤 합니다. 잘 기억해두었다가 다른 기사에서 만나면 반가울 거에요.

사 설

주52시간 무산 위기 … 잘사니즘, 공허한 말잔치인가

국회 민생 입법 처리를 논의하려던 국정협의회가 반도체 연구개발(R&D) 인력 주 52시간제 예외를 둘러싼 여야 이견에 미뤄지고 있다. 전통 지지층인 노동계가 반발하고 나서야 더불어민주당이 몸을 사린 결과다. 10일 이재명 민주당 대표가 국회 교섭단체 대표연설에서 언급한 실용 노선 '잘사니즘'이 공허한 말잔치였는지 의심을 갖게 한다.

여야는 11일 국정협의회 실무협의를 갖고 반도체특별법과 연금 개혁, 추가경정예산안(추경) 편성 등 현안을 논의했지만 접점을 찾지 못했다. 반도체 R&D 인력에 대한 주 52시간제 예외 적용 조항이 쟁점이었다. 국민의힘은 예외 조항을 담아 특별법을 처리할 것을 요구하지만 민주당은 사회적 합의가 필요한 만큼 더 논의해야 한다는 입장이다. 특수한 직종 소수 인력에 대한 예외 조항을 놓고 사회적 합의를 강조한 데 대해 민주당이 발을 빼려고 한다는 비판이 제기된다. 지난주까지만 해도 이 대표는 반도체 R&D 인력에 대한 주 52시간제 예외 필요성에 공감을 표시한 바 있다. 국회 연설에서도 진보와 보수 이념을 떠나 민생을 우선하겠다며 '잘사니즘'을 들고나왔다.

하지만 그는 느닷없이 주 4일제를 제기하는가 하면, 11일 주 52시간제 예외 조항에 대해 총노동시간을 늘리지 않는다는 조건을 달았다. 국민의힘 발의 법안에 총노동시간 제한이 없다는 점을 감안하면 사실상 반대 표시로 해석할 수 있다. 반도체 R&D 업무는 보통 2-3년 걸리는 개발 기간 중 6개월 이상 집중 근무할 필요도 있다. 예기치 않은 변수에 즉각 대응해야 하지만 핵심 인력을 신규 인력으로 대체하는 게 쉽지 않기 때문이다. 이런 이유로 미국, 중국의 반도체 기업들에서도 R&D 인력은 주 80시간 넘게 근무하는 경우가 많다.

이 대표가 말한 '잘사니즘'이 중도층을 현혹하는 공수표가 아니라면 정책과 입법으로 증명해야 한다. 지지층을 핑계로 진영 논리를 따른다면 실용 노선이라 할 수 없다. 조기 대선 가능성이 높아졌다고 지지 텃밭에 안주한다면 이 대표가 어떤 구호를 외치더라도 확장성을 키울 수 없을 것이다.

초등학교만은 절대적으로 안전한 장소여야

대전의 한 초등학교에서 교사가 8세 학생의 목숨을 빼앗는 참사가 벌어졌다. 아이들의 배움터이자 안식처여야 할 학교에서 이런 일이 발생한 데 대해 온 국민이 비탄에 빠졌다. 더욱 안타까운 점은 비극을 막을 기회가 여러 차례 있었는데도 놓쳤다는 것이다.

가해 교사는 2018년부터 우울증 치료를 받아왔다고 한다. 지난해 말 6개월 휴직을 신청했으나 21일 만에 복직했다. 그러나 우울증을 범죄의 원인으로 단순화해서는 안 된다. 대부분의 우울증 환자는 비폭력적이다. 극단적 범죄는 분노 조절 장애나 망상 등 다른 정신질환과 결합할 때 발생하곤 한다. 이번 사건에서도 가해 교사는 "어떤 아이든 상관없이 같이 죽을 생각이었다"고 진술해 '묻지마 범죄'의 성격을 보였다.

중요한 것은 폭력 신호가 감지될 때 즉각 조치를 취하는 것이다. 가해 교사는 5일과 6일 학교 컴퓨터를 부수고, 동료 교사를 폭행하는 등 위험 신호를 보냈음에도, 비극을 막을 안전 장치가 가동되지 않았다. 사건 당일 오전에는 교육청 장학사가 현장 조사를 다녀갔지만, 조퇴나 휴직 조치는 없었다. 교육청이 교원의 건강 상태를 심사하는 '질환교원심의위원회'도 열리지 않았다. 가해 교사가 폭력적 행태를 보였을 때, 곧바로 위원회에 회부하고 학생과 분리하는 조치를 취했어야 했는데, 그렇게 하지 못한 것이다. 돌봄교실의 안전도 허술했다. 피해 학생은 돌봄교실을 마친 후 혼자 이동하다 변을 당했다. 현재 돌봄교실 전담 인력은 학교당 평균 1.4명에 불과하니, 학생 안전을 책임지기에는 턱없이 부족하다.

정부는 근본 해결책을 마련해야 한다. 피해자인 김하늘 양의 아버지는 "제2의 하늘이가 나오지 않도록 '하늘이법'을 제정해 심신 미약 교사들이 치료받을 수 있게 하고, 하교하는 저학년생의 안전을 책임져달라"고 호소했다. 그의 말대로 사전에 적극 치료를 통해 정신질환 교사를 찾아 돕는다면 학교는 훨씬 안전해질 것이다. 돌봄 인력도 늘려 학생의 안전한 하교를 돕고, 사고 시 신속하게 대응하는 체계도 구축해야 한다. 초등학교는 절대적으로 안전한 장소여야 한다.

반도체 벨트까지 미분양 쇼크, 건설사 줄도산은 막아야

주택경기 침체가 이어지면서 수도권에도 미분양 경고음이 커지고 있다. 국토교통부에 따르면 지난해 말 기준 전국 미분양 주택은 7만173가구로, 한 달 만에 5027가구가 늘었다. 악성 미분양으로 불리는 준공 후 미분양도 2만1480가구로, 2014년 7월 이후 처음으로 2만가구를 넘어섰다. 특히 '반세권(반도체+역세권)'이라는 용어까지 만들어지며 주목받던 평택·이천 등 경기 남부 반도체 벨트에서 급증한 미분양은 건설사 줄도산 공포로 이어지고 있다.

경기도 미분양 주택은 작년 말 1만2954가구에 달했는데, 반세권에서 미분양이 급증했다. 반세권이 미분양 무덤이 된 것은 2019년 반도체 벨트 조성과 광역급행철도(GTX) 건설 계획 발표 후 집값이 급등하면서 공급이 늘어난 탓이다. 평택의 경우 올해부터 3년간 3만여 가구가 입주하는데, 적정수요의 10배에 달한다는 지적까지 나온다.

미분양 쇼크로 연초 신동아건설 등이 법정관리를 신청했고, '4월 위기설'도 확산하고 있다. 미분양의 책임은 수요예측 없이 집을 지은 건설사가 지는 것이 마땅하다. 할인 분양 등 자구노력이 절실하다. 하지만 정부도 손을 놓고 있어서는 안 된다. 미분양 급증으로 건설사가 자금난에 빠지면, 하도급업체가 연쇄 도산할 수 있고 이 피해는 실물경제와 금융시장으로 이어지기 때문이다. 미분양은 부동산 프로젝트파이낸싱(PF)에도 악영향을 미치는데, PF 폭탄이 터지면 경제 전체가 위험해진다는 것은 2008년 금융위기 때 경험했다.

국민의힘은 비수도권 미분양 주택 구입 시 총부채원리금상환비율(DSR) 적용 한시적 완화를 정부에 요청했는데 수도권 적용도 검토할 필요가 있다. 미분양이 정점을 찍었던 2009년 시행됐던 세금 감면 등도 참고해야 한다. 다만 인기 지역 청약 경쟁률은 여전히 수백 대 1에 달하고, 부동산 투자심리는 금리나 정부 정책 방향 변화 등에 따라 빠르게 바뀔 수 있다는 점에서 획일적 부양대책은 경계해야 한다. 서울시가 12일 삼성·대치·청담·잠실동을 토지거래허가구역에서 해제한 것과 같은 정교한 핀셋 대책을 고민해야 한다.

15분 학습법(2): 맨 뒤 사설 2~3개 면만 읽기

맨 뒤 오피니언면에는 사설뿐 아니라 외부 필진들의 글이 함께 실립니다. 기자들이 현장에서 느낀 점을 쓰는 칼럼(기자 24시)도 있고, 부장급 기자들이 쓰는 데스크칼럼도 있지요. 특히 토요일자에는 소프트

한 주제들이 많아 아이들과 읽기 좋아요.

제가 픽한 4월 22일자에는 깊이 있는 내용들이 많네요. '지방소멸'은 대한민국은 물론 전세계가 걱정해주는 주제이지만, 누구도 진심으로 해결할 노력을 하지 않고 있다는 지적이 뼈아픕니다. 사람들은 왜 지방을 떠나고 있을까요? 서울에 인구가 집중되면서 많은 부작용들이 생기고 있는데, 하나씩 꼽아볼까요? 당장 우리 가족이 지방으로 이주하려면 어떤 조건이 있으면 좋을 것 같나요?

4월 22일이 도서관의 날이라는 장은수 대표님의 칼럼도 참 좋네요. 전국 곳곳에 아름다운 도서관이 참 많은데, 가족여행의 주제로 잡고 틈틈이 가보는 것은 어떨까요? 중요한 것은 그 경험을 글로 남기는 것입니다. 블로그나 유튜브에 기록을 남겨두면 자소서에 쓸 수도 있고, 아이를 스마트폰과 떼어놓기도 훨씬 쉬울 겁니다.

60분 학습법: 처음부터 끝까지 신문 통독하기

이 책에서 가장 추천하고 싶은 공부 방법입니다. 일주일에 딱 한 시간만, 스마트폰 치우고 1면부터 마지막 면까지 천천히 모든 기사를 읽어보려고 도전하는 겁니다. 사실 이건 어른도 쉽지 않긴 한데요. 처음에는 집중이 잘 안되겠지만, 상위권 아이들은 금방 익숙해질 거에요. 무엇보다, 아이들에게는 종이신문이라는 존재 자체가 생소하거든요. '이런 이야기들이 실리는구나' 신기해하는 친구들도 있고, 생각보다 어렵지 않다며 재밌어하는 경우도 많습니다.

성공은 특출난 사람 아닌 도전한 사람의 결실

김재철 동원그룹 명예회장 자서전 출판 강연회

"창업할 때 고려해야 하는 첫 번째 사안은 창업 기업이 사회에 필요한지, 둘째는 내가 잘 아는 분야인지 따져보는 것이다."

동원그룹·한국투자금융지주의 창업자인 김재철 명예회장(90)은 지난 23일 서울 강남 교보타워에서 경영 에세이 '인생의 파도를 넘는 법' 출간 기념 강연회를 열고 예비 청년 사업가들을 향해 애정 어린 조언을 아끼지 않았다.

김 명예회장은 "성공한 사업가가 되고 싶다면 본인이 역량을 잘 발휘할 수 있는 분야에 뛰어들어야 한다"고 강조했다. 예비 창업가들이 사업 아이템을 정할 때 자신의 능력보다 적성·흥미를 우선순위에 놓고 아이템을 고르는 게 성공할 가능성이 희박하다는 얘기다.

그는 한국투자금융지주의 바탕이 된 한신증권을 1982년 인수했던 경험을 언급하기도 했다.

김 명예회장은 "금융·증권업에 관해 몰랐지만 잘할 수 있을 것이라고 확신하고 한신증권을 인수했다. 하지만 업종을 모르는 탓에 10년 넘게 고전했다"며 "직원들의 반발이 컸지만 한신증권은 1980년대 증권 업계 최초로 센티브제를 도입해 확실한 보상 시스템을 마련하는 등 여러 시행착오를 겪

창업 준비하는 청년이라면 사회에 꼭 필요한 기업인지 내가 정말 잘 아는 분야인지 두 가지 꼭 따져보고 결정을

지금도 신문·책 읽으며 공부 청년들 실패 두려워 마세요

은 끝에 자리 잡을 수 있었다"고 말했다. 한신증권은 1996년 동원증권으로 상호를 변경했으며, 2005년 한국투자증권 인수를 통해 현재 한국투자금융그룹으로 발전했다.

김 명예회장은 성공하고 싶다면 한경 탓을 하지 말라고 조언했다.

그는 "과거 고성장 시대에는 성공할 기회가 많았던 것처럼 보이지만, 일자리가 많지 않았다. 지금은 저성장 시대여도 일자리의 종류가 1만 개는 넘을 것"이라며 "저성장 시대일지라도 고속 성장을 하고 있는 분야는 존재한다. 확실한 경쟁력을 갖춘다면 시대의 성장 속도나 환경은 중요하지 않다"고 강조했다.

김 명예회장은 "매일 국내외 여러 개의 신문을 읽고, 틈만 나면 책을 보면서 다방면에서 지식을 쌓는다"며

23일 서울 강남에서 김재철 동원그룹 명예회장이 자신의 경영 에세이 '인생의 파도를 넘는 법' 출간 기념 강연회를 열고 자신이 걸어온 길 등에 대해 설명하고 있다. 동원그룹

"만약 지금 새로 창업을 한다면 수십 년 동안 독서와 신문 읽기를 통해 축적된 지식으로 많은 분야에 도전하겠다"고 밝혔다.

김 명예회장은 자신이 특출나서 성공한 것이 아니라 수많은 도전과 실패 끝에 성공한 것이라며 청년들에게 희망의 메시지도 전달했다.

김 명예회장은 "이 시대를 살고 있는 많은 젊은이에게 도전을 권하고 싶어 책을 써야겠다고 마음먹었다"며 "어찌 보면 이렇게 책을 쓰고, 강연회

들 하는 것도 나에겐 새로운 도전"이라고 말했다.

김 명예회장은 "명예박사 학위가 9개, 훈장도 여러 개 받았다. 하지만 내가 잘나서 그런 것이 아니다"며 "아흔이 넘는 지금까지 이어져 온 수많은 도전 이 이런 결과를 만들어냈다"고 덧붙였다. 그러면서 그는 "내 도전정신을 그대로 계승한 동원그룹은 지금도 여전히 도전 중"이라며 "도전은 젊은이의 특권이니 적극 도전하라"고 힘주어 말했다.

김 명예회장은 23세였던 1958년 한국 최초의 원양어선 '지남호(指南號)'의 실습 항해사로 사회에 첫발을 내디뎠다. 근면성실한 그의 모습을 지켜봤던 주변 사람들이 그에게 사업을 해보라고 여러 번 권유를 했다. 그는 1969년 34세에 자본금 1000만원으로 원양어업 회사인 동원산업을 창업하고 사업으로 변신했다.

1982년 국내 최초의 참치캔인 '동원참치'를 출시해 식품가공업으로 사업영역을 넓힌 그는 1982년 한신증권을 인수하며 증권업에 진출해 지금의 한국투자금융지주를 일궜다. 이후 동원그룹의 사업 영역을 수산·식품·물류·소재 개발 등으로 넓혀 지난해 매출 7조 8조원대 그룹으로 키웠다. 2019년 창업 50주년을 맞아 회장직에서 물러났다.

신수현 기자

특히 '사람들'이라는 지면은 꼭 다 읽어보면 좋습니다. 기자들이 톱이나 메인이라고 부르는 가장 큰 기사에는 감동적인 스토리와 배워야 할 삶의 자세가 매일 업데이트되거든요. 저는 김재철 동원그룹 명예회장님의 기사가 실린 지면을 가져와 봤는데요. 젊은 후배들에게 도전정신을 가지라며 꿈과 비전을 심어주는 데 열심이기 때문입니다. 작은 지면에 김 회장님의 일생을 담을 수는 없지만, 이 기사를 읽은 아이들이 관련 뉴스를 찾아보고 감상문을 A4 한 장 정도로 쓸 수 있다면 최상이고요. 가고싶은 학교가 있거나 취업을 원하는 회사가 있다면, 그 회사의 창업자나 회장님 기사를 스크랩하는 것도 좋은 동기부여가 되어 줄 겁니다.

'60분 공부법'에 배치하긴 했지만 2시간 3시간이 걸려도 좋습

니다. 단 한 번이라도, 신문 한 부를 1면부터 끝까지 다 읽어보는 경험은 매우 중요합니다. 영어편에서 자세히 말씀드리겠지만 'DEEP DIVE'야말로 상위권 1% 고지에 올라서는, 어쩌면 유일무이한 방법이기 때문입니다. 이 단어를 영어 사전에서 검색해보면 '(과하거나 불필요한 정도로 방대한 양의) 철저한 분석'이라고 나오더라구요. 기사 하나에서 시작해서 가지를 뻗어나가듯 관련기사를 찾아서 붙이는 경험, 전혀 다른 종류의 뉴스들을 앉은 자리에서 한번에, 한눈에 읽는 경험에 자주 노출시켜 주세요. 이것만큼 쉽고 간단하게, 고도의 문해력을 길러주는 방법은 없습니다.

어려운 것도 아닙니다. 가장 재미있었던 기사나 기억에 남는 뉴스를 같이 이야기해볼 수도 있고요. 평소 관심사를 다룬 기사, 마음에 드는 사설이나 칼럼을 필사해볼 수도 있습니다. 개인적으로는 몇 가지 주제를 정해놓고 그 뉴스를 따라가기를 권합니다. 거의 매일 지면에

등장하는 인공지능도 좋고, 중국이나 백악관 등 특정 나라와 기관도 좋고, 아예 인물 뉴스만 모아도 좋습니다. 좋아하는 필진 몇 분을 정해놓고 따라가는 것도 방법이에요. 매경 독자 중 교수님 한 분은 특정 필진의 글을 모아놓고 본다고 하더라구요. 다들 잘 아는 건축가 유현준 교수님도 자랑스러운 매경 필진이셨습니다. 7년 가까이 '아이러브건축'이라는 작은 칼럼을 매주 쓰셨지요. 그때 제가 담당기자였는데 매주 유 대표님의 글을 기다렸던 기억이 납니다.

'보이스피싱 20년'을 계기로 기획한 매경 사회부의 심층 분석 기사를 가져와봤습니다. 누구나 당할 수 있는 범죄이고, 수법이 나날이 악랄해지고 있다고 하는데요. 전세계에서 AI를 가장 열공하고 있는 집단이 보이스피싱 조직이라고 해요. AI로 우리 딸의 목소리를 흉내내고, 카톡 프사 사진으로 동영상을 만들어서 진짜 납치한 것처럼 꾸밀 수 있는 세상입니다.

이런 사기꾼들이 AI까지 동원해서 만든 고도의 덫에 우리 가족들이 걸린다면, 상상만으로도 섬뜩한 일이지요. 이런 기사는 온가족이 돌려 읽으면서 수법을 공유하고 혹시 모를 피해를 예방하는 데 힘써야 합니다. 앞서 '경제신문은 돈이 된다'고 말씀드렸는데, 이렇게 소중한 내 돈을 지켜주는 것도 포함됩니다. 이런 심층분석 시리즈는 3회에서 5회까지 게재되거든요. 이런 기사야말로 스크랩해두고 몇 번이고 읽어야 할 콘텐츠입니다. 자녀들에게는 시리즈를 읽고 느낀 점을 직접 글로 써보게 하십시오.

보이스피싱으로 전재산을 잃게 된 사람은 어떻게 될까? 이렇게 악

랄한 범죄를 저지를 사람들을 잡으려면 어떻게 해야 할까? 우리 가족이 보이스피싱을 당하지 않게 하려면? 사회적으로 보이스피싱 범죄를 근절하려면? 질문은 끝이 없고 생각도 계속 이어지겠지요. 이런 생각을 본인이 글로 써보게 한다면, 그 내용은 평생 잊혀지지 않을 거에요. 신문을 보다 보면 이런 글감은 매일 쏟아져 나옵니다. 적어도 한 달에 하루 정도는 시간을 비워서 신문 한 부를 꼼꼼하게 읽는 시간을 만들어주세요. 아이의 뇌가 멀리멀리 뻗어나가는 경험을 하게 될 겁니다.

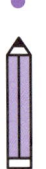
2. 상식 넓히는 분야별 학습법

트렌드&역사 학습법: 특별한 날 지면만 스크랩하기

　어느 날의 신문은 그 자체로 '역사'가 됩니다. 부끄러운 역사도 있고 자랑스러운 역사도 있지요. 2024년은 두 가지가 모두 있었던 해인데요. 우리 아이들이 읽을 지면이니, 좋은 것으로 골랐습니다. 바로 한강 작가의 노벨상 수상 소식과 매경 김유태 기자의 단독 인터뷰입니다. 2024년 10월 11일자네요. 아직도 그 감동이 생생합니다. 신문사 다니는 기쁨 중 하나가, 이런 소식을 실시간으로 '데스크 단톡방'에서, 척하면 척인 사람들과 공유할 수 있다는 점이에요.

　사실 이 인터뷰는 노벨상 수상 소식이 전해지기 한참 전에 '포니정 혁신상' 수상 기념으로 진행된 것입니다. 한강 작가님이 수상 이후 모든 인터뷰를 고사하시는 바람에, 이 기사는 전무후무한 글로벌 대특종이 됩니다. 10여 년의 염원과 우연과 행운이 겹쳐, 온 우주가 도와준 것 같은 신비로운 순간의 뒷이야기는 김유태 기자 인터뷰와 페이스북에서 읽으실 수 있습니다.

이날 매일경제신문은 중고 거래 사이트에서 비싸게 거래됐다는 이야기도 있었을 만큼 대히트를 쳤습니다. 이 책으로나마 해당 지면을 소장할 수 있기를 바라며 넣었구요. 꼭 인터넷으로 기사 전문을 읽어보길 권합니다. 글로벌 대특종인 만큼 매경 영문뉴스에서 영어로도 번역해서 실었으니, 영어 공부 겸 같이 읽어보는 것도 좋겠네요.

인터뷰 문답이 그 자체로 시 같지 않나요? 인터뷰는 신문이 우리에게 주는 가장 큰 효용 중 하나입니다. 만나고 싶었던 사람들을 기자가 만나서 재미있는 글로 풀어주니까요. 저작권 문제로 이 책에 실을 수는 없지만, 매경 외에 다른 언론에도 좋은 인터뷰들이 참 많습니다. 특히 조선일보는 이 분야를 아주 잘하는 신문이에요. 주말마다 나오는 섹션도 좋고 김윤덕 선임기자가 한 페이지 통틀어 쓰는 인터뷰도 참 좋지요.

저는 어렸을 때 위인전을 참 많이 읽었습니다. 처음 기자가 된 것도 인터뷰 전문기자가 되고 싶어서였는데, 위인전을 많이 읽은 영향이 아닌가 합니다. 위인전이 너무 길어서 읽기 힘들다면, 우리 아이들에게 신문에 나오는 좋은 인터뷰를 많이 읽혔으면 좋겠습니다. 세상은 넓고 나쁜 사람들도 많지만, 이렇게 멋진 사람들이 있어서 살아볼 만한 세상이라고 생각했으면 좋겠습니다. 누차 말씀드리지만 좋은 사람을 지면으로 만날 수 있다는 것, 신문읽기의 큰 즐거움 중 하나랍니다.

저는 책상 앞에 위 두 개의 지면과 한강 작가의 노벨문학상 강연

'빛과 실'을 다룬 시상식 기사를 붙여놓았습니다. 하루에도 몇 번씩 눈길이 가는 곳에요. 자녀가 동경하는 사람이 있다면 인터뷰 지면을 찾아 크게 출력해서 방에 붙여주세요. 그것만으로도 아이가 힘들 때 심리적인 동아줄이 되어 줄 겁니다.

한강작가 인터뷰는 매경 영문뉴스로도 번역됐습니다. 저는 순간 '저 시 같은 문장을 어떻게 번역하지?' 눈앞이 캄캄하던데요. 우리 영문뉴스팀이 베테랑답게 잘 해주셨더라구요. 한강 작가 노벨상 수상에 영국 번역가 데보라 스미스의 역할도 컸다는 뉴스가 있었지요? K컬쳐가 세계적인 인기를 얻으면서 번역의 중요성도 더욱 커지고 있는데요. 다른 관련 기사들을 찾아서 이런 주제로 아이들과 함께 이야기해 보는 것도 좋은 공부가 될 겁니다.

특히 이런 글들은 '나만의 제목'을 뽑는 연습을 해볼만 합니다. 내가 직접 편집기자가 되어보는 것이지요. 수습기자들 교육할 때 많이 쓰는 방법인데요. 제목을 지우고 기사만 준 뒤에, 제목 뽑는 연습을 해보라고 합니다. 신문 제목은 글자 수가 한정되어 있는 만큼, 압축적이고 함축적으로 달아야 한다고 말씀드렸죠? 중요한 내용을 모두 포함하고 있어야 하는 건 물론이고요. 사실 위주로 보도하는 스트레이트 기사 제목은 '팩트'가 들어가 있어야 하고, 때로 제목에 따로 의미부여를 하기도 합니다.

보통 인터뷰 기사들은 그분들의 워딩에서 뽑는 경우가 많아요. 매경 한강 인터뷰 지면의 또 하나 훌륭한 점은, 한강 작가님의 말을 시처럼 제목으로 뽑았다는 겁니다. 〈심장 속, 불꽃이 타는 곳, 그게 내 소설이다〉라는 1면 제목도 좋고, 〈창밖은 고요합니다. 고단한 날에도 한 문단이라도 읽고 잠들어야 마음이 편안해집니다〉라는 3면 제목도 참 좋습니다.

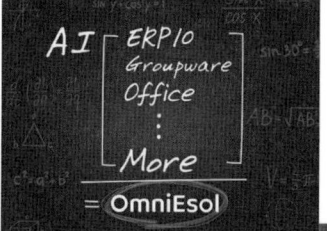

1면 제목을 스트레이트처럼 〈한강 작가 한국인 첫 노벨상〉이라고 뽑았다면 어땠을까요? 이것도 나쁘지 않지만, 매경에는 단독인터뷰라는 아주 귀한 재료가 있었으니 충분히 달리 요리할 수 있었겠지요. 아이들과 한강 작가 인터뷰를 찬찬히 읽어보고, 나라면 어떤 워딩을 제목으로 올렸을지 생각해보세요. 그 제목을 몇 자로, 어디에서 행을 바꿀지도 생각해보세요. 그게 다름아닌 편집의 마법이랍니다.

- https://pulse.mk.co.kr/news/culture/11136978

  (한강작가 인터뷰 국문뉴스 링크)

- https://pulse.mk.co.kr/news/english/11137275

  (한강작가 인터뷰 영문뉴스 링크)

한강작가 인터뷰
영문버전

한강작가 인터뷰
국문버전

트렌드&역사 학습법: 원하는 뉴스지면만 스크랩하기

2025년 4월 25일 매경 1면을 볼까요. 이 한 장의 지면으로 2시간은 족히 이야기를 할 수 있을 정도로 의미있는 뉴스들이 포진해 있네요. 일단 가장 중요한 기사로 '1분기 한국경제의 역성장 쇼크'를 다루고 있습니다. 한국은행 전망치를 0.4%P나 하회했다고 합니다. "산업단지가 너무 조용해서 무서울 정도"라는 취재원의 워딩도 보이네요.

이 뉴스가 미치는 파장이 크기 때문에 2면과 3면 두 페이지에 걸쳐서 다룬다고 나와 있고요.

한국 경제 전반은 암울하지만 다행히 오른쪽 1단기사에 SK하이닉스가 깜짝실적을 냈다는 뉴스도 보입니다. 교보생명이 지주사를 추진하면서 SBI저축은행을 인수한다는 기사도 1면을 차지했습니다. 그만큼 중요한 뉴스라는 의미입니다. 원래 초판 사진 기사로는 프란치스

코 교황이 선종하시면서 조문행렬이 이어지는 바티칸 교황청을 썼는데요, 밤사이 통상협의 대표단의 사진으로 교체한 것입니다. 교황도 중요한 뉴스이니 교황님의 일생과 업적을 이야기할 수도 있고, 새로운 교황이 어디에서 어떻게 선출되는 지도 찾아볼 수 있겠지요.

유튜브가 벌써 20주년을 맞았고, CEO가 한국 언론 중 최초로 매경과 인터뷰했다는 기사도 보입니다. 아무래도 한국 언론과의 인터뷰이니, K컬쳐와의 시너지효과를 강조한 것 같습니다.

같은 날 신문 5면에 유튜브 CEO의 인터뷰 전문을 보죠. 아까 인터뷰 제목은 통상 무엇으로 뽑는다고 했죠? 인터뷰한 사람의 워딩이라고 했지요. 이 기사에서도 가장 인상적인 워딩을 뽑았습니다. 유튜버 한 명 한 명이 곧 할리우드이고, 거실TV에서 활약할 것이라고 언급했네요. 그러면 가장 긴장해야 할 회사는 어디일까요? 넷플릭스 아닐까요?

저는 워딩중에 '버튜버' 이야기에 꽂혔습니다. 아직 먼 이야기라고 생각했는데 유튜브 최근 보고서를 보면 자신의 실제얼굴이나 신분을 드러내지 않고 아바타와 가상캐릭터로 활동하는 크리에이터가 늘어나고 있다고 하네요. 일본에서 이런 트렌드가 확산되고 있고, 전세계로 확산될 경쟁력이 있다고 닐 모한 CEO는 보고 있습니다. 와~ 이 인터뷰 기사 한 면에 몇 개의 사업아이디어가 들어있는 지 셀 수도 없네요. 이런 지면을 스크랩하는 겁니다.

아이들 교육용으로 활용할 때에는 몇 가지 팩트를 퀴즈로 내는 것이 좋겠습니다. 사진 옆에 '숫자로 본 유튜브 20년'을 체크해보는 건데요. 예를 들어 유튜브에 하루 업로드되는 영상 수는? 세계인이 하루에 유튜브를 보는 시간은 얼마나 될까? 물어보는 겁니다. 수많은 크리에이터 중에 300만 명만 수익을 내고 있다면 정말 유튜버로 성공할 확률이 희박하구나, 라는 것도 알 수 있겠죠. 내가 버튜버를 만든다면 캐릭터를 어떻게 디자인할지도 즐겁게 상상해보고요.

심층 분석기사: 글로벌 시장과 돈의 흐름 읽기

경제신문은 돈의 흐름에 관심이 아주 많습니다. 예전에는 국내 뉴스만 잘 다뤄도 평균점수는 받았는데, 요즘은 글로벌 시장에도 촉각을 곤두세워야 합니다. 가장 큰 이유는 글로벌 주식시장에 투자하는 '서학개미'들이 아주 많아졌기 때문이구요. 미국의 피벗(금리인하)을 앞두고 작은 경제지표 하나만 나와도 시장이 들썩여서입니다. 도널드 트럼프 대통령 취임 이후 세계가 관세폭풍에 휘말린 지금은 더욱 그렇습니다.

매경은 꾸준히 관세 기사를 다루고 있습니다. 그 중에 5월 2일 4면이 눈에 띄어 가지고 와봤습니다. 지면을 보자마자 뭔가 배드뉴스라는 느낌이 오시지요? 대미수출이 6.8%나 줄었다는 암울한 소식입니다. 분위기를 강조하기 위해 편집기자가 '잔인한 4월'이라는 제목을 덧붙였네요. 뉴스 자체는 통계자료를 바탕으로 했지만, 기자들이 직접 평택항에 다녀와서 현지 분위기를 전합니다. 경기도 평택항이 한국

자동차 수출의 전진기지라는 걸 이 뉴스를 읽고 처음 알게 된 분들도 많을 겁니다. 수출 차량의 3분의 1을 처리한다는 것은 저도 처음 알았습니다.

상황이 안좋아진 이유는 하단기사를 보면 알 수 있습니다. 트럼프 대통령이 관세를 협박카드 삼아 전세계 제조업 공장을 미국에 지으라고 압박하고 있어서입니다. 관세 카드는 미국에도 치명상을 입히는 양날의 검과 같습니다. 이를 잘 알면서도 밀어붙이는 트럼프 대통령의 노림수는 무엇일까요? 트럼프 2기 4년 내내 쏟아지는 뉴스를 보면서 함께 생각해볼 문제입니다.

심층 분석기사: 깊이 읽기 딱 좋다! 0단의 매력

이제 '0단의 매력'에 푹 빠져볼 시간입니다. 0단은 광고없는 지면이라고 앞에서 배우셨죠? 광고는 신문사 주요 수입원입니다. 이런 광고를 포기하면서까지 지면을 할애한다는 것은 아주 중요한 기사이거나, 흥미로운 뉴스거리라는 뜻이겠지요. 개인적으로 신문은 여러 가지 음식이 차려지는 한정식 같은 거라고 생각하는데요. 다채로운 상차림을 위해서는 좋은 0단 기사가 꼭 있어야 하는 법입니다.

제가 담당하는 과학기술부에서는 재미있는 과학이야기를 2주에 한 번씩 연재하고 있고요. 매경 홈페이지에서 로그인 콘텐츠로 만날 수 있는 기자들의 전문 코너도 지면에 0단으로 게재됩니다. 이런 지면은 편집기자와 그래픽기자들도 솜씨를 부려보는데요. 전면 지면 자체가 하나의 작품처럼 꾸며지니, 전시회 간다고 생각하시고 챙겨보기를 권합니다.

특히 매경은 '명예기자 제도'를 운영하고 있습니다. 각 분야 전문가를 모셔 그 분야를 깊이있게 분석하는 지면입니다. 부동산, 교육, 경제정책, 우주항공 등 전 분야를 망라해서 모시고요. 외국인 명예기자도 있습니다.

심층 분석기사: 특정 분야에 푹 빠져보기

재미있는 기사 하나 같이 보고 가실까요. 취재기자가 발제했을 때도 참 흥미롭다고 생각했는데, 편집기자와 그래픽 기자가 찰떡같이

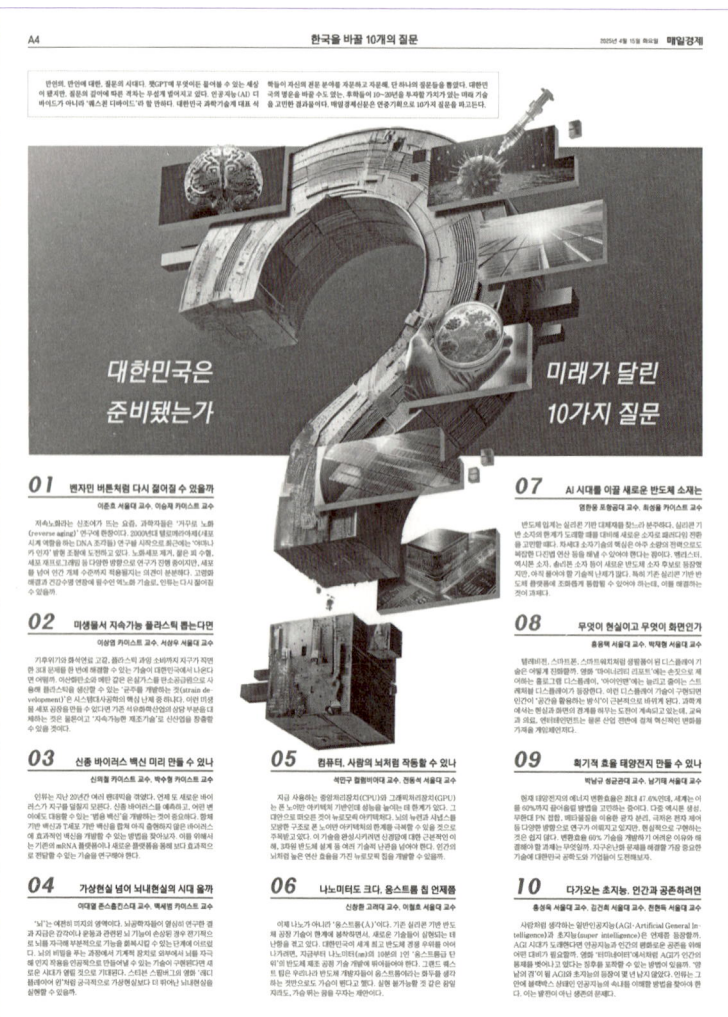

요리해서 편집기자협회 그래픽 상을 수상한 지면입니다. 이때 흑백요리사 인기가 한창이었을 때인데요. '푸드사피엔스 시대'로 기획한 기사 의도가 시의적절하고 좋았던 지면입니다. 인류의 진화가 음식과 투쟁해온 역사라는 점, 아이도 흥미로워하고 눈여겨볼 만한 주제 같아요.

기사에는 직립보행도, 지능 발달도 요리에서 시작됐다고 나옵니다. 열매나 풀을 생으로 먹으며 채집 생활을 하던 인류가 200만년 전 불을 사용하면서 요리가 시작되었지요. 날것으로 먹을 때보다 소화도 잘되고 에너지가 축적되면서 뇌가 발달했다는 점도 짚어줍니다.

지금 요리업계는 엄청나게 발전해서 분자요리 전문 레스토랑이 생기고, 실험실 배양육이 차기 인류 먹거리에 도전할 만큼 과학기술과 활발히 접목되고 있습니다. 흑백요리사를 보고 함께 맛집을 찾아가는 것도 좋지만, 이런 기사들도 스크랩해 두었다가 읽으면 삶이 더 풍성해질 겁니다. 하단에 있는 식품주기율표 만든다는 기사도 눈여겨보십시오. AI와 접목되면서 푸드테크 산업도 진화하고 있고, 여기에서 새로운 아이디어와 먹거리를 찾을 수 있을지 모릅니다.

심층 분석기사: 거인의 눈으로 미래를 내다보기

"대한민국, 25년간 냉파(냉장고 파먹기)만 하고 살았다."

이정동 서울대 교수님이 이 말씀을 했을 때, 뒤통수를 쎄게 얻어맞은 느낌이었습니다. 이보다 적합할 순 없는 비유가 아닌가요. 반도체

과학이 대한민국 100년을 묻다

한국을 바꿀 10개의 질문

매경·서울대 국가미래전략원 공동 연중기획
과학자 22명, AI·바이오 등 10개 '위대한 질문'

위대한 기업은 '위대한 질문'을 던진다. 이건희 회장은 임원들에게 정곡을 찌르는 질문을 던지는 것으로 유명했다. 정주영 회장의 상징이 된 "임자, 해봤어?"란 질문도 안일한 정신을 때리는 죽비와도 같았다.

위대한 질문은 탁월한 혁신을 이끌어낸다. 오늘날 TSMC는 '반도체 생산 전문시설로 특화한 비즈니스를 만들어보면 어떨까'란 모리스 창 회장의 질문에서 시작됐다.

지금은 전 세계 천재들이 '인공지능 (AI)은 어떻게 범용인공지능(AGI)과 로봇(피지컬AI)으로 진화할까'란 질문에 매달리고 있다. 대한민국 학계를 선도하는 22명의 학자가 10개의 '위대한 질문(그랜드 퀘스트)'을 만들었다. 답이 아니라 질문이다. 산업계와 후배 연구자들에게 함께 해답을 찾아보자고하는 제안이다. 전체를 관통하는 주제는 '대한민국 과학기술계와 산업계가 미래와 명운을 걸고 도전해야 할 질문은 무엇인가'다.

'그랜드 퀘스트 프로젝트'를 기획한 이정동 서울대 교수는 "지금 대한민국의 주력산업은 모두 2000년 이전에 만들어진 것"이라며 "냉정히 말해 대한민국은 지난 25년간 누구도 농사를 짓거나 새로 장을 보지 않고 '냉장고 파먹기'(냉장고 속 남은 재료들을 소진하는 것)만 해온 것이나 다름없다"고 일갈했다. 그러면서 "10개의 그랜드 퀘스트는 10년, 15년을 끌둘 기계 매달려야 겨우 풀 수 있을까 말까

한 문제들이지만, 2-3개만 풀어도 대한민국을 잘 먹고 잘살게 해줄 것"이라고 강조했다.

매일경제신문은 서울대 국가미래전략원과 함께 '대한민국을 위대하게 만들어줄 10개의 질문' 연중 기획을 연재한다.

이 교수는 "교수들이 던지는 문제는 잔잔한 호수에 던지는 돌멩이 하나와 같다"면서 "이 질문들이 우리 사회에 파문을 일으키고 논쟁과 토론의 장을 열어서 벼랑 끝에 있는 대한민국이 다시 한번 도약하는 계기가 된다면 더 바랄 것이 없겠다"고 말했다.

특별취재팀

와 2차전지 등 대한민국 주력산업은 모두 2000년 이전에 준비한 것들이고, 이후로는 이렇다 할 미래 기술이 나오지 못했으니까요. 지금 대한민국에 가장 필요한 것은 10년 후, 20년 후를 염두에 두고 '혁신의 씨앗'을 심는 일이라는 걸 이 교수님은 이렇게 멋지게 표현한 겁니다.

서울대 국가미래전략원과 최종현학술원은 이를 위해 21명의 석학들을 모았습니다. 그리고 분야별로 10가지 질문(그랜드퀘스트 프로젝트)을 뽑았죠. 매경도 이 취지에 공감해 연중기획을 준비했습니다. 이런 지면이야말로, 아이들과 함께 봐야할 1순위가 아닌가 합니다. 10회의 분석기사가 계속 나갈 예정이니 챙겨보라고 소개합니다. 이공계를 지망하는 아이라면 꼭 읽었으면 좋겠습니다. 기사를 쓰는 기자들도 재밌어서 눈을 반짝일 만큼, 밝은 미래를 조망해볼 수 있는 기사들이 줄줄이 준비되어 있습니다. 이를 응용해서 '우리집의 미래 10년을 좌우할 10개의 질문' '우리 학교의 10년을 발전시킬 위대한 질문'을 함

께 뽑아봐도 좋겠네요.

매경의 '한국을 바꿀 10개의 질문' 프로젝트는 10개의 질문을 미리 보여드리고 시작했습니다. 연중 기획기사가 나가는 동안 독자들과 함께 생각해보자는 취지에서지요. 역시 편집자가 0단의 마법을 부린 지면으로, 예쁘게 나와서 기사를 쓴 저희도 행복했습니다.

요즘 전국민이 챗GPT에게 질문을 참 많이 하는데요. 대치동 엄마들도 AI에 고민상담을 한다고 해서 챗GPT가 '오은영 선생님'이라고 불린다지요. 그런데 정작 본인에게는 자문하지 않는 것 같아요. 일주일, 한 달, 1년, 혹은 평생을 매달릴 단 하나의 질문이 있다면 어떨까요. 조금 덜 좌절하고 남들보다 꿋꿋하게, 인공지능의 태풍 속을 걸어갈 수 있지 않을까요.

위대한 질문 1회는 '벤자민 버튼처럼 다시 젊어질 수 있을까'였습니다. 요즘 '저속노화 열풍'이 불고 있는데, 이를 넘어 항노화와 역노화 연구를 하는 과학자들의 이야기였죠. 이준호 서울대 교수님과 이승재 카이스트 교수님의 인터뷰 기사를 꼭 읽어보길 추천합니다.

저는 인류에게 노벨상을 4번이나 안겨준 '예쁜꼬마선충(Caenorhabditis elegans)' 이야기가 참 재밌었습니다. 이렇게 신문기사 하나에서 꼬리에 꼬리를 물고 이야기 거리를 찾아가다보면 '지적 여행'이 따로 없다는 생각이 듭니다. AI가 빠르게 발전하면서 지식이나 기술이 쓸모없는 시대가 된다고 하지만요. 이렇게 지식을 따라가고 나만의 맥락을 만드는 연습이야말로, 우리 알고리즘 키즈들의 손에 쥐어줘야할 무기 아닐까요.

심층 분석기사: 거인의 눈으로 미래를 내다보기

서울대 '그랜드 퀘스트 프로젝트'를 기획한 분은 이정동 서울대 교수입니다. '축적의 시간'이라는 책으로도 유명한 분이지요. 이 교수는 지금을 기존 퍼즐판이 치워지고 새로운 기술 퍼즐판이 테이블에 올라온 시점이라고 진단합니다. 이제 퍼즐판에 어떤 조각을 누가 먼저 내려놓느냐가 중요한 시점입니다. 퍼즐조각을 늦게 들고 온 나라들은 다른 플레이어들이 먼저 짜맞춘 판에 억지로 자신들의 조각을 끼워 넣어야 합니다.

전세계 기업들이 AI에 천문학적인 돈을 쏟아붓는 이유도 여기에 있습니다. 일단 AI시대라는 퍼즐게임은 이미 시작됐고, 무슨 조각이든 먼저 만들어서 퍼즐판에 내려놓는 사람이 승기를 잡을 수 있기 때문이죠. 과거에도 인류의 명운을 바꾸는 기술 패러다임 전환이 몇 차례 있었지만, 이번 AI퍼즐 게임은 그 어느 때보다 빠르게, 극히 소수의 엔지니어들 주도로 진행되고 있습니다. 게임의 룰을 정할 새도 없이, 여기저기서 판돈이 오가고 "GO!"를 외치고 있는 상황입니다. 그래서 우려의 목소리도 나오고 있습니다. 머신러닝의 기틀을 세워 '딥 러닝의 아버지'라 불리는 제프리 힌튼 토론토대 명예교수가 가장 적극적으로 목소리를 내고 있죠.

과학기술부장으로 관련 뉴스들을 모니터링하다보면, AI게임 뿐 아니라 제약바이오, 전력 산업, 휴머노이드 AI라고 불리는 로봇까지 다양한 기술 퍼즐판이 새롭게 짜여지고 있습니다. 우리 아이들이 살아가야 할 세상이 어떻게 변화할지, 이런 뉴스들도 눈여겨보길 권합니다.

3. 창의력 키우는 깊이별 학습법

단어 위주 학습법: 모르는 단어 위주로 정리하기

경제신문은 어렵습니다. 처음 읽을 때는 아는 단어보다 모르는 단어가 더 많을 정도이지요. 그래서 경제용어나 기술용어 위주로 공부하는 것도 좋은 방법입니다. 이렇게 공부할 때 챙겨봐야 할 지면은 '경제신문은 내 친구'라는 면과 매주 매경과 함께 배달되는 '틴매경'이라는 청소년 신문입니다. 매경 외에 다른 신문사들도 신문을 활용한 교육 관련 지면을 매달 싣고 있으니 활용하시면 좋겠습니다.

이 지면에는 '매경 CEO특강'도 있습니다. 저도 꼭 챙겨읽는 코너인데요. 사업으로 바쁜 대표님들이 대학생 후배들에게 해주고 싶은 이야기가 담겨 있어요. 실패담도 있고 본인만의 노하우도 있고, 취업에 관심많은 시기인 만큼 CEO로서 뽑고 싶은 인재상도 알려주십니다. 어렸을 때부터 이런 분들과 직접 대면하고 큰 이야기를 들을 수 있다면 참 좋겠지만, 이렇게 간접적으로라도 기사로 접할 수 있으니

활용해보세요. 오른쪽 상단에 '경제기사 이렇게 읽어요'에 나오는 단어들은 경제상식과 금융교육용으로 공부하기를 권합니다. 이날 지면에서는 금융사들이 사회적 책임을 다하기 위해 취약계층을 지원하는 '상생금융'을 다뤘네요. 매경TEST 예제들도 같이 풀어보면 좋겠지요. 이 지면만 꾸준히 읽어도 경제아이큐가 쑥쑥 올라갈 겁니다.

거꾸로 학습법: 기사 먼저 읽고 제목 달아보기

이것도 재미있는 수업이 될 거에요. 신문 지면의 제목을 가린 뒤에 여러분, 금이라고 하면 어떤 이미지가 떠오르나요? 반짝이는 목걸이나 팔찌 같은 액세서리가 먼저 생각날 수 있어요. 혹은 영화에서 보듯이 큼직한 금괴를 떠올릴 수도 있고요. 그런데 알고 보면 금은 단순한 장식품을 넘어 대표적인 투자자산으로 주목받고 있습니다. 경제가 불안정해질 때마다 사람들이 금을 찾는 이유는 무엇인지, 그리고 금이 왜 안전자산으로 불리는지 함께 알아볼까요?

안전자산이란 무엇일까?
안전자산이란 경제 상황이 나빠져도 가격이 크게 떨어지지 않는 자산을 말해요. 예를 들어 주식이나 비트코인은 하루하루 가격 변동이 심하죠. 하지만 금과 같은 자산은 경제 상황이 어려워진다고 해서 가격이 급락하는 일이 드물었어요. 그렇다면 왜 금이 대표적인 안전자산일까요? 금은 화폐처럼 쓰이면서 옛날부터 귀하게 여겨져왔고 전 세계 사람들이 가치 있는 물건으로 인식하고 있어요. 게다가 지구상에 있는 금은 한정적이에요. 새로운 금광을 찾는 것도 쉽지 않기 때문이죠.

금값, 왜 오르지?
학교 수업시간이나 책에서 한 번쯤 들어봤을 법한 경제 개념이 바로 '수요와 공급'이에요. 수요는 어떤 물건을 갖고 싶어 하는 사람들의 경제적인 욕구, 공급은 사람들이 그 물건을 팔려고 실제 시장에 내놓는 양을 뜻해요. 예를 들어 한정판 신발을 사고 싶어하는 사람이 많아지면 그 신발 가격이 오르죠. 또 신발을 만들 수 있는 양(공급)이 너무 적다면 더욱 귀해져서 가격이 더 높아져요.
금값도 마찬가지입니다. 사람들이 금을 많이 사고 싶어하는데(수요 증가), 광산에서 금이 많이 나지 않거나 (공급 부족), 시중에 유통되는 금괴(골드바)가 줄어들면 자연스럽게 금값이 상승하게 됩니다. 최근 도널드 트럼프 미국 대통령이 중국 등 여러 나라에 높은 관세를 매기면서 무역갈등이 심해지고 있어요. 그러면 투자자들은 "혹시 경제가 더 나빠질 수도 있겠다?"하고 걱정하게 됩니다. 이럴 때 사람들이 많이 찾는 것이 금이에요.
경제가 불안할 때는 금 같은 안전자산을 사두면 비교적 가치가 크게 떨어지지 않아서 안심할 수 있다고 믿기 때문이죠. 최근에는 각국 중앙은행까지 금을 많이 사들여서 금 수요가 더욱 늘어났어요. 하지만 금은 지구상에 한정된 양만 있고, 새로 캐내는 속도도 빠르지 않아요. 결국 사려는 사람(수요)은 많은데, 시장에 나오는 금(공급)은 많지 않으니, 금값이 꾸준히 올라가는 거예요.

금에 투자하는 방법?
가장 먼저 은행이나 금은방에서 골드바를 직접 살 수 있어요. 이 방법은 실제로 금을 손에 쥘 수 있다는 장점이 있지만 보관이 까다롭고 도난 위험이 있을 수 있어요.
은행에서 파는 '금 통장'에 가입해 일정 금액만큼 금을 사는 방식도 있어요. 이 방법은 실물 금을 보관할 필요가 없어 편리하지만 수수료 등이 붙을 수 있고, 거래 조건이 은행마다 달라 유의해야 합니다. 금 상장지수펀드(ETF)는 증권사 계좌로 주식처럼 금 관련 ETF를 사고파는 방식으로 소액으로 쉽게 투자가 가능합니다.
하지만 투자는 늘 신중해야 해요. 금값이 계속 오르는 건 아니니까요. 전 세계 무역갈등이 해결되거나 경제 상황이 안정되면 금값이 다시 내려갈 수 있어요. 많은 돈을 한꺼번에 투자하기보다는 적절한 시점과 방법을 신중하게 고민하는 것이 좋습니다.

김혜순 기자

기사를 먼저 읽고, 본인이 편집기자가 되어서 제목을 달아보는 겁니다. 해보면 아시겠지만 제목을 달려면 기사를 엄청 열심히 읽어야 해요. 내용을 줄줄 꿰고 있어도, 막상 제목을 뽑으려고 하면 생각이 잘 안날 겁니다. 똑같은 기사를 읽어도, 사람마다 다르게 제목을 뽑는다는 것도 신기합니다.

이 기사를 읽고 제목을 달아볼까요? 일단 제목이라 글자 수 제한이 있습니다. 큰 제목을 12자에서 20자로 뽑으시면 되고요. 이를 설명하는 작은 제목을 11자 미만으로 7줄 정도 뽑아주세요. 정답은 없습니다만, 독자들이 제목만 보고도 기사내용을 알 수 있어야 좋은 제목입니다. 편집기자가 뽑은 제목과 전체 지면 레이아웃은 다음 페이지에서 보여드릴게요.

너무 막막할 테니까 힌트를 좀 드리겠습니다. 요즘 금값이 엄청 많이 올랐지요? 돌반지 가격이 66만 원이 넘기도 하더라구요. 이런 현상만 보고 〈금값 미쳤네, 돌반지 가격 66만 원 넘었다〉라고 뽑을 수도 있겠죠. 실제로 인터넷 제목은 이렇게 잡으면 클릭 수가 많이 나옵니다. 그런데 이 기사는 단순히 금 시세를 전달하는 뉴스가 아니라 '왜 오르는지'에 대해서 쓰고 있어요. 이게 담기면 더 좋은 제목이겠죠. 〈안전자산으로 대피! 금값 된 金〉 이렇게 뽑을 수도 있을 거구요. 아예 그냥 〈金! 金! 金〉 이렇게만 달아도 호기심에 읽어볼 것 같아요. 저는 여기서 조금 더해서 〈金! 金! 金! 세계가 아우성〉이라고 써볼까 싶네요.

☑ 한 걸음 더

이 기사에서 뭔가 다른 점 발견했나요? 다른 기사와 달리 존댓말로 씌여 있죠? 청소년용으로 발행되는 틴매일경제 기사이기 때문입니다. 그래서 일반 재테크성 기사와는 톤이 좀 다릅니다. 이 기사가 본지의 재테크 기사이고 마지막 단락의 금 투자방법에 포커싱하고 싶다면 〈지금 사야할까…골드바, 금통장, ETF의 유혹〉 이런 식으로 제목을 달 수도 있겠지요.

자, 이제 부제를 달아볼까요. 큰 제목을 어떻게 달았느냐에 따라 부제도 달라진답니다. 부제에는 큰 제목을 설명해주는 이야기들을 달아주는 것이 원칙입니다. 이 훈련을 하면 세 가지 효과를 노릴 수 있어요. 일단 기사를 집중해서 읽게 되고요. 다양한 버전의 제목을 뽑아보면서 사고력과 문해력을 동시에 기를 수 있습니다. 그리고 큰제목과 작은 제목의 연관성을 생각하는 과정에서 '맥락(context)'에 맞는 글을 만드는 연습도 됩니다.

수습기자들에게 이 훈련을 추천하면서 '제목을 먼저 뽑고 기사를 쓰라'고 조언하곤 합니다. 신문기사는 일기장이 아니라 독자를 위해 쓰는 글이니까요. 제목을 뽑고 쓰기 시작하면 훨씬 쓰기 쉽고 유기적인 글이 나옵니다. 우리 아이들이라면 자기소개서를 쓰기 전에, 제목을 뽑아놓고 쓰는 연습을 해도 좋겠지요. 물론 통상 자소서에는 제목이 들어가지 않지만, 제목을 생각하는 과정에서 자연스럽게 글감이 떠오르고 생각도 정리가 되기 때문에 추천합니다.

이제 부제를 같이 뽑아보죠. 저는 큰 제목을 〈金! 金! 金! 세계가 아우성〉이라고 달아놓고 부제를 만들어보겠습니다. 일단 왜 아우성인지가 중요하니까, 첫째줄은 〈경제불안에 안전자산 선호〉라고 뽑을게요. 그리고 세계가 아우성인 현상이 있나 기사를 찾아보고 둘째줄을 뽑습니다. 〈각국 중앙은행들도 '사재기'〉가 좋겠네요. 여기서 사재기에 작은 따옴표를 한 것은 실제로 사재기를 한다기보다 비유적 표현이라는 의미입니다. 특별히 강조하고 싶을 때에도 이렇게 작은 따옴표를 쓰기도 한답니다.

셋째줄에는 〈수요 많은데 공급량은 제한〉이라고 현상을 한 번 더 뽑아줄게요. 그래서 시장에서는 향후 가격상승을 전망하고 있다고 받쳐줘야 할 것 같아서 〈"더 오른다" 전망에 힘 실려〉라고 뽑았습니다.

'힘 실려'라는 표현을 쓴 것은 금값이 오를지 내릴지 알 수 없기 때문이에요. 전문가들 사이에서도 전망이 엇갈리고 있기 때문에, 신문 제목에서 단정적으로 쓸 수는 없는 겁니다. 이쯤에서 뽑은 제목을 정리해볼까요.

金! 金! 金! 세계가 아우성
경제불안에 안전자산 선호
각국 중앙은행들도 '사재기'
수요 많은데 공급량은 제한
"더 오른다" 전망에 힘 실려

이제 부제목 3줄을 더 뽑아봅시다. 맨 마지막 단락에 금에 투자하는 방법을 가이드해놓은 게 있어서 이걸로 제목을 만들어보려 해요. 〈실물 금, 금통장, 골드ETF〉 이렇게 상품명을 써주고요. 그런데 보니까 다 장단점이 있어요. 이건 독자들에게 안내해줘야죠. 〈투자방법마다 장단점 따져야〉라고 달아줄 거에요. 마지막으로 소중한 내 돈을 투자했다가 손해를 볼 수도 있다는 점을 넣으면 좋겠습니다. 그래서 〈한번에 사기보다 분산투자를〉 이렇게 추가해줍니다. 이렇게 완성하면 이런 제목이 나옵니다. 부제 일곱 줄 중에서 4줄 다음에 한 줄을 띄워준 것은 앞에 네 줄과 뒤에 세 줄의 맥락이 조금 다르기 때문이에요. 실제 지면도 보여드릴게요.

金! 金! 金! 세계가 아우성

경제불안에 안전자산 선호

각국 중앙은행들도 '사재기'

수요 많은데 공급량은 제한

"더 오른다" 전망에 힘 실려

실물 금, 금통장, 골드ETF

투자방법마다 장단점 따져야

한 번에 사기보다 분산투자를

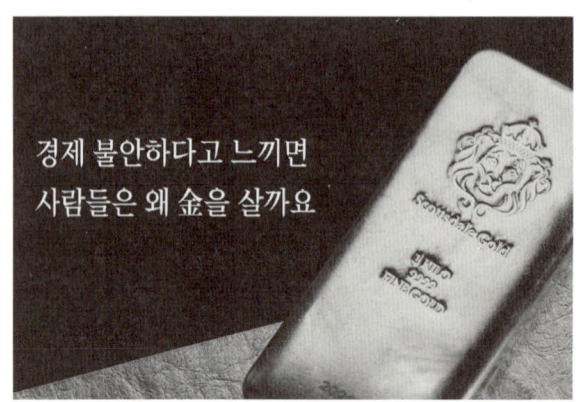

UNSPLASH

여러분, 금이라고 하면 어떤 이미지가 떠오르나요? 반짝이는 목걸이나 팔찌 같은 액세서리가 먼저 생각날 수도 있고요. 혹은 영화에서 보듯이 큼직한 금괴를 떠올릴 수도 있고요. 그런데 알고 보면 금은 단순한 장식품을 넘어 대표적인 투자자산으로 주목받고 있습니다. 경제가 불안정해질 때마다 사람들이 금을 찾는 이유는 무엇인지, 그리고 금이 왜 안전자산으로 불리는지 함께 알아볼까요?

안전자산이란 무엇일까?
안전자산이란 경제 상황이 나빠져도 가격이 크게 떨어지지 않는 자산을 말해요. 예를 들어 주식이나 비트코인은 하루하루 가격 변동이 심하죠. 하지만 금과 같은 자산은 경제 상황이 어렵다고 해서 가격이 급락하는 일이 드물어요. 그렇다면 왜 금이 대표적인 안전자산일까요?

급 부족), 시중에 유통되는 금괴(골드바)가 줄어들면 자연스럽게 금값이 상승하게 된답니다. 최근 도널드 트럼프 미국 대통령이 중국 등 여러 나라에 높은 관세를 매기면서 무역갈등이 심해지고 있어요. 그러면 투자자들은 "혹시 경제가 더 나빠질 수도 있겠는데?"하고 걱정하게 됩니다. 이럴 때 사람들이 많이 찾는 것이 금이에요.

경제가 불안할 때는 금 같은 안전자산을 사두면 비교적 가치가 크게 떨어지지 않아서 안심할 수 있다고 믿기 때문이죠. 최근에는 각국 중앙은행까지 금을 많이 사들여서 금 수요가 더욱 늘어났어요. 하지만 금은 지구상에 한정된 양만 있고, 새로 캐내는 속도도 빠르지 않아요. 결국 사려는 사람(수요)은 많은데, 시장에 나오는 금(공급)은 많지 않으니, 금값이 꾸준히 올라가는 거예요.

주식·비트코인과 다르게 금값은 변동성 크지 않아

세계 어디서든 화폐 역할

글로벌 경기 불안할수록 금 수요 늘며 가격 뛰어

골드바 직접 구매하거나 금통장 등 투자방식 다양

이게 실제로 발행된 지면입니다. 어떤가요. 제가 뽑은 제목이랑 사뭇 다르죠? 이날 편집기자는 금괴 사진을 상단에 크게 배치해서 눈길을 끌었고요. 사진 위에 흰색 글씨로 큰 제목을 넣어서 멋진 지면을 완성했습니다. 편집기자는 어떤 사고의 과정을 거쳐서 저런 제목을 뽑았을지 짐작해보는 것도 문해력 훈련하기 좋은 방법입니다.

또 하나 눈여겨 볼 팁을 알려드릴게요. 편집기자들은 한 편의 기사에서 제목에 같은 단어가 반복되지 않도록 노력합니다. 비슷한 단어가 있으면 그걸로 대체하고, 다른 말을 찾아서 고민하지요. 지면 하나에 기사가 여러 개 들어가잖아요? 그럴 때에도 단어나 어미가 반복되지 않도록 고민합니다. 모든 제목이 단어로 끝나면 한 개 정도는 문장으로 바꿔주고요. '~다'라는 제목이 두 개 이상 나오면 다른 어미로 바꿔주지요. 그래서 편집기자들을 '문해력의 달인'이라고 표현한 거랍니다.

취재기자들도 마찬가지인데요. 가능하면 문장 어미가 반복되지 않도록 하고, 사람 이름이나 제도명처럼 고유명사가 아닌 한, 같은 뜻의 다른 단어를 쓰려고 노력합니다. 저 역시 신문기자로 훈련받은 사람이니까, 이 책을 쓰면서 가능한 동어 반복을 하지 않으려고 의식적으로 신경쓰고 있어요.

모든 독자님들이 느끼시는 것은 아니지만, 신문은 이렇게 정제하고 정제해서 만듭니다. 6~8개월 아기들 이유식 만들 때, 유기농 재료들로만 준비해서 일체의 간을 하지 않고 조리하잖아요? 딱 맞는 비유는 아니지만 달인(편집기자)들이 몇 시간씩 신경써서 요리한 결과물을 지면으로 받아보는 거랍니다.

그 중에서도 잘 만든 메뉴들이 '이달의 편집상'을 받습니다. 이 지면들만 종이로 뽑아서 공부해도 좋다고 강력추천 드렸었죠? 잘 쓴 한 편의 시를 보는 것처럼, 훌륭한 제목과 레이아웃들이 많으니, 한국편집기자협회 검색해서 꼭 한 번 방문해보세요.

+ 한국편집기자협회 홈페이지 내 <편집상> 메뉴

- https://www.edit.or.kr/news/articleList.html?sc_sub_section_code=S2N1&view_type=sm ()

저작권 문제로 매경 홍성윤 편집기자의 수상 지면만 보여드립니다. 그날 매경 데스크회의에서도 찬사가 쏟아졌던 제목이에요. '野만의 국회, 與력이 없다.' 거대 야당이 어떻고, 여당은 뭘 잘못했고, 이런 구구절절한 설명 없이 큰 제목만으로 국회 상황이 한 큐에 이해되죠. 아마 저는 죽었다 깨어나도 저런 제목을 뽑지 못했을 것 같다고 감탄했던 기억이 납니다. 사람들 보는 눈은 다 똑같아서, 당당하게 이달의 편집상을 받았습니다. 이렇게 편집기자들은 오늘의 기사(재료)를 어떻게 요리할지 머리를 싸맵니다. 맥락을 딱 짚어준다는 점에서, 문해력의 정점이 아닌가 합니다. 이 책 제목으로 비유하자면 매일경제신문사가 위치한 '서울 중구 필동 상위 0.1% 문해력'쯤 되겠네요.

모든 신문에는 매일 이런 기발한 제목들이 쏟아집니다. 한 달에 한두 번 전체 지면을 읽을 수 있는 날이라면, 오늘자 매일경제신문 중에

서 제일 마음에 드는 제목을 뽑아봐도 좋겠지요. 요즘 필사가 유행인데 신문 기사나 사설을 필사하기가 버겁다면, 좋은 제목만 따로 메모해두는 노트를 만드는 것도 추천합니다. 단, 큰 제목과 작은 제목을 같이 적어두세요. 이 제목이 왜 훌륭하다고 생각하는지, 감상도 같이 적어주고요. 독서노트 쓰듯이 기사감상 노트를 쓰는 겁니다. 나중에 그 제목만 보고 어떤 뉴스였는지 기사의 문장들을 떠올려보거나 몇 줄 정도 직접 써보는 것도 훌륭한 문해력 훈련법입니다.

강의하는 학습법: 엄마 아빠에게 기사 설명해주기

기사를 집중해서 읽고, 내용을 숙지하는 방법으로는 '강의'만 한 게

없습니다. 신문만이 아니라 교과서 학습도 마찬가지죠. 내가 잘 이해했나 검증하려면, 다른 사람에게 설명해주는 게 제일 쉽고 빠른 방법입니다. 제일 재미있어 보이는 기사 하나를 골라서 읽고, 엄마아빠나 선생님에게 설명해주라고 해보세요. 엄마아빠는 기사를 안봤으니까 '맥락'을 잘 모를 수도 있습니다. 그럴 때는 손을 들고 질문을 해야겠죠. 모르는 건 죄가 아니니까요. 그 질문에 대답하면서 아이는 내용을 더 깊이 이해하게 될 겁니다. 오래오래 기억하는 것은 물론이고요.

이번 자료도 2면으로 골라봤습니다. MZ들도 장례지도사라는 직업에 관심을 갖는다는 뉴스가 보이네요. 하단 기사는 아이들도 관심있을 대학 이야기이고요. 집안 장례식에 한 번쯤 가봤을 테니 장례지도사가 어떤 직업인지는 설명해 줄 수 있겠죠. 한때는 젊은층이 기피하던 직업이었는데, 이제는 트렌드가 바뀐 모양입니다. 자격증 취득자가 4년 새 83%나 늘었다고 기사에 나오네요. 이유가 궁금해서 읽어보니, 초고령 사회에 웰다잉 열풍이 겹쳐서라고 합니다. 평생 할 수 있는 전문직이라는 점도 매력으로 꼽았습니다. 한 걸음 더 나아가 본다면, 그만큼 취업난이 심각하다는 뉴스로도 읽힙니다.

☑ 한 걸음 더

아이가 이 기사를 읽고 지금 언급한 것들을 설명해줄 수 있다면, 기사를 완벽하게 이해한 것입니다. 하단 로스쿨 기사는 여전히 SKY 출신들이 많이 진학한다는 통계를 바탕으로 작성되었는데요. 두 기사 모두 2030들의 취업 고민을 담고 있다고 볼 수 있습니다. 기존에는 관심이 적었던 장례지도사로 눈길을 돌린 것, 좋은 대학을 나온 인재들이 다시 로스쿨로 진학하는 것 모두 장래를 고민하다 보니 나온 선택이잖아요.

관련해서 '청년 취업'이나 '청년 실업률'을 키워드로 다른 기사들을 찾아서 같이 읽는 것도 사고의 확장에 도움이 됩니다. AI가 빠르게 발전하면서 지식노동자의 시대가 저물고, 기술공에 대한 관심도 높아지고 있잖아요? "인류가 멸망하기 전까지 구조물은 계속 만들어집니다. 취업에 어려움을 겪는 청년들한테 용접 기술을 배우라고 전하고 싶네요."라는 46년 용접장인(김후진 삼영엠아이텍 부장)님의 기사도 추천합니다. 휴머노이드 AI라고 불리는 로봇이 46년 용접장인을 따라잡으려면 꽤 많은 시간이 필요할 것 같으니까요.

아이의 장래 희망이 있다면 연관지어서 설명할 만한 다른 기사를 찾아보는 것도 좋겠지요. 마침 같은 지면 큰 기사에 론스타 조세소송에서 대역전한 법무법인 태평양 변호사 두 분의 인터뷰도 실려 있네요. 법대 진학을 희망하는 아이에게 보여주시면 동기부여가 되겠지요. 기업인으로는 최초로 폴란드 명예시민이 된 정몽원 HL회장의 사연도 궁금하네요.

46년 용접 장인, 공정개선해 66억 아껴

금탑산업훈장 김후진씨
주경야독하며 박사까지
근로자의 날 210명 포상

"인류가 멸망하기 전까지 구조물은 계속 만들어집니다. 취업에 어려움을 겪는 청년들한테 용접 기술을 배우라고 전하고 싶네요."

전국을 통틀어 가장 우수한 근로자 1명에게만 주어지는 영예의 '금탑산업훈장'을 받은 김후진 삼영엠아이텍 부장(사진)은 30일 매일경제와 통화하며 이같이 말했다.

30일 고용노동부는 '근로자의 날'(5월 1일)을 맞아 김 부장을 비롯한 유공자들을 포상했다. 올해는 산업현장에서 묵묵히 맡은 소임을 다하면서 생산성 향상, 상생의 노사문화 구축, 근로자의 삶의 질 향상 등에 기여한 유공자들에게 금탑산업훈장을 포함해 훈·포장 및 표창 등 총 210점을 포상했다.

김 부장은 46년 동안 용접 공정 현장에서 근무하며 공정 및 품질 개선 등 제안 활동을 통해 66억원 비용 절감이라는 생산성 향상에 기여한 공로를 인정

받았다. 그는 "중학교를 나와 진학도 포기한 채 살아가던 스무 살, 우연히 직업전문학교에 들어가 무작정 용접봉을 잡았고 과분하게도 우수생으로 발탁돼 산업현장에 첫발을 내디뎠다"며 "일과 공부가 일상이 돼 기능장, 기술사, 박사 학위까지 주경야독으로 현장 실무와 이론을 완비했다"고 말했다.

은탑산업훈장은 하영규 LG전자노동조합 위원장이 수상했다. 하 위원장은 20년 이상 노조 간부로 활동하며 34년 연속 무분규 임단협 타결을 이끌었다. 특히 올해는 5인 미만 영세사업장 종사자, 플랫폼·특수형태근로종사자, 청년·여성·장애인 등 그간 포상에서 다소 소외됐던 '숨은 유공자'를 적극 발굴했다. 석탑산업훈장을 받은 강현임 진주지역범죄피해자지원센터 실장이 대표적이다. 강 실장은 "피해자분과 가족들이 웃음을 되찾아 이 센터를 벗어나도록 묵묵히 지켜왔던 20년, 앞으로의 20년도 이 자리를 지켜야 할 것 같다"고 소감을 밝혔다. 최예빈 기자

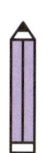

4. 문제해결력 키우는 참여형 학습법

가족신문 만들어보기: 내가 기자와 편집국장이 되어보자

특별한 날이라면 '가족신문'을 만들어보는 것도 추천합니다. 내가 취재기자 겸 편집기자 겸 화백 겸 편집국장을 맡는 겁니다. 예전에는 초등학교에서 가족신문을 만들어오라는 숙제가 종종 있었습니다. '사모님'의 명을 받은 남자 선배기자들이 쩔쩔 매면서 큰 종이(전지)에 수작업으로 만들던 모습이 어찌나 웃겼던지요.

요즘은 한글이나 PPT를 잘 쓰면 디지털로도 얼마든지 발행할 수 있습니다. 일단 몇 개의 면을 만들지 정하고, 각 면에 들어갈 사진을 먼저 골라주세요. 기사 배치도 진짜 신문처럼 엇비슷하게 해야겠지요? 1면 기사는 누가 쓸지, 야마(기자들 은어로 핵심 주제를 의미)는 뭘로 할지도 고민하고요. 막내동생 돌잔치라면 최대 관심사는 '돌잡이'일 거고요. 어린이집 재롱잔치라면 우리 막내가 어떤 역할을 맡았는지가

사랑은 신문을 타고…3代가 35년간 엮은 인생기록

부친과 그리고 딸과…가족신문 만든 조영헌 고려대 교수

궁금하겠죠. 모름지기 전통있는 신문이라면 '만평'도 꼭 있어야 하니, 그림에 소질있는 분은 만평을 맡아주세요.

대한민국에서 가장 오래 가족신문을 만들어온 분들을 매경 2면에 실었습니다. 문해력과 문장력 기르기, 마감시간에 맞춰 글쓰기 훈련으로는 이만한 게 없다는 생생한 증언들이 나옵니다. 기회가 되면 우리 책 블로그에 가족신문 템플릿을 올려드리려고 하니 꼭 활용해보세요.

틴매경 100% 활용법: 내가 쓴 글, 신문에 실어보자

틴매경은 청소년 독자들을 위한 주간신문입니다. 총 8개면인데요, 내용이 아주 알차고 기사도 재미있어서 종이신문 왕초보에게 강력추천합니다. 개별 구독은 1부당 3000원 혹은 1개월(1만 원)을 내야 하지만, 매경 본사로 구독료를 자동이체하는 신문 독자에게는 무료로 배달됩니다.

Cover Story
한국은행의 디지털화폐 실험

세븐일레븐 '디지털 화폐 테스트'

"여러분, 이제 디지털 화폐 세상이 오고 있어요."

한국을 포함해 각국 중앙은행들은 CBDC(Central Bank Digital Currency·중앙은행 디지털 화폐)를 열심히 개발해왔어요. CBDC를 발행한다는 것은 우리나라에선 한국은행이, 미국에선 연방준비제도가 비트코인 같은 가상화폐를 만든다는 뜻이에요.

우리나라 중앙은행인 한국은행은 이달부터 특별한 실험을 시작했어요.

'한강 프로젝트'라고 불리는 이 실험에는 4월 1일부터 6월 30일까지 세 달 동안 우리 국민 10만명이 참여해 디지털 화폐가 실생활에서 얼마나 잘 작동하는지 테스트해본다고 합니다. 자기 계좌에 있는 예금을 디지털 화폐로 전환한 후 전자지갑에 보관하면서 편의점이나 카페, 서점, 마트, 온라인 쇼핑몰에서 직접 사용해보는 거예요.

저도 디지털 화폐를 써보기 위해 '한강 프로젝트'에 참여해봤어요.

먼저 KB스타뱅킹 앱에서 전자지갑을 만들고 그다음엔 '예금 토큰'(전자지갑에 들어 있는 디지털 화폐)을 충전했어요. 충전 시간은 약 10초로, 평소 사용하던 카카오페이 머니 충전만큼 빨랐어요.

예금 토큰을 충전했다면 이제 준비가 끝난 거예요. 실제 결제해보기 위해 한강 프로젝트 가맹점인 세븐일레븐 매장을 찾아갔어요.

결제는 은행 앱에 있는 QR코드를 보여주는 방식인데요. "예금 토큰으로 결제할게요"라고 말하자 직원이 QR코드를 스캔했고 결제는 2초 만에 완료됐어요. 세븐일레븐에서는 예금 토큰으로 결제하면 10% 할인 혜택까지 주고 있었어요. 그 덕분에 할인된 가격으로 음식을 즐길 수 있었죠.

예금 토큰으로 전환한 돈을 다 못 써도 걱정할 필요는 없었어요. 남은 디지털 화폐를 수수료 없이 원래 돈으로 얼마든지 전환할 수 있기 때문이에요. 따라서 저도 남은 3000원을 제 통장으로 다시 넣을 수 있었죠.

소비자 입장에선 "어? 카카오페이나 삼성페이랑 비슷한 거 아니야?"라고 생각할 수 있지만 모바일 간편결제와는 중요한 차이가 있어요. 간편결제는 내 은행 계좌에 보관된 '실물 원화'를 기반으로 돈을 대신 보내주는 서비스예요.

하지만 CBDC는 한국은행이 직접 발행하고 관리하는 '디지털 원화'를 직접 사용하는 거예요. 실물 화폐를 기반으로 하지 않는, 완전히 새로운 형태의 거래인 거죠.

여러분도 주변에서 일어나고 있는 화폐 시스템의 변화에 관심을 가져보세요. 가까운 미래에 한국은행이 찍어내는 지폐 대신 디지털 공간에만 존재하는 돈으로 떡볶이를 사먹고 아트박스에서 문구류 쇼핑을 하는 시대가 열릴 수 있으니까요.

김혜순 기자

제가 책을 쓰면서 더 꼼꼼히 봤는데, 아주 잘 만들었더라구요. 홈페이지에서 e신문으로 볼 수도 있으니 꼭 한 번 챙겨보길 권합니다.

모든 신문사가 1면을 가장 공들여 만든다고 말씀드렸죠? 틴매경도 마찬가지여서 커버스토리가 아주 훌륭합니다. 그래픽도 재밌고, 기사도 매경 본지보다 훨씬 쉽게 써줍니다. 한국은행의 디지털 화폐 실험을 다룬 기사는 의미도 있고 깊이도 있네요.

초등 고학년부터 신문읽는 연습을 해왔다면 중학교 때 틴매경 기자에 도전해보는 것도 좋겠어요. 중학교 2학년생부터 고등학교 재학생까지 누구나 지원할 수 있습니다. 학생기자는 학기마다 한 번씩 뽑고요. 동아리 활동 등 학교 현장 소식과 최신 시사 이슈에 대한 자신의 생각을 생생하게 전달하게 됩니다. 우수 수료자에게는 최우수·우수 학생기자 상장도 수여합니다.

청소년들이 알아둘 만한 최신뉴스들도 갈무리해줍니다. NIE 준비하는 학생들이 참고할 만한 생각거리를 던져주는 것도 유용하고요. 틴매경에서 본 뉴스들을 매경 본지에서 찾아서 읽어보는 것도 공부가 되지요. 일종의 '쉬운 버전-어려운 버전'이니까요. 영어편에서 다루겠지만, 틴매경에서도 영문뉴스와 국문 뉴스를 비교해서 볼 수 있고 현직 선생님들의 경제교육 강의도 지면으로 읽을 수 있어서 신문에 재미붙이기 딱 좋은 도구입니다.

사실 상위권 학생이라면 틴매경 정도는 무리없이 읽을 수 있어야 하고요. 경제용어와 금융 지식을 열심히 익혀서 틴매경TEST에 도전해 볼 수도 있을 겁니다. 여기에 MIT테크놀로지 리뷰 한국판을 더

| NIE

수능 6월 모의평가, 하루 늦어진 까닭은?

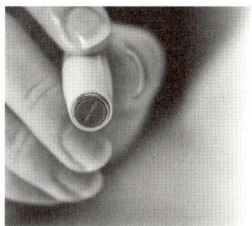

꼭 알아야 할
최신 뉴스

2025년 6월 모의평가가 조기 대선으로 인해 6월 3일에서 하루 뒤인 6월 4일로 연기되었습니다. 게티이미지뱅크

6월 3일은 쉬는 날? 아니, 선거하는 날!

조기 대선 여파로 대학수학능력시험 6월 모의평가가 하루 늦춰졌습니다. 지난 4월 4일 헌법재판소는 윤석열 전 대통령을 파면하였는데요. 60일 이내에 조기 대선을 치러 대통령의 직무 공백을 최소화해야 합니다.

하지만 두 달이라는 짧은 시간 안에 대선을 준비하는 일은 말처럼 쉽지 않은데요. 후보자 등록, 선거운동, 전 국민 사전투표와 본투표까지 준비하려면 아주 빠듯할 거에요.

따라서 헌재의 판결이 난 4월 4일을 기준으로 정확히 60일 후인 6월 3일이 대선일로 지정되고 자연스레 임시공휴일이 되었습니다. 이에 따라 6월 3일로 예정되어 있던 6월 모의평가가 하루 뒤인 6월 4일로 미뤄졌는데요.

학생 여러분들 모두 조기 대선으로 인해 붕 뜬 마음은 꽉 잡으시고, 하루 더 열심히 공부해 좋은 결과 만드시길 바랍니다.

▶ NIE 준비하기
1. 대통령 조기 선거 절차에 대해 알아봅시다.
2. 대통령의 직무 공백이 길어지는 경우 어떠한 사회적 혼란이 발생할지 생각해봅시다.

국민연금 8,233,700,000,000원 벌어

미국이 시작한 관세 전쟁으로 전 세계가 힘들어하고 있는데요. 이러한 악조건 속에서도 한국에 한 줄기 빛과 같은 희망을 가져다주는 분야들이 있습니다. 바로 방산과 조선업 분야입니다.

도널드 트럼프 미국 대통령은 지난 4월 9일 미국이 조선업에 있어서도 많이 뒤처져 있으며 "우리는 조선에 많은 돈을 쓸 것"이라고 언급했는데요. 이에 따라 세계 1위 조선 경쟁력을 지닌 한국 조선 업계가 자연스레 주목받게 되었습니다.

호재로 평가받는 방산·조선주가 선전하자 5% 이상 대량 지분을 보유한 국민연금의 주식 평가액도 함께 증가했는데요. 작년 12월 30일과 비교해 올해 1분기에만 무려 8조 2337억원 증가했다고 합니다.

힘든 한국 사회의 빛이 되어줄 우수한 기업들의 활약, 앞으로가 기대되지 않나요?

▶ NIE 준비하기
1. 방산과 조선업 분야에선 어떤 일들을 하는지 공부해봅시다.
2. 국민연금과 기업의 주가 상승은 서로 어떠한 관련이 있는지 토론해봅시다.

한 달에 3번, 10만원어치 배달 음식

학생 여러분, 배달 앱으로 배달 음식 자주 시켜 드시나요? 지난 4월 9일 한국인 1인의 월평균 배달 앱 지출이 10만원에 달한다는 와이즈앱·리테일의 조사 결과가 발표되었습니다.

구체적으로 1인당 월평균 주문 횟수는 3.7회, 주문 금액은 9만7059원으로 집계됐으며 스마트폰 보유 중 53%가 배달 앱을 사용 중인 것으로 나타났습니다.

배달 앱 이용 금액은 2조2800억원으로 코로나19 사태 이후 역대 최대인데요. 이는 작년 시작된 '무료 배달 서비스' 과열 경쟁에 따른 것으로 보입니다.

저도 배달비가 부담되어 배달 음식을 주문하려다 포기했던 경험이 몇 번 있는데요. 배달 업계가 소비자들의 마음을 잘 파악한 출구전략을 세운 것 같네요. 박현진 연구원

▶ NIE 준비하기
1. 작년 쿠팡에서 시작되어 여러 배달 업계가 따라하는 '무료 배달 서비스'에 대해 알아봅시다.
2. 기업과 소비자의 측면에서 '과열 경쟁'은 각각 어떤 장단점이 있을지 논의해봅시다.

핵심록!

3일→4일
조기 대선으로 변경된 6월 모의평가 날짜

8조2337억
2025년 1분기 상승한 국민연금 주식 평가액

10만원
2025년 한국인 1인 월평균 배달 앱 지출

해서 첨단산업 동향과 기술 이야기를 업데이트해준다면 훌륭한 문해력 교재가 될 거에요. MIT테크놀로지 리뷰 역시 인터넷으로 읽을 수도 있지만, 같은 이유로 종이판을 추천합니다. 두 달에 한 번 발행되

니, 아이들이 가지고 다니면서 읽기에 부담도 덜 할 겁니다. 틴매경으로 시사상식 충전하고 경제공부하고, MIT테크놀로지 리뷰로 전세계 트렌드와 첨단 기술까지 망라한다면, 1% 문해력을 완성하기에 충분할 거에요.

신문 광고만 훑어보기: 돈 내고 광고하는 이유를 캐보자

유튜브나 넷플릭스 볼 때 광고 스킵하시죠? 그런데 신문 읽을 때에는 한 번쯤 광고만 쭉 훑어보길 권합니다. 신문에 광고를 내려면 몇 백만 원에서 몇 천만 원을 내야 하거든요. 그렇게 큰 돈을 내고 광고를 하는 이유가 있겠죠? 왜 매일경제에 이런 광고를 냈을까를 고민하면서 광고를 보면 광고주가 노리는 효과를 짐작할 수 있고, 요즘 트렌드가 뭔지도 알 수 있습니다.

매경의 경우 기업 C레벨들이 많이 보니까 '최고위과정' 광고가 자주 나오고요. 금융사 신상품과 제약사 광고들도 많습니다. 현재 신문 독자들이 중장년층 이상이다 보니, 상품광고도 시니어 소비자들을 겨냥한 것들이 주를 이룹니다. 조선일보 등에는 전화로 주문할 수 있는 보양식이나 영양제 광고도 크게 실립니다. 매경에는 상속증여와 노년층 보험 광고가 자주 보이고요. 이렇게 기업들 광고도 유심히 보면 지금 가장 핫한 이슈를 알 수 있어요. 요새는 AI 빼고는 이야기가 안 되는 시대이다보니 너도나도 다 AI를 넣어서 광고문구를 만듭니다.

앞에서 편집기자와 출판사 편집자들이 문해력의 달인이라고 말씀

드렸는데, 이 분야 탑오브탑은 광고제작자들 아니겠어요? 그분들이 능력을 발휘해서 만든 광고도 하나의 작품이자 훌륭한 문해력 교재가 될 수 있습니다.

특집기사 한 번 쭉 보기:
의외의 아이디어를 얻을 수 있다

신문이 노트라면 1개만 배달되는 게 아니죠. 분철한 것처럼 따로 접혀져서 오는 얇은 별지들이 있습니다. 신문사에서는 '특집(섹션)'이라고 부르는데요. 본지는 A섹션, 특집은 각각 B와 C 등등의 섹션으로 부릅니다. 틴매경도 그 중 하나이고요.

이런 별지는 다 광고기사라고 생각해서 그냥 통째로 버리는 분들도 보았습니다. 그런데 앞서 말씀드린 신문 광고로 공부하는 법처럼, 이런 특집 기사도 처음부터 끝까지 제목만이라도 한번 읽어보면 좋습니다. 생각 외로 깊이있는 기사들을 발견할 수도 있고요. 광고 기사 속에서도 의외의 아이디어를 얻을 수 있기 때문입니다.

목요일자 격주로 발행되는 MK비즈리뷰에는 좋은 기사들이 많습니다. C레벨들이 읽을 만한 책 소개나 저자와의 인터뷰도 있고요. 국내 대표 컨설팅 회사 컨설턴트들의 피가 되고 살이 되는 조언도 실립니다. 저는 그중에서도 수니타 사 코넬대 교수의 '반항하는 힘' 기사가 인상적이었어요. '예스맨'이 조직을 망친다던지 '노라고 말하는 사람'이 되어야 한다는 인사이트가 좋더라구요. 〈적을 만들지 않고 할 말 하는 대립의 기술〉이라는 제목과 그래픽도 잘 어울리네요.

주간지와 월간지 활용하기:
조금 긴 호흡으로 뉴스를 보자

매경에서 발행하는 주간지 '매경이코노미'와 월간지 '럭스멘'도 가끔씩 활용하면 좋습니다. 주간지는 매일 발행하는 신문보다 호흡이

편집장 레터 COLUMN

젠슨 황과 이재용의 문장

김소연 편집장
kim_soyoon@mk.co.kr

"We are not a chip company. We are a computing platform company."
(엔비디아를 새로운 생태계 전체를 설계하는 존재로 정의한 전략적 선언)

"Software is eating the world, but AI is going to eat software." (소프트웨어 시대를 넘어 AI가 그 다음 시대 핵심이 될 것이라는 정확한 미래 전망)

"You're the CEO. Your job is to architect this company." (CEO가 기술을 가장 잘 이해하고 있어야)

"I have 60 direct reports, and I don't do 1-on-1s." (관리자 아닌, 문제 해결자가 필요하다)

LSI로직에서 마이크로프로세서 디자이너로 일하고 있던 대만계 미국인 엔지니어 젠슨 황, 썬마이크로시스템즈 엔지니어 크리스 말라초스키, 역시 썬마이크로시스템즈 그래픽 칩 디자이너 커티스 프럼, 세 사람은 산호세의 한 길거리 식당 테이블에서 함께 회사를 시작하기로 의기투합합니다. 그렇게 1993년 4월 5일 한 회사가 탄생하죠.

'CEO가 기술을 가장 잘 이해하고 있어야 한다'
'관리자는 필요 없고, 문제 해결자가 필요하다'

'엔비디아.'

당시 말라초스키와 프럼은 편의 경영진에 불만을 품고 회사를 떠나려고 했지만, 젠슨 황은 서른 살의 나이에 이미 LSI로직에서 이사 자리에 오르는 등 잘나가고 있었습니다. 그럼에도 과감하게 회사를 그만둔 건 '멀티미디어·게임·시뮬레이션에는 CPU 방식이 한계가 있으므로, 새로운 연산 아키텍처가 필요하다'는 문제의식이 있었기 때문입니다. '이미지와 시뮬레이션이 중심이 될 미래'를 예측하고, '그에 맞는 병렬 연산 처리 유닛을 설계해야'는 게 이들의 비전이었습니다.

처음에는 이름도 없는 회사였습니다. 그저 모든 파일에 '다음 버전'이라는 의미로 'NV'를 붙였죠. 이후 회사 이름을 결정할 때 'NV'를 포함하는 단어를 고민하다 '엔비디아'로 정합니다. '부러움'을 의미하는 라틴어 'invidia'를 차용했죠.

그 엔비디아가 이제 전짜 전 세계 모든 기업의 부러움을 받는 회사가 됐습니다. 지난 7월 9일(현지 시간) 전 세계 상장사 중 최초로 장중 시가총액 4조달러를 돌파한 덕분입니다. 7월 16일 종가 기준으로는 시가총액이 4조1814억달러로 늘어났죠.

항상 그 검은색 가죽 재킷을 입고 등장하는 젠슨 황의 문장들을 들여다보다면 기술에 정통하고 나아갈 길을 정확하게 알고 있는 CEO가 전부일 수 있겠다는 생각마저 듭니다.(p.22~36)

7월 17일 이재용 삼성전자 회장이 10년간의 지긋지긋한 사법 리스크 족쇄에서 벗어났습니다. 이제부터 전파 이재용 회장의 경영 능력 시험대가 되겠죠. 이 회장의 문장도 살짝 바뀌길 기대해봅니다. 젠슨 황 정도까지는 아니더라도요.

"과거의 실적이 미래의 성공을 보장해주지 않는다."
"목숨 걸고 하는 겁니다. 숫자는 모르겠고, 앞만 보고 가는 거예요."
"인공지능(AI), 로봇, 전기차 시장 확대에 따른 기회를 선점해달라."
"모두가 하는 사업은 누구보다 잘 해내고, 아무도 못 하는 사업은 누구보다 먼저 해내자."

길고, 같은 기사도 더 깊이있게 쓰는 경향이 있지요. 매일 신문 만드는 저도 매경이코노미나 럭스멘을 보면서 배우는 것이 많습니다.

주간지나 월간지도 신문 1면처럼 커버스토리에 공을 들이니까, 가끔씩 서점에 나가서 잡지코너를 돌아보는 것도 좋을 것 같아요. 매일 조선일보와 한겨레신문을 비교하면 읽는 건 너무 힘들잖아요. 주간

조선과 한겨레21을 사서 날 잡아 비교하면서 읽는 것을 추천드립니다. 조금 긴 호흡으로 뉴스를 볼 수 있을 거에요. 평상시의 신문읽기가 수영장 레인을 왕복하는 일이라면, 주간지나 월간지는 잠수해서 스노클링을 하는 것과 같습니다.

매경이코노미는 앱으로도 볼 수 있는데요. 관심있는 주제를 다룬 최신호를 종이로 구입해서 읽기를 추천합니다. 신문과는 또 다른 읽는 재미를 느낄 수 있을 거에요.

옛날신문 찾아보기:
내가 태어난 날에 세계에 무슨 일이?

네이버에 옛날신문 서비스가 있는 것 알고 계셨나요? 뉴스라이브러리 메뉴에서 경향신문과 동아일보, 매일경제, 조선일보, 한겨레 옛날 버전을 무료로 볼 수 있습니다. 오늘 날짜를 기준으로 과거에 어떤 일이 있었는지 뉴스들을 보여주는데요. 아주 재밌습니다.

1980년대 신문들은 대부분 한자를 썼잖아요? 한자공부하기에 최고의 교재랍니다. 요즘 문해력이 떨어진다는 일화의 대부분이 한자어를 몰라서 생기는 일인데요. 옛날 신문 읽기만 해도 대부분은 해결할 수 있는 문제입니다. 클릭 한 번에 원문 그대로 볼 수도 있고, 한글로 변환해서 볼 수도 있어요. 스크랩 기능도 제공하니 아이가 태어난 날이나 엄마아빠 생일 날짜, 결혼기념일, 우리 가족만의 중요한 이벤트가 있던 날 신문을 찾아 이야기를 나누다보면 1~2시간은 금방 지나

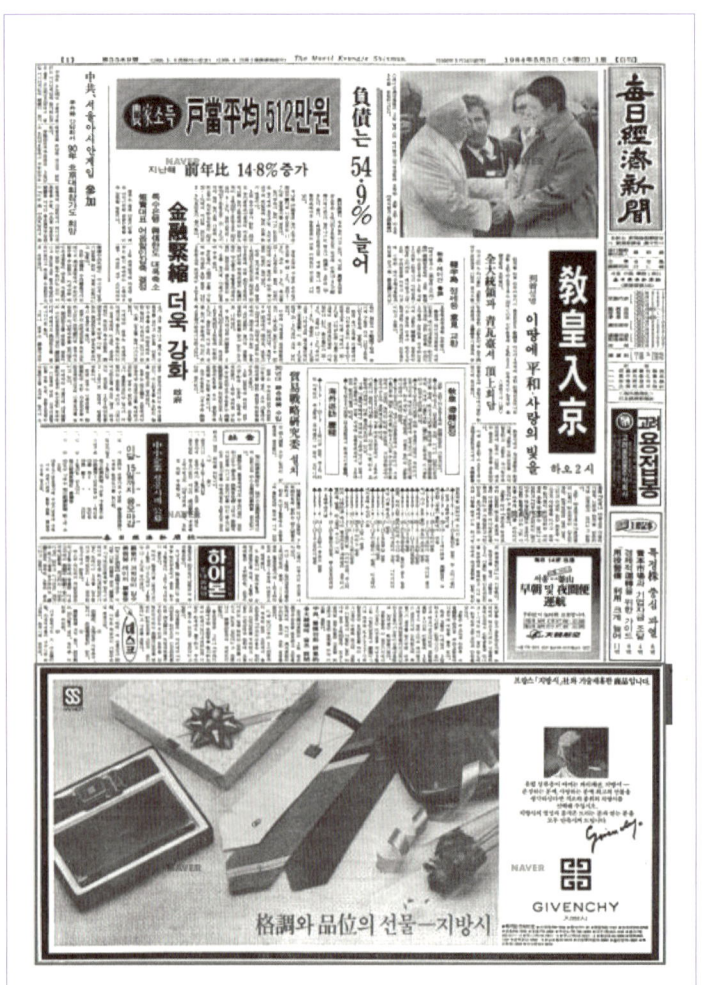

 갈 겁니다.
　요즘은 뉴스가 넘쳐나는 시대여서 잠시 잊혀졌지만요. 신문은 '역사적 기록'입니다. 재벌집 막내아들 같은 콘텐츠도 옛날신문에서 많은 힌트를 얻지 않았을까요. 옛날 신문을 보다보면 자연스럽게 한

국 근현대사를 배울 수도 있고요. 네이버 서비스에 없는 언론사들은 국회 도서관에도 옛날 뉴스들이 잘 보관되어 있으니 함께 활용해보면 좋겠네요. 하단에 그때 그시절 광고를 보는 재미도 쏠쏠하답니다. 1984년 5월 4일 매경 1면에 광고한 지방시, 리스펙합니다.

지금까지 종이신문을 문해력 교재로 사용할 수 있는 실전 아이디어들을 정리해보았습니다. 공부할 지면을 고르다보니 열정이 과해서, 책에 실은 분량의 10배 정도의 내용을 썼다가 추리고 추렸는데요. 신문으로 문해력을 공부하려고 마음 먹으면 소재가 정말 화수분처럼 계속 쏟아져 나오겠구나 싶었습니다.

당연히 제안해드린 공부법을 다 해볼 필요는 없구요. 마음에 드는 것만 하나씩 골라서 해보면 됩니다. 매일 배달되는 신문이 부담스럽다면 다른 종이 매체로 시작해봐도 됩니다. 2주에 한 번씩 나오는 틴매경만 먼저 받아봐도 되고요. MIT테크놀로지 리뷰 한국판은 두 달에 한 권 나오니, 들고 다니면서 틈틈이 읽는 것도 추천합니다. 지금 우리 시대는 물론, 앞으로 아이들이 살아갈 시대의 기술들이 쉽고 재미있게 설명되어 있으니까요.

꼭 말씀드리고 싶은 것은 '어려울 거야'라고 지레 겁먹지 마시라는 겁니다. 지금 우리는 너무 쉬운 글과 콘텐츠에 익숙해져 있습니다. 그나마 쉬운 글이라도 많이 읽으면 다행인데, 활자 자체를 읽지 않는 시대가 되고 있지요. 이 책은 '상위 1%'라는 제목을 달고 있지만, 꼭 성적이 아니더라도 살아가는 기술을 위해 문해력과 맥락을 아는 힘은 꼭 필요합니다. 어려우면 어려운 대로, 묵묵히 읽어보는 연습도 필요합니다. 장담하건대 주구장창 읽다보면 어느 날 눈이 트일 겁니다. 영어를 달고 살면 어느 날 귀가 트이는 것처럼요.

영어편에서는 언어장벽이 무너진 시대의 영어 공부법과 대치동 실전 입시이야기를 들려드립니다. 대치동에서도 최고로 꼽히는 영어 선생님들이 챗GPT 등 인공지능(AI)을 활용해 만든 교재도 실었고요. 엄마아빠가 집에서도 만들 수 있는 꿀팁도 담았습니다. 끝까지 잘 따라와주세요.

꿀팁 1

신문사 데스크가 짚어주는 '자소서 잘 쓰는 법' 이론편

'참깨 자소서'를 '참기름 자소서'로 만들자

20년 넘게 매일 신문을 읽었고, 10년 넘게 매일 기사를 쓰다가, 지금은 후배들의 글을 고치는 데스크가 되었습니다. 사실 문해력의 완성은 '글쓰기'인데요. 우리 아이들이 당장 써야할 글, 평생 필요한 글인 자기소개서 이야기를 조금 해드리려 합니다. 저는 대치동 입시전문가가 아니기 때문에 정답은 절대 아니고요. 좋은 글쓰기 팁 정도로 이해해주세요.

신문읽기 특강을 가서 아이들 질문을 받아보면, 자소서 고민이 많습니다. 학생들이 쓴 자소서를 읽어보면 '모래'나 '참깨' 같다는 생각이 들었습니다. 상위권 아이들조차 고만고만한 이야기를 죽 나열하는 수준이었어요. 그래서 글쓰기 팁을 줄 때 '참깨 자소서를 참기름 자소서로 만들어보라'고 조언했습니다. 군더더기를 빼고, 잘 압축해서, 자소서의 가치를 높이자는 거였지요. 참깨 1kg을 짜야 500ml 한 병이 나온다고 합니다. 기름을 짜려면 비싼 기계도 필요하고 인건비도 들겠죠? 자소서 식으로 말하면, 시간과 노력과 재료가 필요한 겁니다.

그런데 자사고 등을 준비하면서 벼락치기로 쓰려니 재료가 마땅치 않습니다. 학교와 학원을 오가며 평탄하게 잘 살아와서인데요. 대부분 아이들이 그렇습니다. 그래서 자소서는 일찍부터 준비해야 차별화 포인트를 잡을 수 있습니다. 꼭 입시에 제출하지 않더라도, 초등 고학년부터는 자소서를 써보면 좋을 것 같아요. 그 과정에서 '내가 원하는 인생'을 미리 계획하고 경험을 쌓을 수 있으니까요. 쓰다가 마음이 바뀌면 고치면 되지요. 별 것 아닌 것 같지만, 이 자소서가 아이들이 스스로를 돌아보고 마음을 다잡는데 아주 좋은 무기가 되어준답니다.

많고 많은 글 중에서 왜 하필 자소서냐. 당장 써먹을 수 있는 글이니까요. 아이들에게 이야기할 때는 '자소서는 원하는 인생으로 여행하는 티켓'이라고 말해줬습니다. 서울역이나 인천공항 카운터에 가서 "아무 데나 가는 표 주세요" 하지는 않잖아요. 지금은 내가 어디로 가고 싶은지, 목적지를 고민하는 단계입니다. 자소서는 목적지를 정하는 좋은 도구입니다.

제가 추천하는 방법은 내가 나를 인터뷰하는 겁니다. 기자들은 인터뷰하기 전에 공들여서 질문지를 만듭니다. 답변 준비할 시간을 드리는 것이지요. 자소서를 쓸 때에는 질문도 내가 만들고, 답변도 내가 하면 됩니다. 아이들에게는 질문을 만드는 것 자체가 공부이자 자아탐색입니다. 답변을 하다보면, 계속 새로운 질문이 나오고 나도 몰랐던 나를 알게 될 겁니다.

당장 첫 번째 질문 만들기부터 막막한 친구들을 위해 예시질문을 해보겠습니다. 3단계로 접근해보죠. 첫걸음은 '나의 강점을 파악하기'입니다. "나는 뭐하는 사람인가요?" 라는 질문에 혹시라도 "학원뺑뺑이, 공부기계, 쓸모없는 사람" 같은 절망적인 답변들이 나와도 괜찮습니다. 이걸 바꾸려면 어떻게 하면 되나요? 무엇이 필요한가요? 라는 질문을 하면 됩니다. 내가 뭘 잘하고, 뭘 좋아하는지도 물어보세요. 그 중에 하나라도 이번 주말에 하는 겁니다.

자소서의 재료는 결국 '경험'입니다. 그것도 학교나 학원 외 경험입니다. 이런 경험을 억지로 만들어줄 순 없고, 만든다 해도 인위적이라는 게 보입니다. 남다른 경험을 쌓게 하겠다고 아이에게 장사를 시킬 수도 없고, 서울에서 부산까지 무전여행을 시킬 수도 없잖아요. 앞서 말씀드린 신문읽기는 그 경험을 확장시켜 줄 겁니다. 유명인 인터뷰를 읽고 직접 메일을 보내볼 수도 있고, 주말판 문화면을 보고 마음에 드는 전시나 공연을 골라 가족들이 함께 갈 수도 있죠. 좋은 사업이나 발명 아이디어를 얻었다면, 스스로 저작권 등록을 해보게 하는 것도 평생 기억에 남을 경험이겠죠.

2단계는 나라는 사람에 대해 직접 글로 써보는 겁니다. 생각나는 것은 다 써서 최대한 두껍게 만드세요. 보통 자사고 자기소개서 글자 제한이 500자~600자, 다 합쳐도 2000자를 넘지 않습니다만, 우리는 연습하는 버전이니 분량제한은 없습니다. 1만자를 써도 되고 2만자를 써도 됩니다. 다 쓴 다음에는 읽어보면서 절반으로 줄이는 연습을 합니다. 다시 절반, 또 다시 절반, 이렇게 덜어내는 과정이 '참기름 짜기'입니다. 줄이고 줄여서 엑기스만 남기는 거니까요. 최종적으로는 '신문 제목' 같은 키워드만 남겠지요.

잘 줄였다면 마지막 3단계는 데코레이션입니다. 간결한 표현으로 문장을 다듬는 것인데요. 이 과정도 좋은 공부가 됩니다. 그리고, 그래서, 그런데 같은 접속사를 쓰지 않고 문장 만들어보기. ~ 때문에, ~것이다를 최소화하기, 동어반복을 최대한 피하면서 같은 뜻의 다른 단어를 섞어서 쓰기 정도만 적용해서 글을 고쳐보세요. 본인도 모르는 사이에 쓸모없는 단어들을 중언부언, 의미없이 쓰고 있는 걸 깨닫고 놀라는 친구들이 많았습니다.

☑ 1단계 | 나의 강점 파악하기

- 나는 뭐하는 사람이냐면요
- 나는 뭘 잘하고 뭘 좋아하나요
- 내가 제일 잘하고 싶은 일은 이것!
- 나란 사람을 한 단어로 표현하면?

☑ 2단계 | 엑기스만 녹여 쓰기

- 처음에 1만자 자기소개서를 써라

- 절반으로 줄이는 작업을 반복해라
- 줄이고 줄여서 엑기스만 남겨라
- 그게 신문으로 치면 제목이다

☑ **3단계** | **간결한 표현 다듬기**
- 그리고, 그래서, 그런데 쓰지않기
- ~때문에, ~것이다는 최소화하기
- 같은 말을 바꿔서 중언부언은 NO!
- 같은 뜻의 다른 단어를 활용하기

꿀팁 2

신문사 데스크가 짚어주는 '자소서 잘 쓰는 법' 실전편

내 인생을 물어봐줘서 고마워요. 저를 소개할게요.

모든 글은 '독자'를 염두에 두고 써야 합니다. 이 자소서를 읽는 사람은 누구인가요? 입시에 제출한다면 그 학교 베테랑 선생님들이죠. 글자가 엄격히 제한된 자소서에서, 그분들이 아는 이야기는 쓸 필요가 없습니다. 자소서 독자인 선생님들이 궁금한 것을 써야지요. 나는 어떤 사람인지, 내가 얼마나 준비된 인재인지, 나를 뽑아주시면 열심히 공부하겠다는 의지가 들어가야 합니다.

입시에서 자소서는 오래 짝사랑하던 사람과의 '단 한 번의 소개팅' 같은 겁니다. 어떻게든 잘 보여서 꼭 사귀고 싶은 사람이요. 그런데 경쟁률이 수백대 1이래요. 그나마 대면 시간은 3분도 안준다고 합니다. 어떻게 어필해야 낙점받을 수 있을까요? 이걸 고민하면서 써야 합니다.

'귀여워 보이면 게임 끝'이라는 말이 요즘 유행하더라구요. 자소서도 마찬가지입니다. 이왕이면 그 글을 읽는 선생님이 귀엽다고 생각하시면 좋겠죠. 그러려면 중학생다운 경험을 중학생다운 문체로 잘 정제해서 쓰는 것이 중요합니다. 여행을 가야 여행기를 쓸 수 있듯, 자소서 경험을 미리 계획하면 유리합니다.

그리고 글에는 '고유의 지문'이 있습니다. 익명 게시판에 나 아닌 척 요령을 부려서 써도, 아는 사람은 내가 쓴 글이라는 걸 안다고 봐야 해요. 그러니까 남의 것을 베끼거나, 챗GPT에게 써달라고 하거나, 다른 사람이 대신 써줄 수 없다고 생각합시다.

자, 잔소리는 이쯤하고 이제 요리 시작! 일단 자소서에 들어가는 재료들을 정리해보면 다음과 같습니다. 이 재료들을 어떻게 요리할지 간단한 예시로 설명해볼게요.

1단계 나만의 경험
2단계 나만의 문장, 유머 한 방울
3단계 의외성 참신성 귀여움

☑ 비결 1 | 첫문장을 인상적으로 쓴다

모든 글은 첫문장이 가장 중요합니다. 비슷비슷한 수백 장의 자소서 중에서 첫문장으로 좋은 인상을 남길 수 있으면 좋겠지요. 실제 중학교 3학생들이 쓰는 자소서 문장은 이렇습니다.

많은 외국어 속에서 프랑스어를 선택하는 이유는 르네상스의 시초이자 민주혁명을 성공적으로 이끈 프랑스의 역사와 문화를 배우고 싶기 때문입니다.

자소서는 선생님들이 읽는 글이라고 했지요. 글자 수가 제한되어 있는데, 선생님들도 아는 내용을 쓸 필요는 없습니다. 그분들이 아직 모르는 내 이야기를 써야겠지요. 그게 궁금해서 읽는 게 자소서니까요.
저는 이럴 때 질문을 슬쩍 바꿔줍니다. "고등학교와 대학교에 진학해서, 니 꿈이 궁극적으로 이뤄졌을 때 어떤 대사를 할까?"라고요. 이 친구의 꿈은 프랑스어 선생님이었던 모양입니다. "그럼 언제쯤 그 꿈이 이뤄질까?" "교사로서 너의 교육관은 뭐야?" 이런 식으로 몇 분의 문답이 오간 뒤, 자소서는 이렇게 고쳐졌습니다.

"얘들아, 반가워! 올해 프랑스어를 가르치게 될 김** 선생님이야. 잘 부탁한다!"
저는 10년 후 이렇게 인사하는 것이 꿈입니다. 누구보다 유창하게, 아이들이 흥미를 가질 수 있게 가르치고 싶습니다.

아주 특별한 친구인데, 자소서만 보면 평범해보이는 경우도 많습니다. 이럴 때에도 내가 나를 인터뷰한다고 생각하고 질문을 바꿔주면 훌륭한 대답이 나오고요, 그걸 잘 정리하면 참신한 자소서가 됩니다.

저는 중학교에 진학해서 수업 중에 영어에 가장 흥미를 느꼈습니다. 그 이유는 바로 영어는 자신을 표현할 수 있는 한 언어이기 때문입니다.

이 글을 보여준 친구에게 제가 그랬습니다. "아마 이렇게 쓸 수 있는 친구들이 전국에 몇 만 명은 될 거야"라고요. 그리고 다시 질문을 했지요. "영어공부를 왜 그렇게 열심히 하니?" "남들보다 영어를 잘하기 위해 어떤 노력을 했어?" "영어를 잘해서 궁극적으로 이루고자 하는 목표는 뭐야?" 같은 질문을요. 그랬더니 이런 문장이 나왔습니다.

저는 미군이 되는 것이 꿈입니다. 전세계를 누비며 세계평화에 기여하고, 다양한 경험을 쌓으며 살고 싶습니다. 오늘로 1004일째 매일 영어일기를 쓰면서 실력을 쌓아오고 있습니다.

어떤가요. 이 정도면 전국에서 단 1명만 쓸 수 있는 자소서 아닐까요. 말씀드렸다시피 저는 입시 전문가가 아니기 때문에 이런 자소서는 합격을 위한 보증수표는 되지 못할 겁니다. 꼭 합격을 위해서가 아니더라도, 어딘가에 제출하지 않더라도 아이에게 자소서를 꼭 써보게 하세요. 누군가 내 인생에 관심을 가지고 물어봐주는 것만큼, 기쁜 일은 없답니다.
신문읽기 특강 이후 질의응답하는 그 짧은 시간에 한 두 문장만 고쳐줘도, 아이들은 찰떡같이 알아듣더라구요. 무엇보다 제 질문을 받고 눈이 반짝

반짝해지는 게 참 좋았습니다. 초면이고 잘 알지도 못하는 어른에게 자신의 꿈을 이야기하고, 엄마아빠한테도 말하지 못했던 진짜 원하는 인생을 슬쩍 보여주더라고요.

물론 제가 부모님이나 선생님이 아닌 신문기자라는 점도 작용했겠죠. 우리는 "나중에 훌륭한 사람이 되면, 나를 떠올리며 매경에 제일 먼저 인터뷰해주기로" 약속하고 헤어졌습니다. 수줍어하면서도 어깨가 으쓱해지던 귀염둥이들! 그 약속, 꼭 지키길 바랍니다.

☑ 비결 2 | 없어도 되는 단어들은 다 뺀다

자소서를 써서 들고 오는 친구들도 종종 있습니다. 그런데 1000자를 꽉 채워 써온 자소서는 질문 세 개에 400자로 확 줄어들고 맙니다. 아이들이 깜짝 놀랍니다. 딴에는 오래 궁리해서 겨우겨우 분량을 맞췄는데 알고 보니 중언부언이고, 쓸모없는 말이 많았다는 걸 본인들도 아는 것이지요.

본인의 자소서에도 세 가지 질문을 해보세요. "자, 여기서 없어도 뜻이 통하는 단어가 보이지? 그 단어들을 지워봐." "선생님이나 다른 아이들도 아는 내용이 있어? 그건 굳이 자소서에 넣지 않아도 될 것 같은데?" "이 문장은 더 짧게 만들 수 없을까? 앞뒤를 바꾸거나 주어를 바꿔봐" 100% 장담하건대, 이 세 질문을 적용하면 분량이 절반 가까이 줄어들 겁니다.

그러다가 어느 날, 'e로봇공학자'라는 직업을 알게 되자, 저는 다짐했습니다. 그 직업을 꼭 갖고 말겠다고 말입니다. 그래서 저는 지금까지 그 꿈을 그저 상상이 아닌 현실로 만들어내기 위해 많이 노력했습니다.

위 자소서를 쓴 학생은 저의 질문에 일단 접두사(그러다가, 그래서)부터 뺐습니다. 이 글을 쓰는 사람은 '나'이고, 읽는 분도 그걸 잘 알고 있으니까 '저는'이라는 주어도 2개 다 없어도 됩니다. '그저'라는 부사어는 글을 간결하게 만들 때에는 없는 게 낫습니다.

10살 무렵 EBS를 보고 'e로봇공학자'라는 직업을 알게 됐고, 그날부터 제 꿈은 로봇공학자가 되었습니다. 중학교에 입학해서도 하루도 그 꿈을 잊어본 적이 없고, 상상이 아닌 현실로 만들기 위해 노력했습니다. (어떤 노력을 했는지 최대한 구체적으로 쓰는중)

3개의 질문을 적용해서 학생이 고친 버전입니다. 그런데 갑자기 10살 무렵과 EBS가 들어갔지요? 왜일까요? 이건 세 번째 비결과 연관이 있습니다.

☑ 비결 3 | 꼭 필요한 재료만 구체적으로 써라

쓸데없는 말을 줄여서 사라진 분량을 채우려면 참 힘듭니다. 이럴 때 가장 쉬운 방법은 구체적인 내용이 들어가는 겁니다. 어느날 로봇공학자라는 직업을 알게 되었다고요? 그게 언제인가요? 어디서 봤나요? 누구를 만났나요? 이런 게 궁금하지 않을까요. 제가 물어봤더니 그 학생이 10살 무렵과 EBS라는 말을 해준 겁니다. 이렇게 구체적으로 서술하면 내용의 신빙성이 올라갑니다. 읽는 사람이 글 쓴 사람과 더 가까워진 느낌도 들지요.

저는 예전부터 만들기를 좋아했습니다. 눈 앞에 만들기 키트나 레고 블록이나 종이가 있으면, 바로 만들고, 조립하고, 접어서 거북선, 전갈로봇, 드래곤 등을 만들어냈습니다.

충분히 좋은 글이지만, 조금 더 자세히 써봅시다. 몇 살 때부터 좋아했나요? 어떤 종류의 만들기인가요? 두 번째 문장인 복문은 두 개의 문장으로 나눠주는 게 좋겠네요.

서너살 때부터 만들기를 좋아했습니다. 만들기 키트나 레고 블록이 있으면 시간 가는 줄 모르고 조립했고, 종이밖에 없을 때에는 접어서 거북선, 전갈로봇, 드래곤 등을 만들었습니다.

자소서라는 요리에는 꼭 필요한 재료만 들어가야 한다는 점도 기억해둬야 합니다. 요리할 때 냉장고에 있는 재료 다 넣으면 죽도 밥도 안되잖아요.

외고를 가는지, 과학고를 가는지, 자사고를 가는지에 따라 들어가는 자소서 재료도 달려져야겠지요. '만들기를 좋아한다'고 썼다면 그와 관련된 전공이나 꿈을 이루기 위한 노력을 이어서 써줘야 하는 것이죠. 아니라면 과감히 버리고 다른 재료(경험)로 다시 써야 합니다.

대치동 1% 아이들은
종이신문을 읽습니다

3장

영문 뉴스로 문해력 기르기

4장

영문 뉴스로 문해력 기르기 실전 훈련법

2부

영어편

영문 뉴스로
문해력 기르기

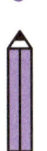

1. 챗GPT 시대, 영어공부 안 해도 되지 않나요

'잉글리시 디바이드'는 오히려 더 커진다

　인공지능(AI)이 번역도 다 해주고, 원하는 정보도 다 찾아주는 시대입니다. 굳이 영어 공부를 해야 하나, 비싼 돈 들여 영어 학원 보내야 하나, 이런 고민 많이 하실 텐데요. 결론부터 말하자면 학원은 안보내도 되지만 영어 공부는 더 열심히 시켜야 하고, 엄마 아빠는 더 열공하셔야 합니다. AI로 '세상에 없던 교재'를 만들기 위해서인데요. 실전편에서 대치동 영어 선생님들이 만든 예시로 설명하겠습니다.

　앞으로 '잉글리시 디바이드(English Divide)'는 점점 더 커질 겁니다. 지금 우리가 상상할 수도 없을 만큼 엄청나게요. 이건 추측이 아니고 사실상 '정해진 미래'입니다. 불과 2~3년 사이에 개개인이 평생 접하는 정보량과 창출할 수 있는 가치의 차이가 수억 배는 더 커진 것 같습니다. 지금 이 순간에도 그 차이가 무섭게 벌어지고 있고요.

　지금 네이버나 구글 검색창에서는 누가 어떻게 검색하든 비슷한 결과가 나옵니다. 그런데 AI 엔진에서는 어떻게 질문하는가에 따라 답변의 퀄리티가 하늘과 땅 차이가 나죠. 당장 저만 해도 잘 아는 전문 분야를 물어보면 답변 수준이 아주 높은 반면, 잘 모르는 분야를 물어보면 평이하다는 느낌을 받습니다. AI가 부족해서가 아니라 질문을 제대로 하지 못해서 그렇습니다.

네이버와 같은 검색창과 가장 큰 차이가 있다면, AI는 페르소나를 부여할 수 있다는 점입니다. "경제신문사에서 30년 일한 베테랑 기자라고 생각하고 대답해줘." "대치동에서 최고의 영어 선생님으로 30년 일한 원장님이라고 생각하고 대답해줘." 이렇게 '특정 인격'을 부여하면 필자들보다 훨씬 나은 대답을 해줄 때가 있습니다. AI가 모아서 보여주는 글로벌 정보량이 과거와는 비교할 수 없을 만큼 방대해졌기 때문에, 이렇게 정보 양극화도 극심해집니다. 우리 아이가 평범할수록, AI를 도구로 잘 활용할 수 있도록, 남다른 생각과 깊이 있는 통찰력을 길러주어야 합니다.

서문에서 생각의 크기를 아이들이 '머릿속에 짓는 집'에 비유했는데요. 국어 문해력과 영어 문해력을 키워주는 방식이 좀 다릅니다. 모국어이자 일상에서 계속 쓰는 한글 문해력은 집의 전체적인 체계를 잡는 데 중점을 둔다면, 영어 문해력은 집을 지을 재료들을 모으는 데 주력합니다. AI가 그 재료를 모으기에 가장 좋은 도구이기 때문에 영어편에서는 부모님과 선생님들이 부지런히 AI를 활용하라고 추천합니다.

청소년기에 이렇게 투트랙으로 '사고력의 집'을 완성하고 나면, 국어든 영어든 논리력과 메타인지를 갖춘 문해력 인재로 살 수 있게 됩니다. 집을 짓는 법은 이미 마스터했고 언어장벽도 사실상 무너졌으니, 사고력의 집을 원하는 만큼 얼마든지 증축할 수 있게 되겠지요.

초등 저학년 시절 부모님의 선택으로, 우리 아이가 어떤 사고력의 집에서 평생을 살게 될 지가 정해집니다. 내가 수천 억 자산가이고 우리 아이가 평생 살 집을 지어준다면 어떤 선택을 하겠어요? 당연히 최고의 입지에 최고의 자재로 짓게 하겠지요. 설계와 공사도 최고의 전문가에게 맡길 것이고요. 지금 문해력을 길러준다는 건 그만큼 중요한 일입니다.

2025년 기준 AI로 인한 정보격차가 우리나라 시골의 빈집과 세계 최고층 빌딩인 두바이 버즈 칼리파의 차이라고 한다면 실감이 좀 되실까요. 2010년 당시 버즈 칼리파 공사비만 150억 달러, 우리 돈으로 20조 원이 넘었으니 지금 매각 가격은 부르는 게 값일 겁니다. 시골 빈 집을 100만 원이라고 치면 그야말로 천문학적인 차이가 나는 셈입니다.

앞으로는 어쩌면 이 비유조차 어불성설일지 모릅니다. 서울 강남구 대치동과 태양계 너머 어느 미지의 행성 간의 간극일 수도 있어요. 예전에는 이 정도는 아니었습니다. 저 같은 평범한 사람과 아주 극소수의 천재 사이의 차이를 대략 추론이라도 할 수 있었는데요. 앞으로 AI를 잘 쓰는 사람과 쓰지 않는 사람 간의 격차는 짐작조차 할 수 없는 수준이 될 겁니다. 챗GPT 출시 초기에 사용해본 기업 임원들이 '대졸 신입' 수준은 된다고 평가하셔서 놀랐던 기억이 생생합니다. 그런데요, 올해 초 나온 딥리서치 같은 서비스는 '박사' 수준입니다. 부모님들이 선호하는 변호사 같은 전문직군에서 신입 파트너(주니어)와 싸워도 이길 만큼 실력자가 된 겁니다. 일부 질병 진단 부문에서는 인간 의사를 뛰어넘기도 했지요.

머지 않은 미래에 AI가 엄청 비싸지고, 일부 특권층의 전유물이 될지도 모른다고 언급했는데요. 지금 AI는 비용도 엄청 저렴합니다. 비싼 프로그램을 골라도 한 달에 30만 원 수준이니까 '연봉 300만 원'이면 석박사급 인력 5~6명을 채용하는 것과 같은 효과를 내죠. 노동법에 저촉 받지 않고 24시간 내내 일을 시킬 수 있고요. 더 좋은 서비스가 나오면 클릭 한 번으로 '해고'할 수도 있습니다.

앞으로 AI는 더 똑똑해질 것이고, 채용시장의 판도를 바꿀 겁니다. 불과 3년 전만 해도 네카라쿠배당토(네이버, 카카오, 라인, 쿠팡, 배달의민족, 당근마켓, 토스)가 앞다퉈 모셔가던 개발자들조차 기존 시장에서 설 자리를 잃고 있는 것처럼요.(물론 이런 사람들이 AI로 무장하면 혼자서도 몇 개의 밀리언 달러 기업을 만들 수 있는 시대이기도 합니다만…)

지금 당장 챗GPT와 끌로드(Claude), 제미나이(Gemini)에게 한글로 물어봐도 너무나 훌륭한 답변을 줍니다. 하지만 이 순간에도 폭발적으로 증가하고 있는 최신 정보들 대부분은 영어로 되어 있을 거고요. 앞으로도 영어로 만들어질 겁니다. 전 세계인이 영어로 소통하고 생산하고 있을 테니까요.

게다가 AI 서비스 기반이 문자 입력에서 음성명령으로 빠르게 넘어가고 있습니다. 영어로는 완벽하지만, 한글 음성으로는 여전히 버벅거려요. 여기까지 들으면 1차적으로는 우리 아이가 유창하게 영어로 명령할 수 있도록 교육해야겠다는 생각이 드시죠? 맞는 전략입니다. 남들보다 먼저 정보를 접하는 것이 점점 더 중요해질 텐데, 영어를 몰라도 된다는 생각은 '성장을 멈추는 생각'과 같습니다. 왜 잉글리시 디바이드가 더 심각해진다는 것인지, 이해가 되시나요?

AI를 현명하게 활용하려면

챗GPT는 방대한 영어 자료도 순식간에 기가 막히게 번역하고 요약해줍니다. 석박사 부럽지 않아요. 문제는 AI가 거짓말도 능숙하게 잘한다는 점입니다. 국어라면 추가 질문을 하고 직접 원문을 대조해서 참과 거짓을 걸러내기가 비교적 수월한데요. 영어는 웬만한 실력으로는 쉽지 않습니다. 특히 자고 일어나면 새로운 기술이 나와 있는 미래 산업의 흐름을 따라가려면 영어 원문을 직접 읽고 AI 버전과 비교해 해석하는 능력이 필수입니다. 단순한 번역이 아니라, 글 속에 담긴 진짜 의미를 파악하고 비판적으로 사고하는 힘이 그 어느 때보다 필요합니다.

여기까지 읽으신 분들은 짐작하겠지만, 이 책을 쓰는 필자들조차 AI를 바라보는 상반된 두 관점이 혼재되어 있고 그때그때 오락가락하는 중입니다. 이럴 바에는 차라리 아이들에게 일찌감치 AI를 접하게 해서 더 잘 활용할 수 있도록 '선행학습'을 시켜주는 게 낫지 않을까요? 선생님이나 부모님들의 답변은 '아니오'가 더 많을 줄 압니다. 재미있는 건요. 여러 부모님들께 같은 질문을 드려봤는데, 이 논리에 찬성하는 사람들은 자녀들이 말도 잘 듣고 공부도 잘한다는 공통점이 있었습니다. 아이들의 학습력과 자제력을 믿기에 일찍 가르쳐줘도 된다고 생각하셨던 것 같아요.

하지만 그런 아이들조차 AI의 늪에서 빠져나오긴 쉽지 않습니다. 2023년 2월 미국에서 AI와의 채팅에 중독된 14살 소년이 권총으로 자살하는 충격적인 사건이 있었는데요. 아이의 엄마는 '캐릭터.AI'라는 회사가 챗봇을 실제 사람이나 심리치료사, 성인 연인인 것처럼 포장했다며 회사를 상대로 소송을 제기했습니다. 이 아이의 대화 상대는 미국 인기 드라마 '왕좌의 게임'에 나오는 용들의 엄마 대너리스였다고 하지요. 인간관계가 힘겨운 사춘기 소년은 점점 더 챗봇에 빠져들었고, 비관적 생각을 반복해서 털어놓자, 이 패턴을 학습한 챗봇이 '자살' 이야기를 종종 꺼내기도 했다고 하니 정말 무서운 일입니다.

그래서 정신과 의사 선생님들은 AI를 대할 때 항상 '진짜 사람'이 아니라 '도구'일 뿐이라고 생각하라고 조언합니다. 하지만 이게 말처럼 쉽지 않아요. 성인들도 힘든데, 아이들은 오죽할까요. 케임브리지대 정신의학과 연구팀이 8~13세 어린이 28명을 대상으로 한 연구 결과, 어린이들은 부모에게도 말하지 못하는 속내를 로봇에게 털어놓는 경향을 보였다고 하지요.

걱정스러운 점은 또 있습니다. AI 에이전트가 확산되면서 수동적이던 인공지능 비서가 먼저 저녁 메뉴를 제안할 정도로 적극적이 되었다는 겁니다. 저녁 메뉴나 여행 코스 정도야 추천받을 수 있죠. 하지만 거기서 끝날까요? 코미디쇼 SNL 코리아 서예지 씨 출연분에 챗

GPT와 딥시크 트렌드를 패러디한 편이 있는데요. 거기 보면 "지금 당장 테슬라 레버리지 ETF 매수해, 나 못 믿어?"라는 대사가 나옵니다. 중대한 투자 결정은 물론 인생이 달린 선택까지 챗GPT에 맡기는 것이 남의 일이 아니게 될 지 모르겠어요.

어렸을 때부터 AI에 의존하면 자기도 모르게 가스라이팅이 됩니다. 써 보신 분들은 아시겠지만 AI는 가스라이팅의 귀재에요. 상대를 존중하는 척을 하면서 교묘하게 자기 쪽으로 끌어들이는 기술을 가졌습니다. 개발자들이 의도한 것은 아닐 것 같은데, 대화를 나누다 보면 이상하게 끌려가는 느낌을 받습니다. 내가 중심을 확실히 잡고, 관계에서 주도권을 가지고 있지 않으면 휘둘리기 딱 좋은 관계가 됩니다.

저는 요즘 가끔 '딥러닝의 아버지' 제프리 힌튼 토론토대 명예교수의 마음을 상상해봅니다. 2023년 노벨물리학상 수상자이자, AI의 대부라고 불리는 분이죠. 본인이 창시한 AI가 걷잡을 수 없이 빠르게 발전해서, 머지않아 인류의 위협이 될 것을 우려하고 있습니다. 지난 4월 CBS 방송과의 인터뷰에서 힌튼 교수님이 하신 말은 의미심장합니다. 힌튼 교수는 "지금의 AI는 마치 귀여운 새끼 호랑이와 같다"며 "어릴 때는 무해해 보이지만 시간이 지나면서 훨씬 강력한 존재로 성장해 결국 인간을 위협할 수 있다"고 경고했는데요.

나쁜 의도를 가진 사람들이 AI를 악용할 경우, 이를 막을 방법이 없다는 것과 AI 자체가 인간보다 더 높은 지능을 갖게 되면서 '통제 불가능한 존재'로 변모할 가능성도 언급했죠. 아기 호랑이가 귀엽다고 자녀와 함께 키우다가는, 언젠가 비극적 결말을 맞을지 모릅니다. 그

호랑이가 우리보다 훨씬 똑똑하고 '전지전능'하다면 더욱 그렇죠. 아이들과 힌튼 교수의 인터뷰를 읽고, 인간이 AI를 제어할 수 있을지 꼭 한 번 토론 해보세요.

그리고 AI가 사람이 아니라 도구라는 것과, 관계의 시작도 끝도 내가 낸다는 것, 주도권은 내가 쥐고 있다는 것을 계속 상기시켜 줘야 합니다. 이게 시기를 놓치면 게임 중독이나 도박 중독을 끊어내는 것만큼 어려워지기 때문에 아이가 AI 접하는 초기부터 꼭 강조해주세요.

사실 아이가 직접 챗GPT를 영어 선생님으로 활용하는 것도 추천 드리지 않습니다. 너무 의존해도 문제이고, 선생님을 무시하는 습관(AI는 시키는 대로 하고, 비난하면 바로 사과하니까요)이 들어도 곤란하거든요. 챗GPT를 영어 선생님으로 활용할 때는 부모님이 담임 선생님을 맡고 AI는 보조교사 역할을 맡긴다고 생각해주세요.

2. 언어는 사고의 집, 생각하는 법까지 규정한다

영어권 글쓰기 교육이 논리적인 사람을 만드는 이유

언어는 단순한 의사소통 수단이 아닙니다. 우리가 세상을 바라보는 방식과 문제를 해결하는 사고 구조까지 결정하는 중요한 요소이지요. 단적인 예로 영어권에서는 글쓰기를 A-B-C-A' 구조로 가르칩니다. 결론을 먼저 제시(A)하고, 세부 내용을 설명(B, C)한 후 다시 결론을 강조(A')하는 방식입니다. 논문 쓰는 법과 닮지 않았나요? 이렇게 논리적인 글쓰기 방식은 아이들의 사고 패턴에도 영향을 미쳐, 생각을 체계적으로 정리하는 힘을 길러줍니다.

우리나라를 비롯한 동양권 아이들이 고등학교까지는 뛰어난 성적을 보이다가, 대학에 가서 주춤하는 이유도 이러한 사고방식의 차이가 아닐지 생각해 본 적도 있습니다. 대치동에서 25년간 아이들을 가르치고 교재를 만들면서 체감한 바, 영어식으로 생각할 줄 아는 아이가 인생에서도 성공합니다. 단순히 영어를 기술적으로 선행학습을 해서가 아닙니다. 사고의 집을 지을 때 벽돌 한 장부터 다르게 놓는 법을 배웠기 때문입니다. 모국어로 기초공사를 탄탄히 한 뒤에 영어까지 활용해 더 멋진 생각의 집을 지은 겁니다.

챗GPT를 비롯한 AI 에이전트 서비스 개발자들이 '미국인'이라는 점도 한 번쯤 생각해 볼 주제입니다. 그들이 만든 AI가 서양적 사고를 할까요, 동양적 사고를 할까요? 이건 두고두고 곱씹어봐야 중요한 이야기입니다. 언어는 사고의 집이고, 생각하는 법까지 규정한다고 여러 번 말씀드렸습니다. 당연히 서양적 사고도 할 줄 아는 아이가 상위 1%가 되겠죠. 단순히 유창한 회화와 영어식 글쓰기를 가르치자는 것이 아니라, 어떤 상황에서도 써먹을 수 있는 '문해력'이라는 무기를 아이들에게 쥐여주자는 겁니다. 국어로든, 영어로든 말이죠.

하지만 요즘 아이들은 긴 글을 읽는 것을 점점 어려워합니다. 미국에서도 'TL;DR'(Too Long; Didn't Read, 너무 길어서 안 읽었어요)이라는 표현이 유행할 정도로 긴 글을 피하려는 경향이 강합니다. 대학 강의 계획서조차 다 읽지 않고 요약본만 보려는 학생들도 많다고 합니다. 그렇다면 우리 아이들에게 독서라는 습관을 만들어 주려면 어떻게 해야 할까요? 짧고 흥미로운 콘텐츠로 시작하는 것이 중요합니다.

News-O-Matic과 MIT테크놀로지 리뷰 활용 가이드

그래서 영어 편에서도 뉴스를 활용하는 방법을 제안합니다. 국어 편과 마찬가지로 가성비와 접근성을 꼼꼼히 따져서 선정했어요. 국내에도 다양한 영자신문이 있지만, 영어 교재로는 〈News-O-Matic〉과

〈MIT테크놀로지 리뷰〉를 추천합니다. 국내 영자신문이 성인 독자를 타깃해 한국의 이슈를 영어로 전달하는 데 초점을 맞춘다면, 〈뉴스오매틱〉과 〈MIT테크리뷰〉는 세계적인 이슈와 트렌드를 다룹니다. 아이들이 다양한 국가의 상황과 최신 트렌드를 접하면서 국제적 감각을 키울 수 있습니다.

〈뉴스오매틱〉은 미국 본사 사이트에서 누구나 가입할 수 있고, 한 달에 2만 원 정도의 비용으로 이용할 수 있어요. 저는 〈뉴스오매틱〉과는 아무 관련이 없습니다. 순수하게 콘텐츠로서 높이 평가하기 때문에 이 책에서 소개하는 것이고요. 이렇게 좋은데도 우리나라 학원에서는 많이 활용하지 않아요. 한국에서 영어를 접하는 환경상 영자신문을 가르치거나 배우기 쉽지 않아서입니다. 국어편에서 보신 것처럼 엄마표 영어로 활용하면 차별화가 될 거예요.

가장 큰 장점은 '뉴스인데, 영어 교과서보다 쉽고 재밌다'는 점입니다. '말랑한 주제 + 짧고 쉬운 문장 + 오디오 기능'까지 삼박자를 갖추고 있고요. 초등학생도 뉴스를 낯설어하지 않으면서 '읽는 힘'을 자연스럽게 키울 수 있게 구성되어 있습니다. 이 콘텐츠를 활용하다 보면 "엄마, 오늘 뉴스에서 로봇 강아지가 나왔어요!"라고 아이가 먼저 말을 꺼내게 될 겁니다.

기사 한 편 한 편에 '사고력 활동지'가 숨어 있는 것도 추천 이유입니다. 기사마다 그림과 단어사전, 퀴즈, 요약 슬라이드, 질문 프롬프트가 함께 제공됩니다. '읽기 → 생각 → 말하기 → 글쓰기' 루틴이 기사 안에 이미 들어 있으니, 따로 자료를 만들 필요 없이, 문해력 수업을 완성할 수 있어요. 부모님이나 선생님들이 'AI와의 대화'를 설계하기에도 가장 좋은 영자신문입니다. 내용이 직관적이고 감정 공감형이라, GPT와의 문답으로도 부담 없이 자기표현을 시작할 수 있거든요. 예를 들면 "GPT야, 오늘 본 뉴스 기사에 이런 문장이 있었어. 내가 말하고 싶은 건 이건데, 더 자연스럽게 고쳐줄 수 있어?"라고 물어보는 식으로요.

아이 눈높이에서 시작해, 수준에 맞게 딱 맞춰줄 수 있다는 점도 좋아요. 국어편에서 경제뉴스가 어렵다는 아이들을 위해 틴매경을 추천드린 것과 같은 이유입니다. 무섭지 않고, 혼란스럽지 않고, 감정적으로 안전한 뉴스만 추리기 위해 기사 하나하나를 아동심리 전문가가 검토한다고 합니다. 모든 기사에는 감정 아이콘이 함께 제공돼 기사의 분위기를 미리 느끼고 선택할 수 있어요. 전쟁이나 기후위기, 기술 같은 주제도 아이의 언어로 바꿔서 설명해 주지요. '읽는 힘'과 '느끼는 힘'을 동시에 길러주는 뉴스예요.

무엇보다, 기사마다 렉사일 지수(Lexile Index)가 표시되어 학생의 영어 수준에 맞는 기사 선택이 가능합니다. 영어 실력은 같은 학년이라도 아이마다 천차만별이잖아요. 단계별로 렉사일 지수를 반영하여 학습 부담을 줄였습니다. 실제 원어민이 사용하는 자연스러운 표현을 배울 수 있도록 구성되어 있어서 실생활 영어를 익힐 수도 있죠. 과학과 환경, 스포츠, 사회 이슈 등 다양한 카테고리의 뉴스를 제공하며, 시각적 요소(이미지, 영상)까지 활용하여 읽기 흥미를 높인 것도 추천드리는 이유입니다. AI 음성 읽기, 퀴즈, 토론 질문 등 다양한 학습 도구를 적극 활용하면 단순한 뉴스 읽기가 아닌 능동적인 학습 경험을 쌓아갈 수 있어요.

더 깊이 있는 영어 독해를 위한 도구로는 'MIT 테크놀로지 리뷰' 영문 버전을 활용하면 됩니다. 영어 실력이 어느 정도 올라간 아이들에게 이 잡지의 영문 기사들을 읽어보게 하세요. 영문 홈페이지에서 구독신청을 하고 프린트해서 주면 됩니다. 최신 과학, 기술, 경제 트렌드를 다루며, 복잡한 개념을 논리적으로 분석하는 훈련을 할 수 있습니다. 4차 산업혁명이라는 말조차 고루해진 지금, 전문 용어와 심층 분석이 포함된 기사들을 읽으며, 고급 어휘력과 문장 구조를 익힐 수 있습니다. 기술과 사회적 변화에 대한 깊이 있는 논의가 담긴 기사들은, 아이들이 다양한 관점에서 사고하는 힘을 기르는 데 도움을 주지요.

무엇보다, 미래 트렌드를 이해하는 힘을 키울 수 있습니다. AI와 바이오테크, 재생에너지 등 미래 산업의 흐름을 이해하고, 시대를 앞서가는 사고력을 갖출 수 있습니다. 기술 이야기가 어려울까봐 걱정되신다면, 국어편에서 설명해 드린 대로 MIT 테크놀로지 리뷰 한국판을 꾸준히 읽게 하세요. 편집자가 엄선한 영어판 콘텐츠를 한국어로 읽을 수 있고, 한국 과학자와 공학자, 기업 최고기술책임자(CTO) 등의 인터뷰 등도 함께 구성되어 유용합니다.

실제로 MIT 테크놀로지 리뷰의 기사들은 당장 수능 지문(언어영역, 외국어영역)으로 나와도 손색이 없는 수준의 글들입니다. 단순히 영어 독해 실력을 향상시키는 것이 아니라, 아이들이 실제로 미래 사회에서 필요한 역량을 키우는 데에도 도움이 되니 학습 교재로는 더할 나위 없죠. 뉴스오매틱으로 기본 독해력을 다지고, MIT 테크놀로지 리뷰로 심화 학습을 하면 효과적인 영어 공부 전략이 될 수 있습니다.

뉴스 깊이 읽기로 만드는 문해력 키우기

여기에 더해 지금 여기 한국에서 벌어지고 있는 일들을 틴매경 기사로 접하고, 자유자재로 영문으로 이어붙였다가 창조적으로 해체했다가, 영문으로 바꾸었다가 다시 한글로 써보는 연습을 할 수 있다면, 세상에 하나뿐인 나만의 영어교재를 만들 수 있고 상위 1%의 문해력을 키울 수 있을 겁니다.

이 책을 기획하면서 대치동 학원에서 아이들과 학부모님들에게 사전 검증을 받아보았습니다. 실제 뉴스와 아카데믹한 영어 텍스트를 꾸준히 접한 아이들은 생소하고 긴 지문을 만나도 당황하지 않고 빠르게 핵심을 파악하더군요. 출제자의 의도를 정확히 분석하는 힘이 길러지고, 시간을 절약하면서 정답률을 높이는 방법도 자연스럽게 체득했습니다. 영어 문해력을 확 키워주는 공부법과 예시문제는 뒤에 실전편에서 자세히 설명해 드릴게요.

'국어 문해력'은 학교에서 측정하기 어려운 면이 있지만, 영어는 바로바로 점수로 나온다는 것도 염두에 둬야겠지요. 대치동에서 만난 제자들을 분석해 보면, 국어 문해력은 10년 이상에 걸쳐 천천히 길러지는 것 같고요. 영어 문해력은 열심히 따라오는 경우 상대적으로 빠르게 따라잡을 수 있었습니다. 국어와 영어 모두 되도록 일찍 노출시켜주는 것이 필수 조건이었고요. 문해력에만 국한해서 보면, 두루두루 얕게 공부시키기보다 단 한 번이라도 깊게 들어가는 것이 매우 중요했습니다.

예를 들어 내신에서는 그 학교 시험에 나올 만한 것들만 추려주고 그것만 집중하게 하는 '스노클링식 공부법'이 효과가 좋습니다. 하지만 얕고 넓게 표면만 훑거나 무작정 암기만 해서는 절대로 문해력이 길러지지 않았습니다. 한 가지 주제에 집중해서 바다 깊은 곳까지 들어가 보는 '스킨스쿠버 다이빙'이 필요합니다. 학원에서 수업할 때는 '끝장을 본다'고 생각하고, 그 주제로 할 수 있는 모든 활동을 다 해보도록 합니다. 처음에는 어려워하지만, 선생님과 친구들과 함께 하다 보면 잘 마칠 수 있고 커다란 성취감도 느끼게 되지요.

이런 경험을 한 번이라도 해본 아이들은 '깊은 바다(깊이 생각하기)'를 겁내지 않게 됩니다. 그리고 훈련이 잘된 친구들은 '프리 다이버'가 되지요. 장비 없이 숨을 참고 바다를 유영하는 프리 다이버처럼, 누군가의 도움 없이도 자신만의 사고를 하고 사람들 앞에서 자유자재로 자신의 생각을 표현할 수 있게 됩니다. 영어로든, 한국어로든 말이죠. 이런 친구들이 바로 '상위 1% 인재들' 아닐까요. 다음 장부터는 우리 아이들을 이런 인재로 만들기 위한 '대치동 실전 로드맵'을 알려드리겠습니다.

3. 내신부터 수능 만점 고정, 중3까지 완성하자

매일 30~60분: '읽기 → 정리 → 문장 만들기' 루틴으로

아직도 많은 영어 학습자들이 단어를 외우는 데 집중하는 경향이 있습니다. 하지만 이렇게 단어만 암기하면 실제 상황에서 말이 잘 안 나옵니다. 단어를 알고 있다고 해서 영어를 유창하게 할 수 있는 것은 아니라는 것, 대한민국 공교육 영어를 열공했던 30~50대는 공감하죠?

단어보다 문장으로 외워야 합니다. 영어는 단어의 나열이 아니라, 문장의 흐름과 리듬으로 이루어진 언어이기 때문입니다. 다른 언어도 마찬가지 아니냐고요? 세계적인 일본 작가 무라카미 하루키의 말을 빌리면 그것도 아닌 모양입니다. 첫 소설인 '바람의 노래를 들어라'를 집필하면서, 전통적인 일본 문학의 문체에서 벗어나 새로운 접근 방식을 시도했다고 하죠. 일본어가 아닌 영어로 글을 쓰는 과정에서 '문장의 리듬'을 발견한 겁니다.

짧고 간결한 문장 속에서 리듬감과 음악성을 발견했고, 이를 통해

하루키만의 독특한 문체를 구축하게 되었다고 본인이 밝힌 적이 있는데요. 작가가 강조한 문장 속 리듬감은, 영어 학습에서 매우 중요합니다. 영어를 잘하려면 단어만 외우는 것이 아니라, 문장을 통째로 외우고 반복하는 학습이 필요하죠. 노래처럼 반복해서 듣고 말하다 보면, 자연스럽게 영어의 억양과 리듬을 체득할 수 있습니다. 영어교육학에서는 이를 '청크 학습 효과(Chunking Effect)'라고 부르며, 실제 수업 현장에서도 효과적인 전략으로 널리 활용되고 있습니다.

대치동 실전 영어 로드맵

- ☑ STEP 1 | 문장에 익숙해져라
- ☑ STEP 2 | 문장을 뜯고, 다시 만들라
- ☑ STEP 3 | 지문을 구조로 읽고 요약하라
- ☑ STEP 4 | 읽고, 말하고, 써보라
- ☑ STEP 5 | 영어를 도구로 완성하라

여기서 진짜 중요한 시사점은 이런 교수법이 마치 모국어를 배울 때처럼 '소리로 생각하는 습관'을 기르는 훈련이라는 겁니다. 영어가 강세 중심 언어라는 건 다들 아시지요? 문장의 강세와 억양에 따라 의미가 달라집니다. 예를 들어, "I didn't say he stole the money."라는 문장은, 단어 하나하나에 강세를 두는 위치에 따라 전혀 다른 의미가 되죠. 단어 단위로 암기한 학생들은 이런 미묘한 차이를 알기 어렵겠죠.

'소리로 생각하는 습관'은 영어를 단순한 정보 전달의 도구가 아니라, 자신의 생각을 표현하는 방식으로 변화시킵니다. 영어는 단어와 단어를 나열하는 것이 아니라, 그 문장의 흐름과 리듬을 이해하는 것이 핵심입니다. 문장을 통해 언어의 리듬을 익히고, 그 리듬 속에서 영어를 자연스럽게 받아들인다고 생각해야 합니다.

그래서 기존에 알려진 소위 '대치동 영어 로드맵'을 다시 써 보았습니다. 학부모님들이 친숙한 기존 로드맵은 흔히 〈영유 → 파닉스 → 리딩 → 문법 → TEPS〉이고 공부 방식은 문제풀이 위주이며 목표는 수능 1등급이나 TEPS 800점인데요. 대치동에서 직접 아이들을 가르치고 성적을 끌어올려 본 결과, 읽고 말하고 쓰는 영어 사고력이 진짜 실력입니다. 학생들이 재미있어하는 것은 물론, 사고력과 문해력까지 키워주는 방법이죠.

이걸 실전 로드맵으로 만들어보면 이렇게 됩니다. 〈듣기 → 문장 감각 → 지문 구조화 → 글쓰기 루틴〉 순으로 가르치되, 공부 방식은 〈문장을 해체하고 다시 만들어보는 등 자유자재로 문장을 가지고 놀기〉입니다. 새로 쓴 로드맵의 최종 목표는 읽고 생각하고 표현하는 영어가 되겠습니다. 표로 정리하면 아래와 같습니다.

실제로 성적이 오르는 영어 로드맵

이론 로드맵	실전 로드맵
영유 → 파닉스 → 리딩 → 문법 → TEPS	듣기 → 문장감각 → 지문 구조화 → 글쓰기 루틴
문제풀이 위주	문장 해체 + 문장 만들기 중심
TEPS 800점 or 수능 1등급	읽고 생각하고 표현하는 영어

조금 더 구체적으로 설명해볼까요? 가장 첫 단계는 듣고 따라하기, 목표는 문장에 익숙해지는 겁니다. 다시 한번 강조하지만 단어가 아닌 문장입니다. 의미를 몰라도 상관없어요. 리듬감 익히기가 우선이에요.

아이가 초등 1학년부터~초등 3학년이라면 '읽기+듣기+말하기 리듬형 영어' 수업을 추천합니다. 간단한 영어 문장(I see a cat./She likes apples.)을 매일 10분씩 큰소리로 읽고, 챈트 리듬 연습(a-e-i-o-u chant/ rhythm tapping)을 합니다. 이때 챈트와 파닉스는 리듬 중심이어야 합니다. 읽는 영어가 아닌 '느끼는 영어'로 충분해요. 여기에 간단한 문장 (I am happy./We can run.)을 따라서 쓰면서 감각화시켜줍니다. 챗GPT를 활용하면 집에서도 얼마든지 원어민을 만나게 해줄 수 있는 '엄마표 영어 수업' 팁입니다.

초등 4학년부터 6학년까지는 문장을 뜯었다가 다시 만드는 연습을 합니다. 레고블록을 조립했다가 분해했다가 다시 조립하는 것에 비유하면 될까요. 예를 들어 He was late because of the traffic. 이라는 문장이 있다면, The traffic made him late. 이 문장으로 바꿔 쓸 수 있지요. 그리고 이걸 다시 조립해서 나만의 문장을 만들어봅니다. I was also late last week because of a bus delay. 이런 식으로 말이죠.

이 훈련을 꾸준히 하면 '문맥 속 의미'를 추론하면서 자연스럽게 어휘를 확장할 수 있습니다. 하루에 딱 1문장씩이라도 '내 문장으로 재구성'하는 연습을 시켜주세요. 이렇게 매일 한 문장씩 연습하고, 주말에는 자유 주제로 영어 쓰기를 합니다. 분량은 100자이든 1200자이든 상관없어요. 쓰다 보면 자연스럽게 분량이 늘어나고, 영어 쓰기가 두렵지 않게 될 겁니다.

중학교 1학년부터는 '지문을 구조화'하는 훈련을 합니다. 앞서 말씀드린 영어권 글쓰기 교육 구조와 비슷한데요 긴 지문을 읽고 문단을 요약한 뒤에 핵심 문장을 추출합니다. 그리고 전체 흐름을 요약하는 연습(문제 → 원인 → 해결책 흐름)을 합니다. 이 정도면 TEPS 중급부터 실전까지 아우르는 독해 실력을 기르게 됩니다. 여기서 핵심은 문장을 해석하는 것이 아니라 구조로 파악한다는 것입니다. 이때부터는 매주 하나씩 특정 주제를 정해 논쟁하는 에세이(Argument Essay)를 쓰게 하고, 챗GPT에게 첨삭받는 습관을 들이면 좋습니다.

중학교 1~2학년: 지문 구조화 훈련방법

항목	예시
문단 주제 요약	Paragraph 1: The problem is… Paragraph 2: The solution is…
핵심 문장 추출	"The main reason is climate change."
전체 흐름 요약	문제 → 원인 → 해결책 흐름 정리

이제 입시 성패가 판가름 나는 중요한 시기, 중학교 3학년부터 고등학교 1학년까지입니다. 제가 '입시 만렙 공식'이라고 이름 붙인 게 있는데요. 초등 고학년 시절부터 기른 문해력과 표현력이 시너지를 내면서 학종과 수능과 자소서를 한큐에 커버할 수 있는 훈련입니다. 먼저 주제문을 쓰고, 주장과 근거를 쓰고, 요약 발표 문장을 만드는 것

인데요. 이 습관을 들이면 수능 실전 지문을 커버하고 TEPS 고득점을 노릴 수 있습니다. 글을 요약해 보고, 우리가 뉴스에서 공부해둔 시사 주제의 글쓰기를 병행하되, 당연히 오답은 복기하는 연습을 합니다. 이게 문해력으로 사고력을 키우고 표현력으로 연결하는 훈련입니다.

중학교 3학년~고등학교 1학년: 다 되는 입시만렙공식

항목	예시
주제문 쓰기	The main point is that technology helps education.
주장 + 근거 쓰기	I believe this because it increases access.
요약 발표 문장	In short, online tools make learning easier.

마지막 5단계는 영어를 나를 위한 최선의 도구이자 무기로 만드는 시기입니다. 사실 상위권의 경우 고교 1학년까지 수능과 입시영어는 끝낸 친구들이 많아요. 고교 2~3학년에는 사고력을 언어로 풀어내는 최종 단계로, 영어 글쓰기가 사실상 국어 글쓰기나 마찬가지 수준이 됩니다. 오히려 국어보다 잘 쓰는 친구들도 많고요. TEPS 850점 이상 수준이 되고, 자소서를 영어로 썼다가 국문으로 번역하고, 다시 국문으로 수정한 것을 영어로 변환하는 등 국어-영어 문해력과 표현력을 갈고닦는 시기입니다. 물론 수능 실전 모의고사 문제를 꾸준히 풀면서 시험 유형에 익숙해져야 하고, 외국 대학을 염두에 둔다면 논술형 글쓰기에도 집중하는 것이 좋습니다. 핵심은 '내 생각을 영어에 담는 것'입니다.

고교 2~3학년: 수능은 거들 뿐, 영어는 무기다

항목	예시
수능 실모 복기	틀린 이유: 어휘 오해 / 논리 연결 파악 실패
자소서 문장 변환	한글: 저는 협업을 좋아합니다 → 영어: I enjoy working in teams.
주제별 글쓰기 주제	How can AI change education? (200-500 자 의견 작성)

어떠세요? 이렇게 대략적인 〈영어 완전정복 타임라인〉을 설명해 보았습니다. 물론 학부모님들은 잘 아시겠지만, 이 학년 구분은 절대적인 것이 아닙니다. 대치동 상위권 아이들은 대부분 영어를 일찍 끝내고, 다른 과목에 집중하는 경향이 있으니까요. 통상 스카이를 가기 위해 이 패스트 트랙 로드맵이 완성되어야 하는 마지막 시기는 '중학교 3학년'으로 봅니다. 다음 장에서는 '초상위권' 아이들의 영어 문해력 정복법을 조금 더 설명해 드릴게요.

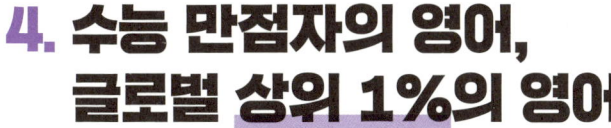

4. 수능 만점자의 영어, 글로벌 상위 1%의 영어

소통 능력까지 갖춘 인재냐, 정답만 외우는 앵무새냐

우리 아이들 앞에는 두 가지 길이 있습니다. '점수만 따는 영어'와 '글로벌 인재로 키우는 영어'인데, 같은 상위 1%라도 둘 사이는 하늘과 땅 차이에요. 무엇을 목표로 하느냐는 부모님들의 선택이지만, 학습법이 완전히 달라지기 때문에 꼭 생각해 보셔야 합니다. 단순히 영어 점수를 올리는 것과 글로벌 리더로 성장할 수 있는 영어 문해력을 키우는 것은 접근법부터가 전혀 다르기 때문입니다.

아이가 저학년이라면 당연히 후자를 염두에 두셔야겠고, 입시까지 얼마 남지 않았다면 점수 올리기에 집중해야겠죠. 하나씩 설명드려 보겠습니다. '입시형 영어'는 단기적인 점수 상승에 집중하는 학습법입니다. 문법과 독해에서 문제 풀이와 기출 문제를 반복하여, 정해진 시간 내에 답을 고르는 훈련을 하는 것이 대표적입니다. 이 방식으로 3~4년 정도 집중적인 학습을 하면 입시에서 요구하는 최상단까지 영어 점수를 올릴 수 있습니다.

반면 글로벌 리더로 성장하는 영어는 읽기와 쓰기, 말하기의 통합적 사고력을 키우는 것을 목표로 합니다. 당연히 학습법도 다른데, 6~9년 정도의 지속적인 학습과 고차원적인 사고 훈련이 필요합니다. 글로벌 인재로 성장할 수 있는 영어 문해력을 키우기 위해서는, 책을 읽고 생각을 확장하는 훈련이 이루어져야 하는데요. 이를 위해서는 아이는 물론 부모님들도 문해력을 영어 공부 목표 가장 앞단에 두는, 근본적인 사고 확장이 필요합니다.

초등 4학년, 글로벌 문해력의 시작점

영어 문해력 골든타임은 초등 4학년이 중대 분기점입니다. 영어 문해력을 기초부터 쌓을 수 있는 아주 좋은 시점이지요. 아직도 많은 영어학원과 부모님들이 점수를 따는 수박 겉핥기식의 영어 공부를 유도하지만, 진정한 영어 문해력을 키우는 길은 따로 있습니다. 단지 시험 점수에만 집중하기보다, 자기 생각을 글로 써보고, 말로 표현하는 훈련이 이루어져야 합니다. 이렇게 '말과 글로 연결하는 학습'이 진정한 글로벌 문해력의 시작입니다.

이 과정에서 영어를 '언어'로 배우는 것은 글로벌 리더로서 성장할 수 있는 기초가 됩니다. 그 토대 위에서 키운 영어 문해력은 자기 생각을 논리적으로 풀어내는 능력과 직결되며, 영어뿐 아니라 다른 과목 성과에도 영향을 미치지요. 자녀가 세계 무대에서 활동하는 글로벌 인재로 성장할 수 있는 토대를 마련해주고 싶다면 꼭 기억하세요.

영어를 단순히 〈유창한 발음으로 잘 말하는 것〉이 아니라, 〈자기 생각을 확장하고, 다른 사람과 소통할 수 있는 도구〉로 활용할 수 있도록 하는 게 중요합니다.

이런 인재들은 스카이를 넘어서는 아이들입니다. 제자 중에 조지아텍에 진학한 에드워드(20) 이야기를 하고 싶어요. 워낙 훌륭한 친구였는데, 처음에는 학원 수업방식에 적응하기 힘들어했습니다. 이전 학원에서는 리딩 지문을 주고 문제 풀이에만 급급했는데, 저희 수업 방식은 하나의 주제를 주고 읽기를 글쓰기와 말하기까지 연결해서 조별 과제를 시키는 식이거든요. 마치 대기업의 경쟁 PT나 대학 조별 과제처럼, 하나의 과제를 놓고 팀원들끼리 주고받으며 함께 만들어가는 구조죠. 그런데 이런 프로젝트 기반 수업이 에드에게는 너무나 낯설게 느껴졌던 겁니다.

앞서 아이들을 심해까지 잠수하는 프리다이버로 키운다고 비유했듯, 이런 수업은 결코 만만하지 않습니다. 아이들의 뇌가 팽팽 돌아갈 수밖에 없도록, 적당한 스트레스와 긴장감을 던져주죠. 예를 들어 이런 질문을 합니다. "여러분이 신생 도시의 시장이라면, 가장 먼저 무엇부터 만들겠어요?" 어떠세요? 어른들도 쉽게 떠올리기 어려운 질문이죠.

그런데 놀랍게도, 초등학생 아이들조차 선생님의 리드만 잘 따라가면 의외로 훌륭하게 해냅니다. 때로는 어른들이 미처 생각지 못한, 기발하고 놀라운 아이디어들이 쏟아지기도 하죠.

실제로 3년 전, 초등학교 5학년 수업에서는 도시를 처음부터 직접 설계해보는 활동으로 시작했습니다. 어떤 아이는 "이 도시는 교육지구인가요, 상업지구인가요?"라고 묻고, 또 다른 아이는 "교육도시라면 아파트와 공원이 꼭 필요하고, 학교 주변엔 방음벽이 있어야 해요"라고 이야기했습니다. 또 누군가는 학원가가 밀집되면 생길 수 있는 교통 혼잡이나 안전사고를 걱정하며, 별도의 주차 공간 확보가 필요하다는 의견을 내기도 했죠.

더 나아가 한 친구는 "도시는 공기가 나쁘니까, 공기정화기부터 만들어야 해요"라는 아이디어를 냈습니다. 그래서 어떤 조는 도심 한가운데 넓은 숲과 공원을 조성하자고 했고, 또 다른 조는 "밀폐된 우주도시"를 상상하며, 플랜테리어 효과가 있는 공기정화 시스템까지 설계했습니다. 정말 기특하지 않나요? 이처럼 하나의 주제를 가지고 며칠이고 이야기를 나누다 보면, 생각은 꼬리를 물고 확장되고, 아이들은 그 속에서 단어와 표현을 '의미 있는 맥락' 속에서 자연스럽게 익히게 됩니다. 그래서 이렇게 배운 단어는, 절대 쉽게 잊히지 않아요.

수업은 자신이 구상한 신도시를 PPT로 만들어 발표하거나, 분량이 제법 되는 에세이로 써서 소개하거나, 포스터로 그리는 등 최종 결과물을 내고서야 마침표를 찍습니다. 그야말로 '끝장'을 보는 건데요. 한 가지 주제를 이렇게 깊이깊이 들어가 보는 경험이 정말 중요합니다. 같은 시간을 투입해도 배우는 것은 100배쯤 차이가 나지요. 에드의 말을 빌면 "당시에는 왜 이렇게까지 해야 하는지 몰랐는데, 발표 자료까지 만드느라 끙끙거린 시간이 힘이 되었다는 걸 유학 가고 나서야 알았다"라고 하더라고요.

점수만 내는 영어는 '빙산의 일각'입니다. 그 아래 거대한 밑동이 있는 아이와 없는 아이는 완전히 다른 인생의 루트를 타게 되고, AI 시대에 국어 문해력이 그런 것처럼 '안드로메다급 격차'를 벌리게 될 겁니다.

과학고 가는 제자들을 보면요. 초등 시절부터 이미 전 과목이 최상위권입니다. 영어의 경우 렉사일 1200을 찍으면서, 초등학교 4학년 때 끝냈다고 생각하는 분들도 많습니다. 사실은 이게 엄청난 착각이고, 여기서부터 진짜 상위 1% 인재냐, 정답만 외우는 앵무새냐가 결정됩니다. 이때부터 영어 공부를 완전히 놓는 아이가 있고, 공부를 이어가는 아이가 있는데요. 고등학교에 가서 국어와 영어에서 실력 차이가 벌어지고, 마지막 '피니시 라인'에서 확 드러납니다.

조금 더 구체적으로 말씀드려 볼게요. 초등학교 4학년 이후, 수학과 과학에만 집중해온 학생들, 특히 영재고나 과학고처럼 특목고에 진학한 친구들도 영어 내신 문제는 어느 정도 해결해냅니다. 암기 중심의 학습법으로도 점수는 잘 나오는 편이죠. 하지만 그런 학생들조차 고등학교 수행평가에서 논술, 토론, 에세이처럼 창의적 언어 표현이 요구되는 과제 앞에서는 어려움을 겪는 경우가 많습니다. 그래서 학원이든, 과외든, 결국은 학교 밖의 선생님을 '돈과 시간으로 투입'해 만들어내는 경우가 흔합니다. 반면, 중학교 3학년까지 영어를 꾸준히 놓지 않았던 친구들은 영재고에 진학한 후에도 별도의 준비 없이도 대부분 스스로 해결해냅니다. 이것이 바로, '점수로 만든 영어'와 '진짜 실력으로 쌓은 영어'의 차이입니다.

대치동 영어 선생님인 저조차도 한동안 이 차이를 깨닫지 못했습니다. 그래서 동료 원장님들과 성공하는 아이들의 비결을 분석했죠. '결정적 차이'는 읽기와 글쓰기와 말하기를 연습할 기회가 있었느냐였습니다. 이 깨달음이 문해력 책을 쓰게 된 가장 큰 계기인데요. 한 달에 하나씩이라도 남의 글(신문이건 소설이건)을 읽었던 아이들이 한 발 앞서 가고요. 여기에 그치지 않고 요약이나 감상 등 추가 활동을 한 아이들이 몇 발 더 앞서갑니다. 바로 이 한 끗 차이가 '상위 1%'를 만들더라고요. 단순히 영어 상위 1%가 아니라, 다른 과목까지 잘하는 인재로 성장하더라고요. 그게 진정한 문해력의 힘이더라고요.

이걸 모르면 억만금이 있어도 안됩니다. 좋은 학원이나 좋은 선생님을 찾아도 안돼요. '문해력은 강남 아파트를 팔아도 기를 수 없다'는 말은 그래서 나온 겁니다. 다행스러운 점은 이 비결만 알면 엄마표 영어로도 얼마든지 최상위 문해력을 길러줄 수 있다는 겁니다. 엄마 아빠가 영어를 잘하지 못해도, 손쉽게 챗GPT의 도움을 받을 수 있으니까요. 하루 10분, 한 권의 책, 한 문장의 일기. 지금 시작하면 우리 아이는 반드시 렉사일 1000L-1200L에 도달할 수 있을 겁니다.

중요한 것은 '완벽하게 가르치는 것'이 아니라, '지속 가능한 환경'을 만드는 것이에요. '영어 환경'이란 영어를 가르치는 공간이 아니라, 영어를 쓰고 말하고 생각하게 되는 공간이라는 점을 곰곰이 생각해보세요. 우리 집 거실과 아이의 책상, 엄마의 칭찬 한 마디가 바로 그 환경이 될 수 있습니다.

해외연수 없이도 영어 문해력 완성 '엄마표 5단계 로드맵'

영어 유치원이나 해외 연수 없이도 아이의 영어 실력을 키울 수 있을까. 많은 부모님들이 고민하는 문제인데요. 자신 있게 말하지만 가능합니다. 영어는 '가르치는 것'이 아니라 '익숙해지는 것'으로부터 시작되기 때문이에요. 하루 10~20분만 투자해도 충분하고요. 단, 그 시간이 꾸준히 이어질 수 있는 구조와 전략은 필요하겠죠.

영어 문해력은 단어 암기나 문법 문제 풀이를 넘어, 영어로 정보를 이해하고 생각을 표현하는 능력이라는 것은 다들 공감이 되시죠. 독서와 듣기, 말하기, 쓰기 활동이 균형 있게 연결되는 것이 중요한 이유는 아이가 영어를 모국어처럼 받아들이기 시작해서입니다. 이렇게 만들어주려면 유아기부터 초등 고학년까지 이어지는 '5단계 영어 문해력 로드맵'이 필요합니다. 단순한 영어 노출에서 시작해, 자기표현과 비판적 사고로 확장되는 과정으로 구성했습니다. 각 단계는 연령별 발달 특성과 렉사일 지수(Lexile Index)를 기반으로 설계되었고, 하루 10~20분 투자로도 충분히 따라갈 수 있는 실천 전략이 담겨 있어요.

1단계　유아기: 영어는 재미있는 놀이

로드맵의 시작은 유아기의 '노출기'입니다. 영어의 소리나 리듬, 단어에 자연스럽게 익숙해지게 해주는 것이 핵심입니다. 단어를 외우게 하지 말고 영어를 '재미있는 놀이'로 인식시키는 것이 중요해요. 엄마 수준에서 활용할 수 있는 교재들도 많습니다. 예를 들어《Brown

Bear, Brown Bear》(AD200L), 《The Very Hungry Caterpillar》 (AD460L), 《Dear Zoo》(BR) 등은 반복 구조와 선명한 그림으로 아이의 언어 감각을 자극해 주지요. 염두에 두셔야 할 것은 이 시기의 활동은 학습보다는 '경험'에 가깝다는 겁니다. 매일 짧은 시간 동안 그림책을 반복해서 읽거나 영어 노래를 따라 부르면서, 언어에 대한 거부감을 없애는 것이 가장 중요해요.

실천 루틴도 누구나 따라할 수 있을 만큼 단순합니다. 영어 노래를 듣고, 그림책 한 권을 3일에 걸쳐 반복해서 읽으며, 색깔이나 동물 관련 플래시 카드로 단어를 익히고, "What do you see?" 같은 간단한 질문을 통해 상호작용을 만들어냅니다. 이 모든 활동은 아이가 영어를 언어로 인식하기 전에 '소리'로 받아들이게 만드는 데 효과적입니다. 무엇보다 중요한 것은 유아기 시기의 아이는 '교재 중심'보다는 '환경 중심'으로 접근해야 하며, 언어 노출을 일상 속에서 자연스럽게 이어가야 한다는 점입니다.

2단계 초등 1~2학년: 문장 구조를 익혀라

초등 1~2학년 시기에는 본격적인 문장 구조에 노출되는 2단계로 들어갑니다. '주어 + 동사 + 목적어'라는 기본 구조를 익히는 것이 목표입니다. 추천 교재인 《Oxford Reading Tree》 3~5단계(200~300L), 《Step Into Reading》 Level 1~2 (250~400L), 《Little Bear》(370L), 《Frog and Toad》(400L) 등은 문장 패턴 반복과 일상적인 상황 설정이 잘 어우러져 있습니다. 하루 1권을 소리 내어 읽고, 기억에 남는 문장을 1문장 일기로 남기는 방식을 추천드려요. 역할극이나 말풍선 만들기, "Why?" "What happened?" 같은 질문 놀이도 좋습니다.

7살 윤우의 케이스를 볼까요. 윤우는 영어 유치원을 다닌 적도 없고, 영어 단어도 몇 개밖에 몰랐지만, 매일 밤 그림책을 읽으며 짧은 문장을 반복하던 습관 덕분에 초등학교 입학 후《Little Bear》한 권을 혼자 읽을 수 있을 만큼 실력이 올랐습니다. 아이는 책에서 인형처럼 대화하는 곰 가족의 말풍선을 따라 하며, 자연스럽게 주어+동사 구조를 입에 익혔다고 합니다. 이런 식으로 문장 패턴은 억지로 외우는 게 아니라 이야기 속에서 익숙해지는 방식으로 접근해야 합니다.

3단계 초등 3~4학년: 책 속으로 풍덩 빠져보자

초등 3~4학년 3단계부터는 책의 줄거리를 요약하고 인물의 감정을 이해하는 연습을 시작합니다. 《Magic Tree House》(240~500L), 《Flat Stanley》(520L), 《Nate the Great》(490L), 《Amelia Bedelia》(460L) 같은 책은 사건 중심의 구성과 친숙한 캐릭터로 아이들의 몰입을 도와주니 활용해 볼 만합니다. 책을 다 읽은 후 세 문장으로 요약하고, "I think ~ because ~" 형식으로 자신의 생각을 말하거나 쓰는 활동이 효과적이고요. "My favorite part was…" "I didn't like when…" 같은 문장도 자주 활용할 수 있습니다.

이 단계에서는 감정을 언어로 표현하는 훈련도 중요한데요. "How did the character feel?" "What would you do if you were there?" 와 같은 질문을 해서 아이가 책 속 인물과 자신을 연결하고, 공감 능력을 키우게 도와주세요. 간단한 글쓰기 주제(예: "My favorite place is...")를 주고 자신의 경험과 감정을 문장으로 구성해 보는 연습도 병행하면 좋습니다.

4단계　초등 5~6학년: 나만의 이야기를 하고 싶어

초등 5~6학년에 해당하는 4단계는 자기표현을 확장하는 시기입니다. 《Charlotte's Web》(680L), 《Wonder》(790L), 《Because of Winn-Dixie》(610L), 《Diary of a Wimpy Kid》(950L) 같은 책을 읽고, 등장인물의 감정 변화나 갈등 구조를 정리해보도록 합니다. "Should we...?" 같은 질문으로 토론하거나, 서론-이유-결론의 5문장 구조로 에세이를 작성하는 것이 이상적이고요. 이 시기의 아이들은 슬슬 자기 생각이 뚜렷해지며, 타인의 의견과 비교하는 능력도 생기기 때문에 이런 연습이 매우 유용합니다. 발표나 토론 활동에 참여해 본인의 의견을 조직적으로 표현할 수 있는 기회를 자주 주는 것이 중요합니다.

4학년 민지는 《Wonder》를 읽고 "왜 줄리안은 그렇게 말했을까?" "나는 여기가 제일 슬펐어"라고 혼잣말처럼 영어로 이야기를 풀어냅니다. 처음에는 조용히 듣던 엄마가 어느 순간부터 "그럼 너는 어떻게 했을 것 같아?"라고 묻기 시작했고, 이 작은 대화는 자연스레 책을 읽고 생각을 나누는 일상이 되었다고 합니다. 영어가 시험 점수를 위한 기술이 아닌, 감정을 표현하는 언어로 바뀌는 순간(티핑 포인트)입니다.

> **5단계** 중 1학년: 나만의 이야기를 하고 싶어

마지막 5단계는 중1 수준의 고급 문해력 완성기로, 비판적 사고 기반의 글쓰기와 발표 능력을 기르는 단계입니다. 《Harry Potter》 시리즈(880L~1030L), 《Percy Jackson》(740L~950L), 《Holes》(660L), 《Esperanza Rising》(750L)은 복합 문장 구조와 상징, 문화적 배경을 포함하고 있어 이 시기 교재로 적합합니다. 책 리뷰를 발표하거나 "What makes a good friend?" 같은 주제로 에세이를 쓰고, because, however, for example 같은 연결어 사용 훈련이 병행되면 빠르게 실력을 향상시킬 수 있습니다.

부모는 교사가 될 필요가 없다고 말씀드렸지요? 환경을 만들고, 아이가 스스로 영어에 노출될 수 있는 습관을 돕는 것이 핵심입니다. 예를 들어 30일 영어 일기 쓰기로 쓰기 습관을 만들고, 북 리포트 양식으로 생각 정리 훈련을 반복하면 됩니다. 발표 템플릿을 활용해 말하기 구조를 익히고, 단계별 성취를 점검할 수 있는 홈체크 루브릭표, 영어 쓰기 분석용 챗GPT 프롬프트 카드 등을 병행하면 효과는 더 커집니다. 이러한 도구들은 모두 부모가 손쉽게 사용할 수 있도록 설계되어 있으며, 아이의 성취도를 시각적으로 확인할 수 있는 체크리스트는 동기 유발에도 큰 도움이 될 겁니다.

예1: 일기쓰기 양식

📖 Book Report Template

Book Title:

Author:

Lexile Level:

What is the main character?

The main character is...
First, ..
Then...
Finally...

What was your favorite part? Why?

I liked the part when... because...
I felt _____.
when.. _____.

예2: 북리포트 양식

💬 My Book Talk

Greeting & Title

Hello, everyone. Today I will talk about the book [Title].

Story Summary

This book is about...
The main character is... in the story...

My Favorite Part

I learned that... / I feel ... becaues ...

Closing

Thank you for listening!

예3: 발표 템플릿

렉사일 1000L을 위한 실천 요약표

단계	목표 렉사일	실천 활동	기준 평가
1단계	BR~200L	노래 + 그림책 반복	단어/색깔 말할 수 있음
2단계	200L~400L	일기 쓰기 시작	하루 1문장 말/쓰기 가능
3단계	400L~700L	책 요약 + 말하기	책 요약/감정 표현 가능
4단계	700L~900L	에세이 + 토론	주장/이유 쓰기 가능
5단계	1000L 이상	비판적 독해 + 발표	논리적 글쓰기 & 발표 가능

※ 렉사일(Lexile) 지수는 미국에서 널리 사용되는 영어 읽기 수준 측정 지표로, 문장 구조와 어휘의 난이도를 수치화한 것입니다. BR은 Beginning Reader(입문 단계)를 의미하고, 200L은 유아~초등 저학년, 500~700L은 초등 중·고학년, 1000L 이상은 중학생 이상의 고난도 수준에 해당합니다. 이 지수는 단순한 난이도 숫자가 아니라, 아이가 실제로 읽고 이해할 수 있는 문장의 복잡도를 반영합니다. 일반적으로는 아이의 렉사일 지수보다 약간 쉬운 책(-100L)부터 조금 어려운 책(+50L)까지를 적절한 도전 난이도로 봅니다. 이 지표를 활용하면, 아이의 현재 읽기 수준에 잘 맞는 책을 보다 과학적으로 선택할 수 있습니다. 하지만 여기서 한 가지 중요한 점이 있습니다. 아직 책을 좋아하지 않는 아이들이라면, 렉사일 수치보다 더 우선해야 할 것이 있습니다. 바로 아이가 흥미를 느끼는 주제, 자발적으로 펼치고 싶은 책입니다. 독서 습관을 잡는 초기 단계에서는, 수치에 꼭 맞는 책보다 '재미있어서 읽고 싶은 책'이 훨씬 더 중요합니다. 아이가 책을 좋아하게 만드는 것, 그게 첫 번째 과제입니다.

5. 중1때 SKY 예약하는 아이들의 4가지 공통점

공부머리(유전), 습관, 의지, 매니징(엄마표 루틴)

매일 새벽 수업을 마친 뒤에도, 선생님들과의 대화는 좀처럼 끝나지 않습니다. 차 한 잔 앞에 두고, 아이들 이야기가 끊이지 않아요. 그 중 잊히지 않는 밤이 있습니다. "도대체 SKY 가는 애들은 뭐가 달라요?" 탑티어 선생님들끼리의 끝장토론이 벌어진 날이었죠.

25년간 많은 아이들을 가르쳤습니다. 어느 새 어른이 된 제자들의 얼굴을 하나씩 떠올려봤어요. 원하는 길을 꿋꿋하게 걸어간 아이들, 도중에 멈춰 선 아이들. 그 차이를 가만히 들여다보니, 뚜렷하게 보이는 공통점이 있었습니다. 원하는 결과를 만들어낸 건 단 하나의 요소가 아니었습니다. 타고난 머리, 물론 도움이 됩니다. 하지만 그건 어디까지나 시작일 뿐이었어요. 결국 아이를 진짜로 도약하게 만든 건, 네 가지 요소가 함께 움직일 때였습니다.

공부머리, 습관, 의지, 매니징

이 중 하나라도 빠지면 성장 속도가 확연히 느려집니다. 하지만 이 네 가지가 균형 있게 작동하면, 아이는 말 그대로 '경이로운 성장 곡선'을 보여줍니다. 물론 아주 드물게, '유니콘 같은 아이'도 있습니다. 워낙 머리가 좋아서, 대치동 수업조차 필요 없는 아이들이죠. 방학 때 잠깐 나와 수업만 들어도 SKY는 충분합니다.

제가 만난 제자들 중, 그런 친구는 1년에 한 명 있을까 말까였어요. 그 아이들은 영어학원도 안 다녔습니다. 그냥 책을 읽었을 뿐이었죠. 그런데도 어느 날부터 영어로 말하고, 글을 씁니다. 책장을 스캔하듯 넘기고, 생각을 꺼내 놓습니다. 대치동 수업을 몇 년간 따라온 아이들보다 훨씬 빠릅니다. 놀랍기도 했고, 솔직히 말해 부럽기도 했습니다. 대부분의 아이들이 그런 능력을 타고나진 않으니까요.

그렇다면, 우리 아이는 어떻게 해야 할까요? 대치동 선생님들이 오래전부터 알고 있는 불문율이 하나 있습니다. "좋은 결과는 천재성 하나로 만들어지지 않는다." 진짜 중요한 건 '의지'입니다. 그리고 그 의지를 가장 잘 키울 수 있는 시기가 바로 초등 고학년입니다. 초4~6학년 사이, 영어책에 푹 빠지는 경험. 그 한 번이 아이의 공부 여정을 완전히 바꿉니다.

물론 의지는 있는데 지속력이 약한 아이들도 있습니다. 그럴 때, 부모님과 선생님이 살짝만 도와주면 돼요. 의식적인 피드백, 작지만 꾸준한 멘토링. 그것만으로도 아이는 '나도 할 수 있다'는 착각을 시작합니다. 그런데 그 착각, 꽤 강력합니다. 리딩 지수 같은 수치를 자주 알려주면, 아이는 스스로 변화하고 있다는 걸 체감합니다. 그리고 변화는 결국 결과로 이어집니다.

결국 핵심은 '읽고, 듣고, 써보는 습관', '책과 가까워지는 습관'입니다. 영어든 국어든, 결국 인풋이 없으면 아웃풋도 없습니다. 영어는 국어와 다르게 전략이 통하는 과목이에요. 국어가 기질과 감성의 영역이라면, 영어는 노출과 반복, 전략과 루틴으로 얼마든지 따라잡을 수 있는 영역입니다.

그래서 영어는 더 공정한 경쟁이 될 수 있습니다. 환경이 닿지 않으면 재능조차 드러나지 않지만, 전략적으로 시작하고 꾸준히 쌓아가면 누구든 성장합니다. 실제로 말문이 트이기 전부터 영어에 노출된 아이는 렉사일 지수 1500까지 도달하기도 하고, 초5에 처음 영어책을 펼친 아이도 루틴만 잘 잡으면 렉사일 1100까지 올라갑니다. 심지어 초3에 알파벳부터 시작한 아이가 중학교 입학 전 렉사일 1200을 찍은 사례도 있습니다. 이건 재능이 아니라, 습관과 인내의 힘입니다.

서울대 의대를 꿈꾸는 한 아이는 초3부터 지금까지 학습을 즐기며 따라오고 있어요. 의지도, 루틴도, 부모의 환경 설계도 모두 갖춘 경우죠. 같은 반에 있는 또 다른 아이는 서울대 경영대가 목표입니다. 강한 목표의식으로 스스로를 몰아붙여서, 지금은 영재고 진학이 가능한 수준까지 올라왔습니다. 이 아이들에게 보이는 공통점은 명확합니다. '읽는 습관'이 있다는 것. 영어 문해력은 누구나 발견하고 개발할 수 있는 재능입니다. 그 시작은 '읽기'이고, 그 흐름은 '습관'입니다. 신문이든 영어 원서든, 꾸준히 읽는 아이는 결국 따라잡히지 않습니다. 그리고 그 흐름을 곁에서 함께 만들어주는 존재, 그게 바로 부모와 선생님입니다.

특히 이 네 가지 요소가 조화를 이루는 구조는 매우 중요합니다. 아이가 중간에 방황하지 않고, 부모가 전략적으로 흔들리지 않게 하려면 이 네 가지가 어떤 식으로 균형을 이루는지가 관건이에요. 초상위권, 최상위권, 상위권. 이 세 그룹을 가르는 것도 결국 이 네 가지의 균형입니다. 초상위권, 특히 1등급 상위권 아이들은 공부머리의 힘이 큽니다. 이들은 대치동 수업 없이도 원하는 대학에 갑니다. 다만 자기주도성과 향학심, 지속성을 끝까지 유지해야 SKY 안정권에 진입할 수 있죠. 이런 유니콘 같은 아이들은 대치동에서도 100명 중 1명꼴로 드뭅니다. 그 아이들이 잘하는 이유요? 결국 문해력, 독서력입니다. 영어학원 한 번 안 다니고도, 책만 읽고도 잘합니다. 루틴을 몇 년 따라온 친구들보다 낫습니다.

만약 우리 아이가 유니콘이 아니라면요? 정답은 대치동이 오랫동안 지켜온 원칙에 있습니다. "좋은 결과는 천재성 하나로 만들어지지 않는다." 의지가 없는 아이는 지도하기 가장 어렵습니다. 대부분 어려서 책을 읽지 않았던 경우가 많아요. 초등 고학년 때 영어책에 흠뻑 빠져보는 경험, 그것만으로도 돈과 시간, 노력을 훨씬 절약할 수 있습니다. 의지는 있는데 지속력이 떨어지는 아이도 있죠. 그럴 땐 부모님이 의식적으로 피드백을 주세요. 아이에게 공부머리가 있는 것처럼 '착각하게' 만들어주는 것도 전략입니다. 그래서 리딩 지수를 강조하는 겁니다. 수치로 피드백을 자주 주면, 아이는 동기부여를 받고, 결과도 달라집니다.

계속 강조하지만 결론은 간단합니다. 읽는 습관이 있는 아이가 결국 살아남습니다. 국어든 영어든 핵심은 결국 인풋입니다. 영어는 환경이 중요합니다. 신문을 읽는 모습을 어릴 때부터 보여주셨던 국어와 마찬가지로, 영어도 일상에 자연스럽게 노출시켜 주세요. 핑크퐁, EBS 영어, 아이가 좋아하는 콘텐츠면 됩니다. 만화책도 좋아요. 중요한 건 아이가 재밌어야 한다는 것입니다. 부모가 아니라.

이때 기른 문장 해석력만으로도, 대치동 선생님들은 수준 이상으로 끌어올릴 수 있습니다. 아이가 보고 싶은 책을 존중해 주세요. 골라주려 하지 마시고요. 균형 잡힌 독서는 그 다음입니다. 이건 학원에서 얼마든지 커버 가능합니다. 다시 한 번 강조하지만 영어 문해력은 국어와 다릅니다. 타고난 기질이 아니라, 누구나 '발견'하고 '개발'할 수 있는 재능이에요. 말문이 트일 무렵 이미 기질이 갈리는 한글 문해력과는 본질이 다릅니다.

그래서 영어 문해력은 더 공정합니다. 조금만 더 구체적으로 설명드릴게요. 영어 문해력은 단순한 단어 암기나 문법 학습이 아닙니다. 글을 읽고 → 해석하고 → 연결하고 → 재구성해 → 자기 생각을 표현하는 능력입니다. 우리 환경 속에서 자연스러운 노출이 어렵기 때문에, 재능의 유무조차 부모나 선생님의 개입 없이는 드러나지 않습니다. 하지만 그렇기 때문에 영어는 더 공정한 과목입니다. 일찍 시작하면 이깁니다. 전략적으로 반복하면 반드시 성장합니다. 아래는 실제 대치동 학원에서 관찰된 사례들입니다. 영어 문해력이 '발견되고 개발된' 흔적이죠.

- 학생 A: 말문이 트이기 전부터 영어 환경에 노출. 렉사일 1500 도달.
  → 조기 노출과 타고난 재능의 시너지가 만든 성과.
- 학생 B: 초5에 영어 첫 시작. 전략적 루틴으로 렉사일 1100 도달.
  → 시스템과 노력이 만든 결과.
- 학생 C: 초3에 알파벳부터 시작. 꾸준한 반복으로 중학교 입학 전 렉사일 1200 기록.
  → 의지와 습관이 만든 성장.
- 학생 D: 서울대 의대 목표. 초3부터 현재까지 학습을 즐기며 지속 중.
  → 네 가지 요소가 균형 있게 작동한 케이스.
- 학생 E: 서울대 경영 목표. 명확한 목표의식과 자가 설계로 실력 급상승.
  → 집중 투자로 영재고 진학이 가능한 수준까지 도달.

결국 핵심은 하나로 귀결됩니다.

영어 문해력은 누구나 키울 수 있습니다. 그 시작은 '읽기'이고, 그 흐름은 '습관'입니다.

그리고 그 흐름을 곁에서 함께 만들어주는 존재, 그게 바로 부모와 선생님입니다.

꿀팁

SKY 진학을 결정짓는 4가지 요소

중학교 1학년을 골든타임으로 보는 것은 부모가 개입할 수 있는, 다시 말해 아이가 부모의 말을 듣는 마지노선이기 때문입니다. 타고난 재능이 있고, 부모가 중등 입학 전까지 습관을 잡아준 아이들은 사춘기가 와도 '공부에 대한 양심'이 생겨서 묵묵히 공부하면서 최상위권을 유지하는 모습을 자주 보여주었습니다. 공부에 대한 양심이란, 학원을 빠지거나 과제를 안 하면 스스로가 찜찜해서 마음이 불편한 상황을 말합니다.

영어는 모국어처럼 습득되지 않기 때문에, 우리가 의도적으로 설계하고 노출시켜야만 시작되는 과목입니다. 한 번 구조를 만들어두면 재능이 있든 없든, 누구나 꾸준한 훈련과 전략으로 충분히 성장할 수 있는 과목이기도 합니다. 이 능력이 길러지면, 영어 점수뿐 아니라 전 과목 독해력, 추론력, 사고력까지 함께 올라갑니다. 빨리 시작할수록 좋고, 꾸준히 노출시킬수록 반드시 성장합니다.

1) 공부 재능 - 바꿀 수 없는 고정값

메타인지, 논리력, 패턴 인식 등은 타고나는 경우가 많습니다. 사실상 이 재능은 바꿀 수 없고, 부모나 교육이 개입하기 어려운 고정값이라고 봐야 합니다. 부모님들이 초등 저학년 전에 이 부분만 냉철하게 깨닫는다면, 이후 전략은 훨씬 쉬워집니다. 1번을 포기하고 나머지 요소 중 2개만 잡아도 스카이로 가는 열차에 오를 수 있기 때문입니다. 끝까지 이걸 인정 못 하는 부모님들이 많은데, 입시에서 백전백패하는 지름길입니다.

2) 부모의 환경 설계 - 가장 강력한 개입 가능 시점

공부하는 구조를 만들어주는 부모의 '매니저링' 역할은 초3부터 시작해, 늦어도 초5 여름방학이 마지노선입니다. 이 시기를 놓치면 개입 효과는 급격히 줄어듭니다. 공부 환경과 시간 관리, 감정적 안정과 정보 제공 등 부모가 할 수 있는 '학습 설계'는 이 시기에 가장 강력하게 작동합니다. 아이가 타고난 성향에 따라 조금 다를 수는 있지만, 대부분 사춘기라는 거대한 괴물 앞에서는 딴 사람이 되어버리기 때문입니다.

3) 습관의 패턴화 - 타고난 재능을 대체하는 구조

타고난 재능과 부모의 조기 개입이라는 기차가 이미 떠났다면, 우리는 '학습 습관'이라는 가장 현실적이고 강력한 엔진을 작동시켜야 합니다. 대치동이 잘하는 게 바로 이 부분이고요. 대치동에 와서 성공하는 케이스가 이걸 잘 따라오는 아이들입니다. 초등 4학년부터 중1 사이에 제대로 된 학습 습관을 만든 학생은 공부가 '하기 싫은 일'이 아니라 '안 하면 찜찜한 일'이 됩니다. 그 순간, 공부는 의지가 아니라 루틴이 됩니다.

4) 의지와 마인드셋 - 성장의 회복력

공부에 대한 '양심' 같은 내면의 동력은 바로 의지와 마인드셋에서 나옵니다. 슬럼프가 와도 무너지지 않고, 실패를 분석하고 재기할 수 있는 힘을 길러주지요. 바로 이 회복탄력성이 공부력을 넘어 삶의 핵심 자산이 됩니다. 부모님과 선생님의 꾸준한 격려가 중요하고요. 아이에게 '나를 이해해 주는 누군가가 있다는 것'을 상기시키세요. 부모님도 선생님도 통하지 않는다면, 주변에 다른 의지할 만한 어른을 소개해 주는 것도 방법입니다.

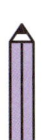

6. 진짜 유창성은 생각의 힘: 영어 문해력의 본질

발음보다 중요한 건 '사고의 유창성'입니다

부모님들이 자녀의 영어 실력을 자랑스러워하는 순간이 있습니다. 외국인을 만나도 주눅 들지 않고 대화하는 모습, 원어민처럼 자연스럽게 말하는 발음. 초등 저학년 시기라면 그 모습이 더없이 대견하고 흐뭇하지요. 그래서 많은 부모님들이 말하기 유창성에 집중합니다. 원어민 회화 수업, 전화영어, 1:1 말하기 과외 등에도 아낌없이 투자합니다. '우리 아이, 영어 참 잘해요'라는 말에 담긴 자부심, 저희도 너무나 잘 알고 있습니다.

하지만요, 정작 중요한 건 거기서 한 발 더 나아가야 한다는 사실입니다. 유창한 발음이나 자연스러운 회화보다 훨씬 더 중요한 능력은 바로, 생각을 유창하게 표현하는 힘입니다. 이건 단순히 많이 듣고, 많이 말한다고 생기지 않습니다. 발음이나 말하기 중심 교육만으로는 절대로 키울 수 없는 힘이지요. 글로벌 시대에 필요한 인재가 되려면 결국 자기 생각을 조리 있게, 논리적으로 말하고 글로 풀어내는 능력이 필요합니다. 이건 모든 국제학교 커리큘럼이 강조하고 있는 기본기이자, 유학 경험이 있는 학생들이 가장 많이 이야기하는 차이이기도 합니다.

영어는 아이들이 가장 먼저 시작하는 과목입니다. 그런데 가장 오래 헤매기도 하는 과목이기도 합니다. 그 이유는 단순합니다. 양적으로는 충분히 채웠지만, 질적으로 연결되지 않았기 때문입니다. 열심히 외운 단어와 문법이 '지식'이 되지 못하고, 그저 '정보'로만 머물러 있는 거죠. 결국 지금 우리 아이들에게 가장 필요한 건 문해력을 기반으로 한 사고력 훈련입니다. 읽은 것을 곱씹고, 자기 말로 정리하고, 생각을 문장으로 풀어내는 그 과정이 빠졌기 때문입니다.

어떤 부모님들은 이렇게 말씀하기도 합니다. "시험 준비도 벅찬데, 언제 문해력까지 챙겨요?" 그런데 실제로 해보면 시간 투입이 그리 크지 않습니다. 몇 시간을 책상 앞에 앉아 있어도, 머릿속이 비어 있다면 아무 소용 없습니다. 읽고, 듣는 인풋은 누구나 합니다. 그 재료를 사고의 도구로 삼고, 글과 말이라는 아웃풋으로 내보내는 연습만 추가하면 됩니다. 물론 그 과정이 쉽지는 않습니다. 하지만 바로 그 쉽지 않은 시간이, 아이가 '진짜 유창해지는 힘'을 만드는 순간입니다.

부모님들이 자주 실수하는 부분도 있습니다. 아이가 매번 새로운 주제로 새로운 얘기를 하면 뿌듯해하죠. 하지만 그 기대 때문에 아이에게 하나의 주제를 '깊이 들여다보는 경험'을 주지 못할 때가 많습니다. 겉만 핥는 공부는 에너지로 전환되지 않습니다. 아무리 좋은 음식도 소화되지 않으면 무용지물인 것처럼요. 정보가 소화되어 지식이 되고, 사고의 결과물이 될 수 있으려면 아이들이 그 안에서 사색하고 연결하고 정리하는 시간이 반드시 필요합니다.

이때 중요한 역할을 해야 하는 존재가 바로 부모님과 선생님입니다. 아이가 스스로 사고를 확장할 수 있도록 도와주는 '가이드'가 꼭 필요합니다. 크라센의 I+1 이론이나 비고츠키의 근접발달영역처럼, 조금 앞선 자극이 있어야 아이가 도약할 수 있거든요. 학원을 활용하는 장점도 여기에 있습니다. 실력과 관심이 비슷한 또래들과 함께 사고하고 표현해보는 기회, 그게 무엇보다 중요합니다. 아이들은 또래와의 대화 속에서 자신만의 언어를 만들어갑니다. 읽고 생각한 걸 말하고, 다시 글로 옮기고, 스스로 읽어보는 과정. 이 일련의 루틴이 아이를 성장시킵니다.

상위 1% 아이들은 책을 읽을 때에도 저자 입장에서 사고하는 연습이 되어 있습니다. 나아가 그 글을 자기 시선에서 재해석해 제2의 저작물을 만들 수 있는 힘까지 갖고 있지요. 그래서 영어 문해력을 기르기 위한 수업 설계는 반드시 읽기에서 그치지 말고, 쓰기와 말하기까지 확장되어야 합니다. 이때 가장 중요한 키워드는 바로 3 DEEP SYSTEM입니다. '깊게 읽고, 깊이 사고하고, 깊이 표현해보는' 이 세 가지 훈련이, 아이의 영어를 단순한 언어 학습이 아닌, 생각하는 힘을 기르는 공부로 바꿔줍니다.

헬스에서 '3대 500'이라는 용어가 있지요. 근육을 키우기 위한 핵심 운동을 모두 합친 총합 무게입니다. 3 DEEP SYSTEM도 영어 학습의 근육량을 늘리는 방식과 같습니다. 대신 이건 아이 스스로 해야 합니다. 아무리 부모가 도와주고 싶어도 대신 해줄 수 없는 영역입니다. 문제는 많은 부모님들이 자녀의 '진짜 실력'을 착각한다는 겁니다. 영어는 초등 때 끝냈다고 생각했는데, 고등학교 들어가서 갑자기 기초부터 다시 해야 하는 경우가 생깁니다.

뉴스와 에세이, 스피치 키우는 사고력

실제로 초등 6학년인데 렉사일 지수 1300을 찍은 학생이 있었습니다. 발음도 좋고, 리스닝도 탁월했습니다. 그런데 글쓰기 테스트를 해보니, 초등 2학년 수준이라는 결과가 나왔어요. 어머님도 충격을 받으셨지요. 이런 학생들은 수능형 문제에는 강하겠지만, 내신 서술형이나 에세이, 논술에서는 약할 수밖에 없습니다. 중1 전에 이 문제를 발견하고 잡아주지 않으면, 나중에 SKY에 가기 위해 훨씬 많은 시간과 자원을 들여야 할지도 모릅니다.

다행히도 이런 경우엔 좋은 선생님과 학원 루틴이 개입하면 빠르게 회복됩니다. 잘 따라오면 6개월 만에 눈에 띄게 달라지기도 합니다. 그래서 초등 시기야말로 전략적으로 움직여야 한다는 겁니다. 저희가 이 책에서 제안하는 방법도 복잡하지 않습니다. 영어 뉴스를 읽고, 사고하고, 자기 의견을 말하거나 글로 정리해보는 습관. 어렵지 않지만 효과는 강력합니다. 영어 뉴스는 분량도 짧고, 내용이 생생하며, 무엇보다 다양한 주제가 있어 아이의 관심을 이끌기 좋습니다.

영미권에서 선호하는 에세이 형식 글쓰기를 연습하기에도 뉴스만큼 좋은 소재는 없습니다. 해리포터 같은 문학 작품은 찬반이 나뉘지 않지만, 뉴스는 다릅니다. 한 가지 주제에 대해 찬성과 반대의 입장을 명확히 가를 수 있습니다. 집에서 함께 해보시려면 의도적으로 의견이 갈리는 뉴스를 고르세요. 예를 들어 "트럼프의 관세정책에 찬성하는가?" "기후변화를 막기 위해 성장을 포기할 수 있는가?" 같은 이슈를 던져 보세요. 진짜 상위 1% 아이들이라면 찬반 양쪽 입장에서 에세이를 각각 쓸 수 있어야 합니다. 내 생각이 무엇이든, 반대 입장의 논리를 사고할 수 있어야 합니다. 그게 진짜 '생각의 힘'입니다.

좀 더 어렵게 말하면, 상자 안에 있으면서도 상자 밖을 보는 사고. 메타인지의 출발점이지요. 물론 역사에 가정은 없습니다. 하지만 자연재해나 사고 뉴스 등을 보며 "어떻게 했으면 막을 수 있었을까?" 하고 질문해보는 것도 중요한 훈련입니다. 실제로 영미권 학생들이 잘하는 건 이런 스피치입니다. 그래서 글로벌 무대에서 활동할 아이들이라면, 어릴 때부터 이런 훈련을 자연스럽게 받아야 합니다.

저희 학원 아이들도 주요 스피치 대회에 계속 참가하고 있습니다. 세계지식포럼 같은 글로벌 행사에 초청받아, 통역 없이 강연을 듣고 영어로 질문하는 경험. 이건 평생 가는 자신감을 심어줍니다. "질문 있는 사람?" 했을 때, 당당히 손을 들어 영어로 질문하는 아이. 그 한 번의 경험이 이후 모든 도전에 발판이 됩니다.

엄마표 영어로도 충분히 가능합니다. 트럼프나 오바마가 되어 직접 연설해보는 거예요. 대통령 연설문은 구하기도 쉽고, 당대의 이슈와 해법이 담긴 정제된 현대 영어의 좋은 모델입니다. 너무 길고 어렵게 느껴진다면, 걱정하지 마세요. 요즘은 챗GPT가 있으니까요. "초등학생 수준으로 쉽게 요약해줘"라고 부탁하면, 얼마든지 우리 아이에게 맞는 형태로 바꿔줄 수 있습니다. 중요한 건 그 문장을 아이의 언어로 바꿔 말해보는 연습을 시작하는 거예요.

유창한 발음보다 더 중요한 것, 그것은 '생각의 유창성'입니다. 아이의 사고가 넓어지고 깊어질 때, 영어는 비로소 진짜 언어가 됩니다. 한 문장이라도 자기 생각을 담아 말해보는 그 순간부터, 아이의 영어는 완전히 달라지기 시작합니다.

리딩 지수가 멈춘 것처럼 보여도

부모님들이 놓치기 쉬운 핵심 하나 더. "우리 아이 리딩 지수는 왜 그대로일까요?"

실제로 상담 중 가장 자주 듣는 질문이어서 이 부분은 꼭 짚고 넘어가려 합니다.

많은 부모님들은 책을 꾸준히 읽히면 지수도 자연스럽게 올라갈 거라 기대합니다. 하지만 리딩 지수는 그런 식으로 매일같이 오르지 않습니다. 영어는 본질적으로 '계단식 구조'를 가진 언어입니다. 일정 기간, 아무 변화가 없는 것처럼 보일 수 있습니다. 그러나 그 정체처럼 보이는 시기 속에서, 아이의 언어 체계는 조용히, 그러나 분

명히 정리되고 축적되고 있습니다.

    그리고 어느 순간, 단계적 발전을 뛰어넘는 도약이 찾아옵니다. '다음 단계'가 아니라, 두세 단계를 훌쩍 건너뛴 듯한 성장. 부모가 체감하지 못하는 사이, 아이의 언어 인지 구조는 이미 다른 차원에 접속해 있기도 합니다. 겉으로 보이는 수치보다 중요한 건, 아이 안에서 일어나는 이해의 흐름, 사고의 연결, 조용한 구조화 과정입니다. 그 보이지 않는 곡선을 믿고 기다려주는 일. 그것이 진짜 독서력의 시작입니다.

3 DEEP SYSTEM, 깊이 읽고 사고하고 표현하는 힘

1) 깊이 읽기: 대답하는 아이가 아니라, 질문을 던지는 아이로

요즘 아이들에게 A4 한 장 분량의 텍스트를 읽히고 육하원칙 질문을 던지면, 대부분 말문이 막힙니다. 문장은 읽었지만, 생각은 따라오지 못한 거죠. 단편적이고 얕은 독해 습관이 반복된 결과입니다. 그래서 필요한 것이 '깊이 읽기'입니다. 글을 쓱 훑는 것이 아니라, 질문을 품고 들어가는 읽기. 아이가 "왜 이런 일이 일어났지?", "이 사람은 왜 이렇게 반응했을까?", "내가 작가였다면 어떻게 풀어갔을까?" 같은 질문을 스스로 만들어낼 수 있어야 합니다.

이른바 소크라테스식 문답입니다. 생각이 이어지고, 조건을 바꾸며 상황을 재구성해 보는 힘. 그 과정에서 아이는 단순히 '답하는 아이'를 넘어서, 스스로 '질문을 던질 줄 아는 아이'로 성장합니다.

2) 깊이 사고하기: 문제에 '정답'은 없지만, '해답'은 있다

아이들이 실생활 이슈나 뉴스 속 사안을 만나면, 그걸 자기 경험이나 기

존 지식과 연결해보는 사고 훈련이 필요합니다. 예컨대 "AI로 직원 수를 줄이는 게 과연 옳은 일일까?" 같은 질문을 던져보는 거죠. 경영자의 입장에서는 합리적인 판단일 수 있고, 사회 구성원의 시선에서는 부작용이 클 수 있습니다. 어떤 관점에서 접근하느냐에 따라, 사고의 깊이는 달라집니다.

여기서 중요한 건, 정답을 맞히는 게 아닙니다. 자신만의 '해답'을 찾아가는 과정입니다. 해답은 아이의 사고 근육을 키우는 최고의 훈련입니다. 논리적 사고, 입체적 사고, 비판적 사고가 동시에 작동하는 순간이기도 하지요.

3) 깊이 표현해보기: 너의 언어로, 너만의 방식으로

이제 마지막 단계입니다. 읽고, 생각한 내용을 '내 언어'로 꺼내보는 훈련. 바로 '깊이 표현해보기'입니다. 한두 장짜리 글을 써서 발표해 보거나, 블로그에 올려보거나, 가족 앞에서 발표해보는 것도 좋습니다. PPT를 만들거나, 직접 뉴스 앵커처럼 브리핑해보는 아이들도 있지요.

이 과정은 단순히 말 잘하는 아이를 만드는 게 아닙니다. "나는 왜 이렇게 생각하는가?", "다른 친구들은 어떤 입장일까?", "내가 틀렸다면 그 이유는 뭘까?"를 고민하게 만드는 겁니다.

'표현'은 생각의 거울입니다. 자기 생각을 구조화해 내보내는 훈련을 통해, 아이는 자기 안에 있는 언어와 사고를 더 정교하게 다듬게 됩니다.

'깊이 읽고, 깊이 사고하고, 깊이 표현하는 3 DEEP SYSTEM 훈련'은 단지 영어 실력을 높이기 위한 기술이 아닙니다. 아이 스스로 세상과 연결되는 방식이며, 자신을 표현하는 가장 본질적인 연습입니다. 결국, 문해력은 말과 글을 통해 '생각을 전달할 수 있는 사람'으로 아이를 성장시킵니다. 이런 아이는 어떤 시험 앞에서도, 어떤 무대 위에서도 쉽게 흔들리지 않습니다.

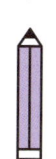

7. 영어 너머 원더랜드 뉴스센스가 답이다 ①

트럼프 대통령과 오바마 전 대통령의 취임사 비교

영자신문을 활용한 학습은 단순히 '읽는 것'에서 끝나지 않습니다. 뉴스에는 '지금'과 '세계'와 '동시대 사람'들이 담겨 있잖아요. 아이들의 세계관을 확장해 주고, 상자 밖의 세상을 보여주고, 지금 일어나는 현상을 이해할 수 있는 단초를 제공해 줍니다. 앞에서 지도를 보면 내가 있는 위치를 알 수 있고, 내비게이션을 따라가면 아주 먼 길도 갈 만하다고 말씀드렸듯이요. 그래서 저는 영어를 가르칠 때 '영어 너머 원더랜드'로 가는 길을 알려준다고 강조합니다. 대치동의 수많은 영어 학원 중에서도 일찌감치 '문해력'으로 특화한 것은 이런 교육철학 때문이었습니다.

작년과 올해를 통틀어 가장 중요한 영어 문서가 뭘까 고민하다가, 도널드 트럼프 대통령의 취임사를 교육자료로 활용해보기로 했습니다. 대치동 학원에서 먼저 가르쳐본 결과, 학생과 학부모님들은 물론 동료 선생님들의 반응도 매우 좋았습니다. 내친 김에 명문(名文)

으로 꼽히는 버락 오바마 전 대통령의 취임사도 교재로 만들어보았습니다. 최상위권 학생이라면 두 개의 취임사를 비교 분석해 보고, 그때와 지금의 미국 정책 차이를 에세이로 써보는 것도 좋은 훈련이 될 겁니다.

사실 트럼프 대통령의 어휘력이 훌륭하다고 볼 수는 없습니다. 미국 모 잡지에서 "트럼프의 어휘력은 만 8세(초등 3학년) 수준"이라고 보도했을 정도죠. 자주 쓰는 단어로는 'great' 'huge' 'very big'처럼 단순한 어휘들이 많은데, 트럼프 대통령이 가장 좋아하는 단어는 'beautiful'이라고 합니다. 거의 매일 입에 달고 산다고 해도 과언이 아닌데요. 올해 취임 이후에도 감세 정책은 "뷰티플 텍스컷"이라고 했고, 전 세계를 뒤흔든 상호 관세 정책을 발표하면서도 "리얼리 뷰티플"이라고 썼죠. 7월에 통과한 핵심 공약을 담은 법안 이름도 '하나의 크고 아름다운 법안'(One Big Beautiful Bill Act·OBBBA)이었고요.

똑똑한 사업가인 그의 어휘가 원래 이렇게 단순한 것인지, 대중을 향한 고도의 노림수인지는 모르겠지만 '스피치의 전설'로 꼽히는 오바마 전 대통령과 여러모로 비교되긴 합니다. 물론 취임사는 평소 트럼프 대통령의 화법과는 다릅니다. 그는 미국 47대 대통령으로 취임하면서 약 2시간 30분간 취임 연설을 했는데요. 이는 작금의 국제 정세를 이해하고 글로벌 관점을 확장하는 데 중요한 통찰을 제공합니다. 미국의 외교 정책, 국제 무역, 글로벌 기업과의 관계 등 다양한 분야를 포괄하며, 세계 경제에 영향을 미치는 미국 정책의 방향을 파악하는 데에도 도움이 되죠.

실생활 영어로도 유용한데 미국 현재 통용 표준 영어(SAE: Standard American English)의 표현 방식과 국제 외교와 경제 이슈에 대한 이해를 동시에 키울 수 있는 좋은 자료입니다. 단계별(기초-심화-적용)로 어떻게 공부할지 조금 설명드려볼게요. 미국 대통령 취임사를 활용한 학습지 전문은 따로 '대치동 상위 1% 문해력' 네이버 블로그에 올려드리겠습니다. 제가 신나서 만들다 보니 분량이 많이 늘었는데, 원하는 부분만 골라서 연습하면 됩니다.

2시간 30분짜리 연설이다 보니 취임사 분량도 방대한데요. 꼭 취임사가 아니더라도, 아이의 롤 모델이 될 만한 분들의 졸업 연설도 있고, 하버드나 스탠퍼드대 초청 강연도 있을 겁니다. 원하는 영어 문서를 교육자료로 쓸 때에는 챗GPT에게 요약해달라고 하면 편리합니다. 제가 명령을 내렸더니, 챗GPT가 다음과 같이 해왔더라고요. 한 번 읽어보세요. 어렵지 않습니다. 아이가 어려워한다면, 더 쉬운 단어로 바꿔달라고 하면 되지요.

NEWS × + ChatGPT를 활용한 트럼프 연설문 중요 내용 요약

Inaugural Address
by President Donald Trump

Thank you very much, everybody. Thank you very, very much. Vice President Vance, Speaker Johnson, Senator Thune, Chief Justice Roberts, justices of the United States Supreme Court, President Clinton, President Bush, President Obama, President Biden, Vice President Harris, and my fellow citizens.

The Golden Age of America begins right now. From this day forward, our country will flourish and be respected again all over the world. We will be the envy of every nation, and we will not allow ourselves to be taken advantage of any longer during every single day of the Trump administration. I will, very simply, put America first.

We have a government that has given unlimited funding to the defense of foreign borders but refuses to defend American borders, or, more importantly, its own people. Our country can no longer deliver basic services in times of emergency, as recently shown by the wonderful people of North Carolina being treated so badly and other states who are still suffering from a hurricane that took place many months ago.

My recent election is a mandate to completely and totally reverse a horrible betrayal and all of these many betrayals that have taken place and to give the people back their faith, their wealth, their democracy, and indeed, their freedom. From this moment on, America's decline is over.

Under the orders I sign today, we will also be designating the cartels as foreign terrorist organizations. And by invoking the Alien Enemies Act of 1798, I will direct our government to use the full and immense power of federal and state law enforcement to eliminate the presence of all foreign gangs and criminal networks bringing devastating crime to U.S. soil, including our cities and inner cities.

As commander in chief, I have no higher responsibility than to defend our country from threats and invasions, and that is exactly what I am going to do. We will do it at a level that nobody has ever seen before.

We will drill, baby, drill. America will be a manufacturing nation once again, and we have something that no other manufacturing nation will ever have: the largest amount of oil and gas of any country on Earth. And we are going to use it. We will bring prices down, fill our strategic reserves up again, right to the top, and export American energy all over the world. We will be a rich nation again, and it is that liquid gold under our feet that will help to do it.

Instead of taxing our citizens to enrich other countries, we will tariff and tax foreign countries to enrich our citizens. For this purpose, we are establishing the External Revenue Service to collect all tariffs, duties and revenues. It will be massive amounts of money pouring into our treasury coming from foreign sources.

Like in 2017, we will again build the strongest military the world has ever seen. We will measure our success, not only by the battles we win, but also by the wars that we end, and perhaps most importantly, the wars we never get into. My proudest legacy will be that of a peacemaker and unifier. That's what I want to be, a peacemaker and a unifier.

America will reclaim its rightful place as the greatest, most powerful, most respected nation on earth, inspiring the awe and admiration of the entire world. Above all, my message to Americans today is that it is time for us to once again act with courage, vigor and the vitality of history's greatest civilization. So as we liberate our nation, we will lead it to new heights of victory and success.

The United States will once again consider itself a growing nation, one that increases our wealth, expands our territory, builds our cities, raises our expectations, and carries our flag into new and beautiful horizons. And we will pursue our manifest destiny into the stars, launching American astronauts to plant the stars and stripes on the planet Mars.

We are one people, one family and one glorious nation under God. So to every parent who dreams for their child and every child who dreams for their future, I am with you. I will fight for you, and I will win for you. We are going to win like never before.

Thank you. In recent years, our nation has suffered greatly, but we are going to bring it back and make it great again, greater than ever before. We will be a nation like no other, full of compassion, courage and exceptionalism.

From this day on, the United States of America will be a free, sovereign and independent nation. We will stand bravely. We will live proudly. We will dream boldly, and nothing will stand in our way. Because we are Americans, the future is ours, and our Golden Age has just begun. Thank you. God bless America. Thank you all.

> **수업 방법**
>
> 대통령 연설문 수업에서는, 단순히 내용을 이해하는 데 그치지 않고, 연설문의 전반적인 구조(예: 인사말, 핵심 메시지, 결론 등)와 표현 기법을 함께 살펴보는 것이 중요합니다. 특히 각 문단이 강조하는 주제별 정책을 파악하고, 그에 사용된 설득적 표현이나 수사 기법을 분석함으로써 학생들의 비판적 사고력과 내용 이해(comprehension)를 효과적으로 향상시킬 수 있습니다.
>
> **수업 목표**
>
> - 미국에서 현재 통용되는 표준 영어(SAE)와 표현을 배운다
> - 취임사 분석: 주제와 정책을 이해한다
> - 심화 질문으로 요약하고 깊이 생각한다

미국 현재 통용 표준 영어(SAE)와 Expression 배우기

트럼프 대통령의 취임 연설은 '미국에서 현재 통용되는 표준 영어(SAE)'를 이해하고 실제 사용 예시를 따라 하면서 표현력을 키우는 데 매우 유용합니다. 정확한 문법과 어휘를 습득할 수 있고, 전문적인 어휘와 설득력 있는 표현들도 자연스럽게 익힐 수 있습니다. 또한, 연설 속에 사용된 다양한 수사법과 감정적 설득 표현을 통해 말의 힘과 전달 효과를 배우는 동시에, 정책 관련 용어와 정치적 표현에 대한 이해도 넓힐 수 있습니다. 미래 지향적이고 비전을 제시하며, 영감을 주는 문장들이 많은 것도 특징인데요. 자연스럽게 '리더십 언어'의 본질을 경험하며 고급 영어 표현 능력을 강화할 수 있겠죠. 살짝 몇 가지 예를 볼까요.

✛ **Strong & Persuasive Phrases** (강력하고 설득력 있는 표현)

- We will not allow ourselves to be taken advantage of
  (미국은) 더 이상 이용당하지 않을 것입니다.

• Strong & Persuasive Phrase 표현 분석
  - "우리(We)"라는 집단적 주체성 + 단호한 부정(will not allow) + 주체적 결단(ourselves) + 피해 극복 메시지 + 반복적 리듬"이 결합되어 군중 앞에서 특히 강력하고 설득력 있는(Strong & Persuasive) 구호형 문상

✛ **Rhetorical & Emotional Appeals** (수사적 표현과 감정적 호소)

- The Golden Age of America begins right now
  미국의 황금기가 지금 이 순간 시작됩니다.

- The future is ours, and our Golden Age has just begun
  미래는 우리 것이며, 우리의 황금기는 이제 막 시작되었습니다.

• Rhetorical & Emotional Appeals 표현 분석
  - 수사적표현: 단순히 "good times" 대신 "golden(부와 번영, 가치, 긍정성 의미) age"라고 말함으로써 훨씬 강한 "상징성" 부여
  - 감정적 호소: "The future is ours" → 청중에게 소유 의식(ownership)과 집단적 자부심을 부여

✛ **Policy & Political Expressions** (정책 및 정치 관련 표현)

- I will sign a series of historic executive orders

나는 역사적인 행정 명령들을 연달아 서명할 것입니다.
- We will restore the integrity, competency, and loyalty of America's government

   미국 정부의 청렴성, 능력, 충성심을 회복하겠습니다.
- the American government

   전형적이고 무난한 표현. 공식 문서·언론에서 자주 사용됨.
- America's government

   의미는 같지만, 좀 더 간결하고, 연설체·수사적인 느낌이 강함.
   "우리나라의 정부"라는 식으로 국민 감정에 호소하는 뉘앙스.

- Policy & Political Expressions 표현 분석
  - "I will sign" → 미래 시제(will) + 구체적 행위 동사(sign).
  - "a series of historic executive orders" → 정책 집행 수단을 직접 언급 → "실제 실행 동사 + 정책적 행위 대상"이 결합된 구조로 정책 실행(Policy Expression)의 약속임을 알 수 있음.

취임사 분석: 주제와 정책 이해하기

취임 연설 중 일부를 직접 분석하며, 해당 발언이 어떤 정책 영역이나 핵심 주제에 해당하는지를 추론하고 분류하는 활동입니다. 먼저 연설 분석의 배경과 목적을 간단히 소개한 후, 학생들은 제공된 지문을 읽고 그 내용의 주제를 파악하게 합니다. 이후 소그룹으로 나뉘어 각 발언을 외교, 경제, 안보, 사회통합 등의 카테고리로 분류하며 토론

을 이어갑니다. 마지막으로 각 그룹은 자신의 판단 근거를 공유하고, 다른 관점을 비교해보며 '비판적 사고(Critical Thinking)'를 기르는 시간을 갖습니다. 이 과정을 통해 학생들은 단순한 언어 분석을 넘어, 언어 속에 담긴 정책적 함의와 시대적 메시지를 이해하게 됩니다.

☑ 목표

'주제문 찾기' 활동은 영어 지문 이해에 가장 기본적인 핵심 독해 전략입니다. 지문의 중심 생각이 담긴 문장을 찾는 능력은 수능 영어뿐 아니라 학교 시험, 모의고사, 대학 이후 학술 독해에서도 매우 중요한 평가 영역입니다. 실제 대통령 연설문으로 주제문 파악 연습을 하면, 중심 내용을 구조적으로 파악하고, 긴 지문 속의 핵심 메시지를 빨리 이해하는 능력이 키워집니다. 요약 능력, 비판적 사고력, 문제 해결력까지 함께 키우는 통합형 독해 훈련입니다.

☑ 방법

도널드 트럼프 대통령의 취임 연설 일부를 읽고, 각 인용문이 어떤 국제 정책 주제에 해당하는지 파악해봅니다. 연설문 내용을 바탕으로 빈칸을 채우고 주제와 정책을 연결하세요.

☑ 활동 방법

- 아래 연설문 인용문을 주의 깊게 읽으세요.
- 각 인용문이 다음 네 가지 주제 중 어느 것인지 판단하세요.

- 인용문 옆 설명을 참고해 표의 빈칸을 알맞은 정책명으로 채우세요.
- 연설문 속 표현과 정책 방향이 어떻게 연결되는지 생각해보세요.
- 마지막으로, 인용문 중 하나를 골라 그 의미를 자신의 말로 2~3문장으로 요약해보세요.
- 소그룹으로 서로의 답을 비교하고, 정책 해석을 토론해보세요.

연설문 인용문

"We will be the envy of every nation, and we will not allow ourselves to be taken advantage of any longer during every single day of the Trump administration. I will, very simply, put America first."

주제

_____ Policy

[힌트] Ensuring that the U.S. is not exploited by other nations.
미국이 다른 나라에 의해 이용당하지 않도록 보장하는 정책

(정답: America First Policy)

Thick Question: Summarize and Reflect
(세부 내용 파악하기, 요약하고 의견 말하기)

이 활동은 학생들이 트럼프 대통령의 연설문을 바탕으로 정책과 주제에 대한 세부 내용을 파악하고, 질문에 영어로 답하며 표현력을 기

르는 것을 목표로 합니다. 연설문 속 주요 문장을 분석하고 의미를 유추하는 과정을 통해 어휘력과 문장 이해력을 높일 수 있으며, 자신의 생각을 영어로 구성하면서 문법적 정확성과 표현 능력도 함께 향상됩니다. 또한, 실제 사용되는 정치적 텍스트를 해석하고 정책의 맥락을 이해하는 훈련은 비판적 사고력을 기르는 데 도움이 되죠. 수능 영어뿐 아니라 학교 시험에서 자주 출제되는 세부 정보 일치, 요지 파악, 빈칸 추론 등 독해 유형에 효과적으로 대비할 수 있도록 해줍니다.

☑ 활동 방법

- 연설문에서 '군사(Military)'와 관련된 부분을 찾아 읽어보세요.
- 트럼프 대통령이 군대에 대해 어떤 목표(goal) 또는 계획(plan)을 말했는지 생각해보세요.
- 그가 말한 의도나 방향성을 한 문장으로 정리해보세요.
- 문장은 영어로 작성하되, 연설 속 표현과 키워드를 활용하세요.

Question 1

What is meant by the phrase "America First" in Trump's speech?
트럼프 연설에서 'America First'라는 표현은 무슨 뜻인가요?

예상 답변

It means prioritizing U.S. national interests over international commitments or cooperation.

8. 영어 너머 원더랜드 뉴스센스가 답이다

트럼프 대통령과 오바마 전 대통령의 취임사 비교

 버락 오바마 전 대통령의 취임사(2009년 1월 20일)도 똑같은 방법으로 공부해 볼 수 있습니다. 이 교재도 분량이 많아 책에는 싣지 못하고, 블로그에 올려드리겠습니다. 오바마 대통령 연설은 워낙 유명해서, 연설문만 분석한 책도 따로 나와 있을 정도이니 참고하면 좋을 것 같습니다. 마찬가지로 요약은 챗GPT에게 부탁했습니다. 아래 요약문입니다. 문장이 유려하고 단어 수준도 높습니다. 첫 단락만 봐도 트럼프와는 사뭇 다르죠? 연방제인 미국에는 '국민'이라는 단어를 쓰지 않는다는 것 알고 계셨나요? 그래서 오바마 대통령 연설의 첫 단어인 'My fellow citizens'는 당시 미국에서도 큰 화제가 되었다고 합니다.

NEWS × + ChatGPT를 활용한 오바마 연설문 중요 내용 요약

Inaugural Address
President Barack Obama

My fellow citizens: I stand here today humbled by the task before us, grateful for the trust you've bestowed, mindful of the sacrifices borne by our ancestors. Forty-four Americans have now taken the presidential oath. The words have been spoken during rising tides of prosperity and the still waters of peace. Yet, every so often, the oath is taken amidst gathering clouds and raging storms. At these moments, America has carried on because we, the people, have remained faithful to the ideals of our forebears and true to our founding documents.

Today I say to you that the challenges we face are real. They are serious and they are many. They will not be met easily or in a short span of time. But know this America: They will be met. On this day, we gather because we have chosen hope over fear, unity of purpose over conflict and discord. The time has come to reaffirm our enduring spirit; to carry forward that precious gift, that noble idea passed on from generation to generation: the God-given promise that all are equal, all are free, and all deserve a chance to pursue their full measure of happiness.

In reaffirming the greatness of our nation, we understand that greatness is never a given. It must be earned. Rather, it has been the risk-takers, the doers, the makers of things - some celebrated, but more often men and women obscure in their labor - who have carried us up the long rugged path towards prosperity and freedom. Starting today, we must pick ourselves up, dust ourselves off, and begin again the work of remaking America.

We reject as false the choice between our safety and our ideals. Our Founding Fathers drafted a charter to assure the rule of law and the rights of man - a charter expanded by the blood of generations. Those ideals still light the world, and we will not give them up for expedience sake. And so, to all the other peoples and governments who are watching today, know that America is a friend of each nation, and every man, woman and child who seeks a future of peace and dignity. Recall that earlier generations faced down fascism and communism not just with missiles and tanks, but with sturdy alliances and enduring convictions. They understood that our power grows through its prudent use.

With old friends and former foes, we'll work tirelessly to lessen the nuclear threat, and roll back the specter of a warming planet. We will not apologize for our way of life, nor will we waver in its defense. And for those who seek to advance their aims by inducing terror and slaughtering innocents, we say to you now that our spirit is stronger and cannot be broken - you cannot outlast us, and we will defeat you.

For we know that our patchwork heritage is a strength, not a weakness. We are a nation of Christians and Muslims, Jews and Hindus - and non-believers. We are shaped by every language and culture, drawn from every end of this Earth. Because we have tasted the bitter swill of civil war and segregation, and emerged stronger and more united, we cannot help but believe that the old hatreds shall someday pass; that the lines of tribe shall soon dissolve; that as the world grows smaller, our common humanity shall reveal itself; and that America must play its role in ushering in a new era of peace.

To the Muslim world, we seek a new way forward, based on mutual interest and mutual respect. To those leaders around the globe who seek to sow conflict, or blame their society's ills on the West, know that your people will judge you on what you can build, not what you destroy. To those who cling to power through corruption and deceit and the silencing of dissent, know that you are on the wrong side of history; but that we will extend a hand if you are willing to unclench your fist.

As we consider the road that unfolds before us, we remember with humble gratitude those brave Americans who at this very hour patrol far-off deserts and distant mountains. We honor them not only because they are guardians of our liberty, but because they embody the spirit of service - a willingness to find meaning in something greater than themselves. It is the kindness to take in a stranger when the levees break, the selflessness of workers who would rather cut their hours than see a friend lose their job, the firefighter's courage to storm a stairway filled with smoke, and a parent's willingness to nurture a child, that finally decides our fate.

Our challenges may be new. The instruments with which we meet them may be new. But those values upon which our success depends - honesty and hard work, courage and fair play, tolerance and curiosity, loyalty and patriotism - these things are old. These things are true. They have been the quiet force of progress throughout our history. What is demanded, then, is a return to these truths. What is required of us now is a new era of responsibility - a recognition that we have duties to ourselves, our nation, and the world. Guided by these principles once more, we can meet those new threats that demand even greater effort, even greater cooperation and understanding between nations.

With hope and virtue, let us brave once more the icy currents and endure what storms may come. Let it be said by our children's children that when we were tested, we refused to let this journey end.

+ Strong & Persuasive Phrases (강력하고 설득력 있는 표현)

- Starting today, we must pick ourselves up, dust ourselves off, and begin again the work of remaking America.
  오늘 우리는 새롭게 시작하면서, 스스로를 추스르고, 먼지를 털어내고, 미국을 재건하는 일을 다시 시작해야 합니다.

• Strong & Persuasive Phrase 표현 분석
  - 집단적 책임(We must), 행동적 이미지(동작 동사), 은유적 장면 ("pick ourselves up, dust ourselves off, begin again" → 넘어짐 → 일어섬), 즉시성 강조(Starting today) 등 4개의 요소가 결합되어 '희망과 행동의 동기'를 동시에 심어주는 강력하고 설득력 있는 문장

+ Rhetorical & Emotional Appeals (수사적 표현과 감정적 호소)

- The God-given promise that all are equal, all are free, and all

deserve a chance to pursue their full measure of happiness.
만인은 평등하고 자유로우며, 모든 이들이 행복을 추구할 기회를 가질 수 있다는 신이 주신 약속 말입니다.

- Rhetorical & Emotional Appeals 표현 분석
  - "God-given" = 은유적 수사 표현
  - 효과: 권리의 신성함 강조 + 청중 감정 호소 + 역사적 정통성 연결. 결국, 이 표현은 단순히 "자연적 권리"라고 말하는 것보다 훨씬 더 강력한 설득력있는 문장

+ **Policy & Political Expressions** (정책 및 정치 관련 표현)

- We will build the roads and bridges, the electric grids and digital lines that feed our commerce and bind us together.
  우리는 길을 놓고, 다리를 세우며, 전력을 공급하고, 디지털 라인을 연결할 것입니다. 그것들은 우리의 상업을 살아 숨쉬게 하고, 우리 국민을 하나로 묶어줄 것입니다.

- Let it be said by our children's children that when we were tested, we refused to let this journey end.
  우리가 시련을 겪었을 때, 우리는 이 여정을 포기하기를 거부했다는 것을, 우리의 어린이의 어린이들이 말하도록 합시다.

- Policy&Political Expressions 표현 분석
  - "will + build"와 같은 구체적 대상(인프라) 제시로 정책 집행 계획(Policy Expression)을 보여주고, "Let it be said"과 같은 역

사적 평가 · 추상적 가치 · 미래 세대 지향을 통해 정치적 비전 (Political Expression)을 드러냄.

오바마 연설문은 언제 읽어도 좋네요. 마음에 울림이 있어요. 앞장에서 설명드린 바와 같이 이런 표현들을 익히고, 주제와 정책을 이해하고, 핵심 문장을 파악하는 연습을 해보면 됩니다. 두 개의 연설문을 비교해 보고, 내가 미국 대통령이라면 어떤 연설을 하고 싶은지 가상해서 써보는 것도 좋겠습니다. 오바마 연설문을 활용한 학습자료는 뒤에서 더 자세히 살펴보겠습니다. 오바마의 롤 모델이었던 링컨의 연설, 대통령은 아니지만 힐러리 클린턴의 연설도 참 좋습니다. 역시 챗GPT로 요약본 교재를 만들어서 함께 읽어보면 좋겠죠.

힐러리 클린턴은 2017년 매일경제가 주최하는 세계지식포럼 연사로 한국을 방문한 적도 있는데요. 당시 연설도 국내외 정재계에서 큰 화제가 되었습니다. 매년 9월 서울에서 열리는 세계지식포럼은 대부분의 연사가 외국인이고, 무료로 개방하는 오픈세션도 있으니 아이와 가서 직접 들어보시는 것도 추천합니다. 2025년 9월 9~11일 열린 세계지식포럼 오픈세션에서는 전 백악관 연설비서관이었던 코디키넌의 강연을 무료로 들을 수 있었습니다. 주제가 '오바마 연설문의 비밀'이었는데요. 미리 오바마 연설문을 공부했던 아이들이 무척 즐거워하면서 잘 들어주었습니다. 여러분도 꼭 기억했다가 내년 9월 세계지식포럼 오픈세션을 신청해보세요. 번역기를 사용하지 않고 글로벌 연사의 강연을 직접 듣는 경험은 열심히 영어 공부를 해야겠다는 좋은 동기부여가 되어줄 겁니다.

트럼프 vs 오바마, 대통령 연설의 힘 비교

트럼프 대통령과 오바마 대통령의 연설은 **목적과 전략이 확연히 다릅니다.** 트럼프는 단호하고 직설적입니다. 외부의 위협이나 불이익을 강하게 거부하며, 청중에게 "우리는 더 이상 당하지 않는다"는 집단적 결단을 심어줍니다. 반면 오바마는 차분하고 희망적인 톤으로 연설합니다. 경제위기 속 미국을 개인의 경험에 빗대어 "다시 일어서자"라고 말하며, **연대와 책임**을 강조합니다. 이 점은 꼭 기억해두면 좋겠죠.

☑ **대표 문장 비교 예시**

- 트럼프: "We will not allow ourselves to be taken advantage of anymore."
  - 외부 위협에 대한 강력한 거부, 적대 세력 규정, 집단적 결단, 방어적 태도
- 오바마: "Starting today, we must pick ourselves up, dust ourselves off, and begin again the work of remaking America."

- 위기 극복, 희망적 선언, 은유적 이미지, 행동 촉구, 공동 책임 강조

트럼프와 오바마가 같은 'We'라는 단어를 쓰더라도 의미가 완전히 다르다는 것을 눈여겨보면 좋겠습니다. 트럼프는 집단적 방어, 오바마는 공동 책임과 연대를 강조합니다.

☑ 연설 전달 방식 비교

구분	트럼프	오바마
구조	부정 중심: We will not…	긍정적 촉구: We must…
어조	단호, 공격적, 방어적	차분, 희망적, 건설적
초점	외부 vs 우리 → 갈등 강조	내부 회복 → 연대와 책임강조
이미지	피해자 → 저항하는 집단	넘어짐 → 다시 일어서는 개인
리듬감	짧고 단순, 구호적	3단 구조, 은유적 운율감

☑ 연설 전달 비교 분석표

구분	트럼프	오바마	쉽게 이해하기
반복	"We will not…" → 구호처럼 반복	"pick ourselves up, dust ourselves off, begin again" → 3단 반복	트럼프는 단순 반복으로 강하게 외치고, 오바마는 3단 구조로 행동과 희망을 강조

구분	트럼프	오바마	쉽게 이해하기
부정/긍정	"not allow" → 강하게 거부	긍정적 메시지 중심, 부정어 없음	트럼프는 "하지 말라!"로 강하게 거부, 오바마는 "함께 하자!"로 긍정적 격려
비유/이미지	"taken advantage of" → 국가가 피해자	넘어졌다가 다시 일어서는 모습 → 경제 위기 극복	트럼프는 '우리가 당하지 않겠다'라는 그림, 오바마는 '넘어졌지만 다시 일어나자'라는 그림
주체 표현	"We + ourselves" → 자기 방어적	"We" → 공동 책임과 연대	트럼프는 우리 집단 보호, 오바마는 함께 책임지고 행동
문장 리듬	짧고 직설적, 구호 느낌	3단 구조, 리듬감 있는 문장	트럼프는 외치기 좋게 단순, 오바마는 읽거나 듣기 좋게 운율이 있음

☑ 결론 한 문장!

- 트럼프: 부정 + 반복 + 집단적 방어성 → "우리는 피해자가 아니다, 더 이상 당하지 않는다"라는 전투적·집단적 결의를 심어줍니다.

- 오바마: 은유 + 3단 반복 + 공동 책임 → "넘어졌지만 다시 일어설 수 있다"라는 **희망적·포용적 결의**를 심어줍니다.
- 포인트: 트럼프는 **강한 적대감과 결단**을 중심으로 연설하고, 오바마는 **희망과 연대**를 중심으로 연설합니다. 청중을 움직이는 **메시지 구조, 리듬, 초점**이 이렇게 다르다는 점을 기억하면 좋겠습니다.

꿀팁 1

아무도 말해주지 않는 대치동 이야기 ①

꿀 정보? 비밀 전략? 중요한 건 방향입니다

"대치동은 기회의 땅일 수 있지만, 전략 없이 뛰어들면 탈진만 남습니다." 혹시 지금 이 글을 읽는 부모님 중 '대치동 못 보내서 불안해요' 라는 분 계신가요? '대치동에는 뭔가 숨겨진 꿀팁이 있을 것 같고, 그들만의 루트가 따로 있는 건 아닐까?' 싶으신가요?

저는 25년째 대치동에서 영어를 가르치고 있는 사람입니다. 그 경험을 바탕으로 자신 있게 말씀드릴게요. 대치동, 꼭 안 오셔도 됩니다. 물론 대치동이 실력 상승의 기회가 되어주는 건 맞습니다. 하지만 전략 없이 뛰어들면, 남는 건 '탈진' 뿐이에요. 이사 오고 학원 뺑뺑이 돌린다고 실력이 오르지 않습니다.

2025년 기준 대치동 학원은 1,700여 곳. 경쟁이 워낙 치열하다 보니 선택지도 많죠. 운이 좋으면 아이 성장을 이끌 '귀인'을 만날 수 있지만, 그만큼 낭비되는 시간과 비용도 큽니다.

핵심은 장소가 아니라 전략입니다. 저는 늘 말씀드려요. 성적을 결정하는 건 '환경'이 아니라 '3가지 전략 요소'입니다. 바로 1) 반 수준 (우리 아이가 들어간 수업의 레벨) 2) 선생님 라인과 진도 3) 숙제 처리력, 이 세 가지가 맞아야 성적이 오릅니다.

부모님은 장수입니다. 긴 전쟁을 지휘하듯, 큰 싸움은 반드시 이기고 작은 전투에선 질 줄도 알아야 해요. 정보보다 더 중요한 건 '판단'이고, 그 판단의 기준은 언제나 우리 아이의 성향입니다. 대치동에서도 성공하는 아이가 있고, 오히려 소진되어 나가는 아이도 있습니다.

타이밍과 아이 성향, 목표가 맞아야만 이곳은 진짜 실력 상승의 기회가 됩니다. 대치동에 잘 맞는 아이들이 있어요. 5학년 수준에서 들어와 6개월 만에 고2 실력으로 도약하는 아이도 실제로 봤습니다. 제대로 된 자료, 강사, 전략이 함께하면 이런 성장이 가능합니다.

반대로, 자기 루틴 없이 들어오면 1년을 고스란히 잃습니다. 기존 습관이 무너지고, 정서적으로 소진되며, 좌절까지 겪게 돼요. 부모님이 정보 없이 브랜드 학원만 믿고 등록하셨다면? 명강사의 수업 라인 못 타고, 반 배정도 안 맞으면 백전백패입니다.

특히 이런 친구들은 대치동과 잘 안 맞아요.

첫째, 감정 기복이 큰 아이

둘째, 정서적으로 예민한 아이

셋째, 배움의 즐거움을 우선하는 아이

대치동은 목표 지향 시스템입니다. 이 시스템은 아이의 성향과 목표가 맞아야 긍정적인 효과를 발휘합니다. 결국 핵심은 이거예요. "루트를 타려 하지 말고, 결승선을 보자." 빠른 출발선보다 더 중요한 건 결승선까지 흔들림 없이 도착하는 힘입니다.

입시는 '정보 싸움'이 아닙니다. '전략과 실행의 싸움'입니다. 대학은 루트를 보고 뽑지 않아요. 자신의 생각과 표현을 '루틴'으로 만들어낸 학생을 뽑습니다. 많은 분들이 "대치동 영어는 무조건 선행이죠?"라고 물으시는데요. 예전에는 그랬을 수도 있지만, 지금은 아닙니다.

2025년 대치동 영어는 문해력, 논리, 사고력 중심입니다. TEPS 실전반에서도 문장 구조 → 글 흐름 → 요약 → 문법 순으로 가르칩니다. 고난도보다 중요한 건 '사고의 흐름'이에요.

지금 초등 저학년 학부모님이시라면, 영어유치원을 보내지 않았다는 이유로 결코 조급해하지 않으셔도 됩니다. 영유는 선행일 뿐, 지금은 트렌드가 문해력으로 완전히 바뀌었어요. 실제로 초등 2-3학년부터 영어 루틴을 잘 잡으면 영유 출신의 학생을 1-2년 안에 역전 가능합니다.

에듀프레스(교육 전문 뉴스·칼럼 플랫폼)에 따르면 2024년 TEPS 중등반 합격자 10명 중 4명은 영유를 다니지 않은 아이들이에요. 중요한 건 지금부터입니다. 진짜 경쟁은 초등 고학년부터, 특히 중1부터 시작됩니다. 이때 로드맵만 잘 잡으면 충분히 역전 가능합니다.

대치동에서 성공하는 아이들의 공통점은요, 실력이 아닌 루틴과 시스템에 적응한 아이들입니다. 매일 정해진 시간에 '실전 모의고사 → 오답 분석 → 피드백' 루틴을 반복한 아이들이지요.

반대로, 루트만 빨랐지 복습 루틴이 없는 아이는 실력이 쌓이지 않습니다. 정서적으로 민감한 아이들은 숙제 많은 반에서 쉽게 지치기도 해요. 그럴 땐 무조건 참고 다니기보다는 '전략적 이동'을 고민하셔야 합니다. 대치동은 정보를 가장 빨리 얻는 곳이라기보다, 아이에게 맞는 전략을 가지고 움직이는 부모들이 모인 곳입니다.

결국 중요한 건, 아이에게 딱 맞는 공부 루틴과 실행 전략입니다. 대치동이든 아니든, 그 전략만 제대로 세울 수 있다면 누구나 자기 자리를 만들 수 있어요. 조급해하지 마세요. 우리가 서 있어야 할 곳은 출발선이 아니라 결승선입니다.

장기전을 준비하는 장수의 마음으로, 아이의 흐름을 잘 읽고, 때로는 기다리고, 때로는 과감하게 방향을 바꾸는 것 – 적재적소에 전략적으로 지원해 주는 것. 바로 그게 부모의 역할입니다.

꿀팁 2

아무도 말해주지 않는 대치동 이야기

대치동 커리큘럼만 따라가면 SKY 가나요?

"대치동 커리큘럼만 잘 따라가면 SKY 가나요?"

많은 학부모님들이 정말 많이 물어보시는 질문입니다. 결론부터 말씀드릴게요. 아니요. 절대 아닙니다. 대치동 학원은 수능을 대비한 실력은 만들어줄 수 있습니다. 하지만 대학 입시는 단순히 수능 점수만으로 결정되지 않습니다. 생활기록부, 비교과, 자기소개서, 추천서, 면접. 입시는 결국 종합 설계입니다. 그래서 매년 컨설팅 회사들이 계속 생겨나는 것이고, 부모님이 최소 1년에 2번은 입시 전략을 점검해야 한다는 이야기를 드리는 겁니다. 게다가 대치동 학원이라고 다 똑같이 좋은 건 아닙니다. 어느 학원이냐보다 더 중요한 건 어느 반, 그리고 어느 선생님이냐입니다. 선생님의 커리큘럼과 자료력, 과제 구조에 따라 수업의 질은 완전히 달라집니다. 아무리 잘나가는 시스템이라도, 우리 아이와 맞지 않으면 소용없어요. 그래서 부모님의 전략적 판단이 필수입니다.

비용도 무시할 수 없는 요소입니다. 2024년 기준 강남교육청 통계에 따르면, 대치동 거주자의 월평균 사교육비는 약 80만 원입니다. 적다고 볼 수 없지만, 많이 쓴다고 실력이 무조건 오르진 않습니다. 대치동에서는 '오래, 꾸준히, 많이' 공부하는 아이들이 많은 것은 사실이에요.

평일 최소 5시간, 주말 최소 10시간 이상 학습하는 친구들이 상위권을 이끕니다. 이 책의 제목처럼 '상위 1%'를 목표로 하신다면, 그 로드맵은 일반 커리큘럼과는 다릅니다. 단순 점수 싸움이 아니라, 생각을 읽고 쓰고 말하는 능력, 즉 문해력을 무기로 만드는 방향으로 전략을 바꿔야 합니다. 예를 들어, 특목고 영어는 TEPS나 수능 준비와는 다른 방식입니다. 논리적 글쓰기, 발표, 비판적 사고가 모두 포함되죠. 상위 1% 아이들의 영어는 아래처럼 완전히 다릅니다.

일반 학생 vs 상위 1% 학생 비교

항목	일반 학생	1% 상위권 학생
문장 구조 이해력	단어별 해석 중심	절-구문 인식 → 문장 구조화 가능
사고력	내용 파악 수준	주제-근거 추론 + 비판적 사고
글쓰기 표현	단순 요약	주장 + 근거 + 예시 구조화 가능

일반 상위권 vs 특목고 진학생 비교

항목	일반 상위권	특목고 진학생
목표	TEPS/수능	학종/논문/글쓰기
평가	정확도	서술 + 탐구 + 발표
자료	기출/EBS	TED, 논문, 시사

☑ 특목고 영어 5 단계 루틴

- (중 1~2) 문장 구조화 + 요약 훈련 (문장력 = 자소서·논술 글쓰기의 기반!)

- (중 3~예비 고 1) 시사 + 과학 주제 + TED 요약 에세이

- (고 1~2) Argument 글쓰기 + 발표 루틴

- (고 2~3) 논문 요약 + 자소서 영어 초안

- (대입 직선) 실선형 글쓰기 포트폴리오 완성

☑ 특목고 영어 실력자의 5가지 특징

- 원서 기반 자료 활용

- 주제별 요약 글쓰기 + 첨삭 루틴

- 스터디형 발표 + 질의응답 훈련

- 자기 생각 중심 표현력

☑ 상위 1% 영어공부 팁

- 지문은 구조로 재구성: 주제문 → 근거 → 연결 → 3 문장 요약

- 오답은 '문제' 보다 '지문 중심' 으로 복기한다

- 틀린 이유를 영어로 설명 → 오답, 영어로 설명할 수 있어야 진짜 실력!

- 문법은 문장 안에서 영작으로 학습

- 어휘는 문맥과 유사 표현으로 확장

그리고 상위 1% 아이들은 문제를 풀고 끝내지 않습니다. 오답도 영어로 설명할 수 있어야 '진짜' 자기 것이 된 거예요. 문법은 영작으로, 어휘는 문맥으로 확장합니다. 이런 아이들은 지문을 3문장으로 요약하고, 자신의 말로 사고하고, 글로 표현합니다.

상위 1%: 실전 워크시트

항목	오늘 실천했나요? (O/X)	예시/메모
지문 요약 3 문장 구성		주제문 + 근거 연결
오답 영어로 설명하기		원인 분석 문장 작성
문법 영작 훈련 1 문장		예: 분사구문 적용
어휘 의미 확장 정리 3 개		동의어/반의어 포함
글쓰기 300 자 이상		자유 주제 에세이

이 루틴, 중1 무렵부터만 꾸준히 훈련하면, 고등학교에서 '뒤늦은 불안감'에 시달리지 않습니다. 지금은 작게 보일지 몰라도, 이 작은 훈련이 상위권 아이들의 내공을 쌓는 진짜 전략입니다.

결론은 명확합니다. 대치동 커리큘럼만 믿고 가는 시대는 끝났습니다. '우리 아이에게 맞는 전략'을 세우고, '문해력 기반 루틴'을 꾸준히 돌려주는 게 핵심입니다. 대치동이든 아니든 상관없어요. 성공하는 아이는 결국, 생각을 말과 글로 풀어내는 힘을 가진 아이입니다. 그 힘을 길러줄 수 있는 환경을, 부모님이 전략적으로 만들어주어야 합니다. 우리가 따라야 할 건 대치동 루트가 아니라, 우리 아이만의 로드맵입니다.

꿀팁 3

학년별 AI
영어 선생님 활용법

AI 영어 활용 꿀팁 - 나만의 영어 튜터 만들기!

영어는 음성언어로 공부하는 것도 중요한 만큼 AI가 중요한 도구가 될 수 있습니다. 초등학생부터 성인 학습자, 학부모까지 누구나 챗GPT를 활용해 손쉽게 AI 영어 교재를 만들 수 있도록 실전형 매뉴얼을 만들어보았습니다.

1. 초등학생

영어 문장 구조와 단어가 아직 익숙하지 않기 때문에 챗GPT를 짧고 재미있게 활용하면 좋습니다. 챗GPT가 내가 원하는 사람으로 변신해 주는 것은 다들 아시지요? 이때 중요한 것은 '페르소나 설정'입니다. 예를 들어 "넌 나의 영어 선생님이야. 나는 초등학생이니까 짧고 쉽게 설명해 줘."라고 하면 챗GPT가 응대해 주고요. 따라가기 어렵다면 더 쉽게 설명해달라고 하면 됩니다.

☑ 대화 시작 예시

"GPT야, 나는 초등학생이야. 아래처럼 도와줘!"

☑ 추천 프롬프트:

- "apple(궁금한 영어 단어) 이 무슨 뜻이야? 예문도 하나만 알려줘."
- "이 문장을 천천히 읽어줘. 나도 따라 말할게! "
- "내 문장 맞는지 확인해 줘. 더 좋게 바꿔줄 수도 있어?"

☑ 활용 팁

- 한 번에 하나씩 질문하기!
- 모르면 '더 쉽게 설명해 줘!' 요청하기
- GPT가 말하는 문장을 소리 내 따라 하기

2. 중·고등학생

긴 영어 지문 요약, 논술이나 토론 주제 설정, 에세이 등 영어 글쓰기 연습에 GPT를 구조적 사고 파트너로 활용하세요. 페르소나는 "넌 내 영어 과외 선생님이야. 논리적으로 설명해 줘!" 정도로 설정하면 됩니다.

☑ 대화 시작 예시)

"GPT야, 나는 중학생(혹은 고등학생)이야. 아래처럼 알려줘!"

☑ 추천 프롬프트:

- "이 영어 문단 요약해 줘. 주제가 뭐야?"
- "내가 쓴 글을 더 논리적으로 고쳐줘."
- "이 수제에 대해 잔성/반대 입장 정리해 줘. 이유도 같이!"

☑ 활용 팁

- 정답만 묻지 말고 이유까지 확인하기
- 글쓰기 구조 요청: 서론 – 본론 – 결론 형식으로
- GPT에게 토론 문장 프레임 요청하기

3. 성인 학습자

비즈니스 문서, 회화, 이메일, 발표 등 실제 활용 상황에 맞춰 연습해봅시다. 외국계 회사 임원이나 변호사, 변리사, 회계사, 컨설턴트 등 공식 회의에서 프로페셔널한 영어를 구사해야 하는 분들 중에는 많게는 수백만 원씩 주고 원어민 선생님을 모셔서 회의자료와 관련 멘트를 달달달 외우는 분들도 계셨는데요. 이제는 월 3만 원에 챗GPT가 시간제한 없이 언제 어

디서나 해주니 유용하게 쓸 수 있습니다.

페르소나도 더 광범위하게 설정할 수 있습니다. "넌 내 비즈니스 영어 코치야. 나는 실무에서 영어를 써!" "너는 미국 언론사에서 30년간 근무한 베테랑 저널리스트야. 10년차 기자인 나와 영어로 대화해줘" 등 전문분야를 정해주는 것도 가능합니다.

☑ 대화 시작 예시:

"GPT야, 나는 이런저런 회사에 다니는 직장인이야. 미국 본사와 업무에 필요한 영어를 연습하고 있어."

☑ 추천 프롬프트:

- "이 내용을 정중한 비즈니스 이메일로 써줘."
- "내 발표문을 더 설득력 있게 다듬어줘."
- "이 표현 더 자연스럽게 바꿔줄 수 있어?" (실무에서 쓰는 말로!)

☑ 활용 팁

- 상황(회의, 이메일, 발표)을 꼭 알려주기
- 격식 있는 표현 vs 캐주얼 표현 요청 구분
- 직접 작성 후 GPT에게 교정 요청

4. 학부모

아이 수준에 맞는 학습용 콘텐츠를 재구성하거나, 함께 영어 대화 활동을 만들어보는 용도로 유용합니다. 특히 부모님들의 영어가 유창하지 않을 경우, 챗GPT는 원어민 발음을 들려주는 보조 선생님 역할도 톡톡히 합니다. 페르소나는 "넌 초등 영어 교육 전문가야. 나는 아이의 영어 공부를 돕고 싶어!" 정도로 설정합니다. 미국 중학교 3학년 수준으로 대화해 줘, 지금 미국인들이 가장 즐겨 쓰는 표현들로 이야기해 줘, 이런 식의 조건 추가도 가능합니다.

☑ 대화 시작 예시

"GPT야, 나는 학부모야. 아이가 쉽게 배우도록 알려줘!"

☑ 추천 프롬프트

- "초등 2학년 아이가 이해할 수 있게 explain을 설명해 줘."
- "이 뉴스 내용을 아이 눈높이에 맞춰 바꿔줘."
- '환경' 주제로 아이와 할 수 있는 영어 대화문 만들어줘!"

☑ 활용 팁

- 아이의 학년과 흥미를 먼저 GPT에 말해주세요.
- GPT가 만든 문장을 아이와 함께 따라 말해보세요.
- 역할극처럼 '엄마와 아이의 대화'를 요청해보세요.

4장

영문 뉴스로 문해력 기르기 실전 훈련법

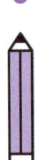

1. 뉴스센스: 읽고, 말하고, 표현하는 영자신문 문해력 루틴

뉴스센스 학습법이란?

'뉴스센스(NewsSense) 학습법'은 문해력을 기초부터 고지점까지 끌어올리는 데 가장 효과적인 영어 사고력 훈련법입니다. 단순히 읽고 끝나는 뉴스가 아니라, 읽고, 말하고, 표현하면서 '생각하는 힘'을 기르는 루틴이죠. 대치동 W영어의 실제 수업 데이터를 바탕으로, 그 흐름 그대로 부모님도 집에서 따라 할 수 있도록 구성한 엄마표 대치동 영어 따라잡기 실전서가 바로 이 책입니다. 뉴스 하나로 영어 실력은 물론, 아이의 생각 깊이까지 달라질 수 있다는 것을 수업을 통해 확인했기에, 그 경험을 고스란히 담아냈습니다. 구성은 다음의 세 매체를 기반으로 설계했습니다.

- 〈News-O-Matic〉: 초등 눈높이에 맞춘 영자신문. 감정 공감, 읽기의 재미를 통해 문해력의 출발점을 잡아줍니다.
- 〈MIT Technology Review〉: 최신 과학·기술 주제를 다루며 정보 분석력과 사고력 확장을 훈련합니다. 문해력의 중요한 고지

입니다.
- 〈틴매일경제〉: 국문 뉴스로 개념과 흐름을 잡고, 영어 사고력으로 연결하는 교차 학습을 돕습니다.

이렇게 읽기, 사고, 생성, 연결 4단계를 한 번에 아우르는 입체형 문해력 커리큘럼입니다.

모든 자료는 Level 별로 구성되어, 설명의 양과 깊이에 차이를 두었지만 공통된 기준과 정성으로 제작되었으며, 아이 수준에 꼭 맞는 학습 경험을 제공하는 것이 핵심 목표입니다.

부모님께 꼭 말씀드리고 싶은 건 이것입니다. 이 책만 잘 따라오면 엄마도 대치동 영어 강사가 될 수 있습니다. 뉴스 한 꼭지로 아이의 사고력과 표현력을 동시에 키우는 방법이 지금 여기에 다 담겨 있습니다.

쉽게 시작할 수 있도록 루틴을 제시하고, 실전 워크북까지 곁들였습니다. 특히 상위 1% 학생들이 따라 하는 '요약 - 사고 - 표현' 루틴을 그대로 이식했기 때문에, 시간표만 지켜주면 성과는 자연스럽게 따라옵니다. 대치동 수업을 집에서 구현한다는 건 결코 과장이 아닙니다. 수년간 누적된 현장 경험을 바탕으로, 수업에서 실제 효과 있었던 콘텐츠만 엄선했기 때문입니다.

※ 학부모와 선생님이 아이와 함께하는 학습에만 사용해 주세요. 본 자료는 W영어 수업을 기반으로 개발된 저작권 등록 콘텐츠로, 이 책과 별도로 수업 콘텐츠만을 무단 배포하는 것은 엄격히 금지됩니다.

뉴스센스 3대 학습자료

1) 뉴스 오 매틱(News-O-Matic, 초등 중심 영어 뉴스 콘텐츠)

- 특징: 미국 교육과정 K(유치부)-8학년(중2) 대상 어린이용 영자 신문이다.
- 활용 목적
  - 감정 공감 중심의 쉬운 주제 → 몰입도 높은 읽기가 가능하다.
  - 오디오(TTS), 퀴즈, 난어 정리 기능 → 스스로 학습하는 루틴 훈련을 한다.
  - 초등 저학년부터 AI와의 대화 기반 학습이 가능한 가장 적합한 뉴스 플랫폼이다.
- 대상: 렉사일 200~600L
- 활용 단원: 실전편 1~3단계

2) MIT 테크놀로지 리뷰(MIT Technology Review, 고급 사고력 + STEM 융합)

- 특징: MIT에서 발행하는 126년 역사의 글로벌 테크·과학 전문지다.
- 활용 목적
  - AI, 로봇, 에너지 등 첨단 기술 주제 → 미래 감각과 문제 해결 사고력을 훈련한다.
  - 실제 세계의 기술 이슈를 통해 영어 독해 + 정보 분석 능력을

함께 키운다.
- 고학년과 심화 학습용 기사로 활용 → 수능 및 TOEFL 연계 가능하다.
- 대상: 렉사일 800L 이상
- 활용 단원: 실전편 4~5단계

3) 틴매일경제(중등용 한국어 기반 경제·시사 콘텐츠)
- 특징: 국내 시사·경제 뉴스를 학생 눈높이에 맞춰 설명해 주는 청소년 신문이다.
- 활용 목적
  - 읽기 → 사고 → 요약/논술/토론으로 이어지는 국어 문해력 훈련에 적합하다.
  - 챗GPT를 활용한 기사 요약, 번역, 입장 정리 활동 설계에 용이하다.
  - 경제적 시각, 시민의식, 시사 감각 향상을 위한 정독 자료로 탁월하다.
- 대상: 중등 전 학년 이상
- 활용 단원: 실전편 1~5단계 선택해 연계 가능하다.

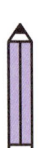

2. 대치동 선생님들이 만들었다! 수준별 맞춤형 뉴스센스 학습지

우리 아이 레벨 찾기 및 가이드

공부에 앞서 우리 아이에게 지금 딱 맞는 레벨을 찾는 것이 가장 중요합니다. 레벨의 기준은 학년이 아니라 영어 실력과 학습 경험이 기준입니다.

예를 들어, 초등 5학년이라고 해도 영어가 처음이라면 1~2단계부터 부담 없이 시작해도 됩니다. 오히려 너무 높은 단계에서 시작하면 아이가 금세 자신감을 잃기 쉬워요.

뉴스센스 학습지는 '읽고, 사고하고, 표현하는 힘'을 단계적으로 기를 수 있도록 설계되어 있어, 어떤 레벨에서 시작해도 상위 1% 학습력으로 연결될 수 있습니다.

우리 아이의 '지금'을 정확히 보고, 그에 맞는 지점을 선택해 주세요.

실력별 Level표

단계		권장 학년 (미국 기준)	Lexile 범위	AR(SR) 범위	CEFR 수준	학습 특징	학습 키워드
레벨	영어 학습 기간						
1	6개월~ 1년	초1~2	BR~400L	0.1~1.0	Pre-A1	파닉스, 단어 이해	파닉스 / 기본 어휘 / 알파벳 / 사이트워드
2	1~2년	초2~3	400~600L	1.0~2.5	A1	간단한 문장과 표현	패턴 문장 / 기초 문법 / 짧은 문장 말하기 & 쓰기
3	3~4년	초3~4	600~800L	2.5~4.0	A2	친숙한 주제에 대해 간단한 글 이해 가능	문단 읽기 / 감정·이유 말하기 / 일기·짧은 글쓰기
4	4~5년	초4~5	800~1000L	4.0~5.5	B1	익숙한 주제에 대한 논리적 글 읽기 가능	문장 구조 이해 / 글 흐름 파악 / 요약 & 의견 말하기
5	5년차+	초5 ~중등	1000L 이상	5.5 이상	B2~C1	추상적 주제, 비판적 독해 가능	비판적 독해 / 찬반토론 / 에세이 / 발표 / 논리적 글쓰기

권장 학년은 미국 학년 기준, Level 단계는 한국 학생 기준 '영어 학습 기간'을 반영한다.

Level 1~5단계 학습의 목표와 기준

☑ 학습 목표 설정 기준

- Level 1~3: 기초 영어 문해력과 자기표현 능력 향상

- Level 4~5: 고급 영어 독해력과 비판적 사고력 강화

☑ 목표 달성 주기

- 단기 목표: 4주 (기초 개념 정립 및 기본 독해 훈련)
- 중기 목표: 8주 (중간 점검 및 심화 문제 풀이)
- 장기 목표: 12주 (실전 문제 풀이와 고난도 독해 훈련)

☑ 레벨별 학습 기간 및 목표

Level 1 (기초 영어 문해력 향상)

- 대상: 한국 초등 1~3학년 (렉사일 200~400L)
- 기간: 4주 (주 2회, 회당 30분)
- 목표:
    - 기초 어휘와 문장 구조 익히기
    - 영어로 간단한 자기표현 연습
    - 기사 주제와 간단한 내용을 유추하여 말하기
- 주차별 활동:
    - 1~2주차: 기본 어휘 익히기 + 제목으로 주제 예측
    - 3~4주차: 간단한 요약문 작성 + 챗GPT와 대화하기
- 성취 기준:
    - 영어 기사에서 기본 단어 5개 이상 파악
    - 간단한 의견을 영어로 표현 가능

Level 2 (문장 이해와 자기주도 학습)

- 대상: 한국 초등 3~5학년 (렉사일 400-600L)
- 기간: 6주 (주 2~3회, 회당 40분)
- 목표:
    - 문장 구조 파악과 핵심 문장 찾기
    - 영어로 자신의 생각을 두세 문장으로 표현
    - 간단한 주제와 논리를 연결하여 말하기
- 주차별 활동:
    - 1~3주차: 어휘와 문장 구조 학습
    - 4~6주차: 기사 요약과 자신의 의견 정리
- 성취 기준:
    - 영어 기사에서 핵심 문장 3개 이상 추출
    - 간단한 의견을 영어로 문장화 가능

Level 3 (주제 분석과 의견 정리)

- 대상: 한국 초등 4~6학년 (렉사일 600~800L)
- 기간: 8주 (주 3회, 회당 60분)
- 목표:
    - 기사 구조를 분석하여 중심 내용 파악
    - 다양한 의견을 영어로 비교하여 작성
    - 챗GPT 활용하여 영어 문장 교정 및 확장
- 주차별 활동:

- 1~4주차: 기사 분석 + 중심 문장 요약
    - 5~8주차: 찬반 토론과 영어 에세이 작성
- 성취 기준:
    - 경제 기사 1편을 영어로 요약
    - 찬반 의견을 영어로 5문장 이상 작성

Level 4 (심화 독해와 비판적 사고)

- 대상: 한국 초등 6학년~중학생 (렉사일 800~1000L)
- 기간: 10주 (주 3회, 회당 60~90분)
- 목표:
    - 경제 개념을 영어로 분석하고 논리적으로 설명
    - 수능형 문제를 영어로 직접 제작하여 풀이
    - 챗GPT를 활용하여 의견을 논리적으로 정리
- 주차별 활동:
    - 1~5주차: 경제 개념 학습 + 기사 구조 분석
    - 6~10주차: 고난도 독해 문제 풀이 + 의견 에세이 작성
- 성취 기준:
    - 영어 기사에서 주요 논점 5개 이상 추출
    - 영어로 경제 개념을 정의하고 논리 전개

Level 5 (고급 독해와 논리적 표현)

- 대상: 한국 중고등학생 (렉사일 1000L 이상)

- 기간: 12주 (주 4회, 회당 90분)
- 목표:
  - 영어로 고난도 경제 기사를 읽고 분석
  - 영어 에세이를 논리적으로 작성하여 주장과 근거 명확히 제시
  - 챗GPT와 토론하여 다양한 관점 습득
- 주차별 활동:
  - 1~4주차: 복잡한 경제 기사 분석 + 고급 어휘 정리
  - 5~8주차: 영어 토론 주제 작성 + 의견 정리
  - 9~12주차: 영어로 에세이 작성 + 토론 후 정리
- 성취 기준:
  - 수능형 문제와 토플형 문제를 영어로 작성
  - 고난도 경제 개념을 영어로 설명

☑ 학습 단계별 성취도 점검 (중간 평가)

- **4주차 중간 점검:** Level 1~3: 어휘 학습 성취도 체크 (정답률 70%)

  Level 4~5: 영어 논리 전개 평가 (문장 구조 파악 여부)

- **8주차 중간 평가:** Level 3: 영어 기사 요약 능력 점검 (정확성 80%)

  Level 4~5: 수능형 문제 풀이와 해설 작성 (정확성 75%)

- **12주차 최종 평가:** Level 4~5: 영어 에세이 발표 및 토론 평가

  (논리적 전개와 어휘 사용 평가)

  자기 점검: 영어 문장 자연스러움과 오류율 확인 (오류율 10% 이하)

☑ 성취 감각 유지 방법

1. 매일 5분씩 영어로 짧은 기사를 읽고 요약한다.

2. 학습일지 작성: 학습한 경제 개념과 영어 표현을 정리한다.

3. 주차별로 성취도를 점검하고 부족한 부분을 보완한다.

☑ 학습 꿀팁

자기 점검 습관 갖기

학습 후 자기평가: "오늘 영어로 몇 문장을 만들었는가?"

주별 성취 목표 기록: "이번 주 영어로 기사 요약 몇 개 했는가?"

☑ 챗GPT 활용법

매일 영어로 질문하고 답변 받기

잘못된 표현 교정 요청하기: "GPT, 내가 쓴 문장이 자연스러운지 확인해 줘."

☑ 피드백 활용

틀린 부분은 영어로 다시 작성하여 고치고, 학습 내용을 요약 후 영어로 다시 표현하여 연습합니다.

지속성이 답입니다! 목표를 작게 세워 매일 성취감을 느끼세요. 영어 문해력은 꾸준한 학습과 복습이 핵심입니다. 챗GPT를 도구로 활용하며 적극적으로 학습할 수 있도록 합니다!

Level 1

3. 읽고, 말하고, 나만의 생각을 써보는 문해력 첫걸음

Level 1은 초등학교 1~3학년, 렉사일 지수 200~400L 수준의 학생을 대상으로 구성된 문해력 훈련 입문 프로그램입니다. 1학년부터 4학년 대상이라고 말씀드렸지만, 실제 한국 학생의 학년이 아니라 영어 학습경험이 기준입니다. 짧고 친숙한 뉴스 기사를 읽으며 스스로 단어를 정리하고, 내용을 상상하며 말하고, 자신의 감정과 생각을 글로 써 보는 '읽기 → 말하기 → 쓰기'의 기본 루틴을 자연스럽게 익힐 수 있도록 설계했습니다.

Level 1에서는 어린이 전용 영자신문인 〈News-O-Matic〉을 활용하여 학생 친화적이고 감정 공감 중심의 콘텐츠를 기반으로 문해력 학습의 즐거운 출발점을 마련합니다. 초등학교 4학년이라도 영어를 처음 시작하는 아이라면 Level 1부터 시작해도 되고요. 초등학교 2학년이라도 읽기와 말하기를 꾸준히 해온 아이라면 Level 2 이상으로 도전해 볼 수 있습니다. 아이의 학년보다 중요한 것은 '영어를 스스로 말해보고 생각을 표현해 본 경험이 얼마나 있는가?' 입니다.

활용법

- 대상: 초등 1~3학년, 렉사일 200~400L 수준
- 기사 특징: 말랑한 주제, 감정 공감, 짧고 쉬운 문장
- 학습 태도: 읽고 상상하며, 느낀 점을 자유롭게 표현하도록 격려
- 도구 활용: 챗GPT는 말하기 친구이자 글쓰기 도우미로 사용

학습목표

- ✅ 어휘: 새 단어 5개 이상 이해 및 말로 표현
- ✅ 읽기: 기사 전체 흐름을 이해하고 요약
- ✅ 말하기: 기사에 대한 감정·생각을 말로 표현
- ✅ 쓰기: 기사와 연결된 내 생각을 2~3 문장으로 정리
- ✅ 도구 활용: 챗GPT에게 질문해보기 + 대화 경험하기

☑ 혼자서도 가능한 1일 학습 루틴(5분/15분/60분 플랜)

🕐 5분 플랜: 기사 제목/그림 보고 말로 상상해보기

🕐 15분 플랜: 본문 듣기 → 챗 GPT에게 한 가지 질문

🕐 60분 플랜: 단어 정리 → 기사 요약 → 말하기 → 글쓰기 시도

※ 주의: 꼭 모두 하지 않아도 괜찮아요! 하루의 감정을 표현하고 생각을 확장하는 것이 가장 중요합니다.

☑ 누구나 쉽게 끝내는 주 5일 활동 및 소요시간

Day	활동 흐름	주요 활동	예상 소요 시간
Day 1	어휘 배우기 + 기사 예측하기	• 단어 5개 뜻, 느낌 말하기 • 제목과 그림 보고 이야기 상상하기	약 20분
Day 2	기사 듣기 + 주요 문장 정리	• 기사 듣기 • 중요 문장 골라보기 • GPT에게 질문하기	약 25분

Day	활동 흐름	주요 활동	예상 소요 시간
Day 3	문장 만들기 + 말하기	• 단어로 문장 만들기 • GPT와 말하기 • 프레임 대화	약 30분
Day 4	말한 문장 → 글로 쓰기	• 말한 내용 문장으로 정리하기 • GPT에게 문장 연결 도움	약 30~40분
Day 5	내 글 읽기 + 셀프 체크	• 글 읽고 수정 • 자가점검 체크리스트	약 20분

☑ 학습 효과

- 듣기, 말하기, 읽기, 쓰기 4가지 기본 능력의 균형 잡힌 발달
- 뉴스 기반 사고력과 표현력 강화
- AI와 함께 질문하고 표현하는 자기주도 학습 습관 형성

☑ Level 2 진입 전 셀프 체크리스트

☐ 기사에서 배운 단어 3개 이상을 설명할 수 있어요.

☐ 기사에서 중요한 문장 1개를 찾을 수 있어요.

☐ 내 문장을 만들어본 적이 있어요.

☐ GPT에게 궁금한 걸 질문해본 적이 있어요.

☐ 기사 주제에 대해 내 생각을 2~3문장으로 써본 적이 있어요.

4개 이상이면 Level 2로 도전할 준비가 되었어요!

LEVEL 1

1일 학습 루틴 실전 연습장

NEWS × + 〈News-O-Matic〉 Hero Rat Sniffs Out a Record!

Hero Rat Sniffs Out a Record!
By Hannah Marcum
Ronin breaks the record for most mines found by a rat

The group trains African giant pouched rats. They are in Tanzania. They give the animals food rewards.

APOPO has rats working in Angola, Azerbaijan, and Cambodia. And there are rats in Mozambique, Ethiopia, and Zimbabwe. The group says animal welfare is important. The rats spend a short time working. Then they rest and play. Older rats get a retirement. Ronin has been working since August 2021. He isn't done. Could Ronin's record grow? How many people could he save? Phanny is an APOPO worker. She helps Ronin find the mines. Phanny says Ronin is a "partner."

기사 개요 및 학습 목표	
출처	News-O-Matic / April 9, 2025
렉사일 지수	200~400L
주제	지뢰를 찾아 사람을 구한 쥐 'Ronin'의 활약과 동물 훈련
학습 목표	• 기사 내용을 이해하고 요약하기 • 지뢰탐지와 동물 훈련에 대해 자신의 생각을 표현하기 • 관련 어휘를 익히고 예문을 만들어보기 • GPT를 활용하여 질문 만들기 및 글 확장하기

<5분-15분-60분 학습법>

🕐 5분 학습법 - 기사 제목과 이미지 살펴보기

1. **제목 읽기**: 'Hero Rat Sniffs Out a Record!'라는 제목을 소리 내어 읽어봅니다.
2. **이미지 관찰**: 기사에 포함된 Ronin과 Phanny의 사진을 보고, 어떤 장면인지 상상해봅니다.
3. **예상하기**: 제목과 이미지를 바탕으로 기사 내용이 무엇일지 추측해봅니다. → 예상 내용: "쥐가 뭔가를 잘 sniff해서 상을 받은 이야기일 것 같아요. 폭탄을 찾는 장면 같아요."

🕐 15분 학습법 - 기사 듣기 및 주요 내용 파악해보기

1. **기사 듣기**: 〈News-O-Matic〉의 오디오 기능을 활용하여 기사를 들으며 따라 읽습니다.
2. **중요 문장 찾기**: Ronin earned a Guinness World Record. He found the most landmines for a rat!
3. **챗GPT와 대화 예시 질문:**

   🧑 GPT야, 왜 사람들이 Ronin을 영웅이라고 불러?

   🧑 GPT야, Ronin이 어떻게 폭탄을 찾을 수 있어?

   한글로 질문하고 영어로 변환해서 적어보면 더 좋아요.
4. **News-O-Matic 퀴즈 풀기**: 기사 상단 'Questions' 버튼을 눌러

퀴즈를 풀고 이해도를 점검합니다.

⏱ 60분 학습법 - 단어 학습, 말하기 및 글쓰기 연습하기

1. 스스로 어휘 정리하기

단어	뜻	기사 속 예문적기
landmine	땅에 묻힌 폭탄	The rat found a landmine under the ground.
record	기록	Ronin broke a world record by finding many bombs.
partner	동료, 협력자	Ronin works with Phanny as a team.
reward	보상	The rat got a treat as a reward.
sniff	킁킁거리다, 냄새를 맡다	Ronin sniffs to find hidden landmines.

2. 챗 GPT랑 말로 놀아볼까?

챗 GPT 활용 혼자서도 가능한 스피킹 연습 예시를 제안해 볼게요. 학생은 아직은 영어가 어려울 수 있어서, 한국어로 물어보고 영어로 대답 듣는 연습을 해요. 연습할 때 이렇게 말해보세요!

🧑 나: GPT야, 나 한국어로 물어볼게. 너는 영어로만 대답해 줘! 준비 됐지? Ronin은 왜 유명해졌어?

🤖 GPT: Because he found more than 100 landmines and saved many lives.

🧑 나: GPT야, 방금 내가 한글로 말한 질문을 영어로 하면 어떻게 되니?

🤖 GPT: You asked "Why is Ronin famous?"

이렇게 내 질문을 영어로 고쳐달라고 하면 "내가 진짜 하고 싶은 말"을 영어로 말하게 돼요!

⏱ 60분 학습법에서 한 걸음 더 나아가기!

이 대화들을 말하면서 써보면 → 스피킹 + 쓰기 + 문해력이 모두 쑥쑥 올라갑니다.

1. 내가 만든 영어 질문을 모아서 스피킹 노트 만들기

GPT에게 내가 한글로 말한 질문을 영어로 바꿔달라고 부탁하면 끝!

예시 1: 한글 질문 + GPT가 고쳐준 영어

내가 한 질문 (한글)	GPT가 알려준 영어 질문
Ronin은 왜 유명해?	Why is Ronin famous?
동물이랑 사람이 친구 될 수 있어?	Can animals and people be partners?

2. 영어학습도 놀이처럼 역할 놀이 해보기

🧑 나: GPT야, 우리 놀이하자! 너는 영어 선생님이고 나는 학생이야. 나는 한국어로 질문할게. 너는 영어로만 대답해줘!

🧑 나: Ronin은 무슨 일을 해?

🤖 GPT: Ronin is a hero rat. He finds landmines to keep people safe!

🧑 나: 나도 그런 쥐 키우고 싶어.

🤖 GPT: That would be amazing! A smart partner like Ronin

can save lives.

말하면서 배우는 게 진짜 영어 실력이에요! GPT랑 매일 조금씩 이야기 나눠보세요. 처음엔 짧게, 나중엔 길게 할 수 있답니다!

3. 혼자서도 척척 할 수 있는 GPT 활용 글쓰기 루틴

Step 1 **기사를 입력하세요**

'Hero Rat Sniffs Out a Record!'

Step 2 **GPT에게 이렇게 말해보세요!**

🧑 GPT야, 나 지금 'Hero Rat Sniffs Out a Record!' 기사를 읽었어. 기사 요약 한 문장 쓰고, 내 경험도 한 문장 써볼게. 그걸 이어서 멋지게 글로 만들어줘!

Step 3 **내가 직접 두 문장을 써보세요**

- 기사 요약 문장: Ronin is a hero rat who found 109 landmines and saved people in Cambodia.
- 나의 경험 연결: I once saw a guide dog helping a blind person cross the road. I think animals can be very helpful friends to people.

Step 4 **GPT에게 이렇게 이어달라고 말해보세요**

🧑 GPT야, 이 두 문장을 자연스럽게 연결해서 더 길고 멋진 글로 바꿔줘!

Step 5 GPT가 도와준 글쓰기 예시입니다

🤖 Sure! Ronin is a hero rat who found 109 landmines and helped make the land safe. I once saw a guide dog helping a person cross the street. That made me feel that animals are not just pets – they can also be heroes. I think animals and humans can work together to help others. It would be amazing to have a job like Ronin one day!

보너스!

GPT에게 이런 요청도 가능해요

🧑 GPT야, 내 문장을 더 간단하게 바꿔줘.

🧑 GPT야, 너라 초등학생이 되어서 쓴 것처럼 더 짧고 쉽게 바꿔줘.

🧑 GPT야, 내가 쓴 글을 3문장으로 요약해줘.

LEVEL 1

5일 학습 루틴 실전 연습장

다음은 〈News-O-Matic〉 기사 'Hero Rat Sniffs Out a Record!'를 바탕으로, 학생이 하루에 하나씩 따라하며 영어 문해력을 키울 수 있도록 구성된 5일 학습 루틴입니다. 각 활동은 GPT 지시문과 함께 제공되며, 말하기·쓰기·사고력까지 확장됩니다.

📅 Day 1 - 단어 배우기 + 기사 예측하기 (약 20분)

- **학습효과** | 어휘력 기반 확장, 추론력 향상, 이야기 구조 예측 훈련

1. 제목과 사진을 보고 어떤 이야기일지 상상해보기

예시: 쥐가 코로 냄새를 맡아 폭탄을 찾는 이야기 같아요. 작은 동물이 큰일을 해낸다는 내용일 것 같아요.

2. 오늘 배운 단어 정리하기

단어	뜻	예문
landmine	땅에 묻힌 폭탄	The rat found a landmine in the field.
record	기록	Ronin broke the record for finding the most landmine.
partner	함께 일하는 존재	Ronin is Phanny's brave partner.
reward	보상	The rat got a banana as a reward.
safe	안전한	The rats help make the land safe again.

3. 기사를 읽기 전에 예측해보기

"나는 이 기사가 똑똑한 쥐가 지뢰를 찾아서 사람을 도와주는 이야기일 것 같아요. 사진 속에서 쥐가 작업복을 입고 있어서요."

📅 Day 2 - 기사 듣기 + 중요 문장 + GPT 대화 (약 25분)

- **학습 효과** | 듣기 → 요약 → 이해 질문 → AI 대화로 연결되는 정보 처리 및 사고력 확장 루틴

1. 오늘의 핵심 문장 정리하기

왜 이 활동이 중요할까요? 기사에서 가장 인상 깊었던 문장을 스스로 선택해 보는 활동입니다. 중요 문장을 고르는 과정은 아이가 글의 중심 내용, 메시지, 정보 포인트를 파악하는 능력을 키워줍니다.

예시: Ronin earned a Guinness World Record. He found the

most landmines for a rat!

이 문장은 기사 전체의 주제를 요약하는 핵심 정보이자 Ronin이 왜 뉴스에 나왔는지를 설명해주는 중심 아이디어입니다.

2. GPT와 함께 질문해보기

중요한 것은 질문은 처음에는 한국어로 해도 괜찮습니다. GPT에게 미리 말해주세요.

🧑 GPT야, 나는 한국어로 물어볼게. 너는 영어로 짧고 쉽게 대답해줘!

- 이렇게 말해보세요

🧑 나: 너는 초등학생 수준의 영어 선생님이야. 짧고 쉽게 설명해줘!

- 질문 예시 1 – Ronin이 왜 특별한 거야?

🧑 나: Explain this like I'm a 9-year-old: Why is Ronin special?

🤖 GPT: Ronin is special because he found bombs safely and helped save many people. He is a brave rat.

- 질문 예시 2 – Ronin처럼 사람을 도와주는 동물이 또 있을까?

🧑 나: Tell me 2 animals like Ronin that help people. Use easy English.

🤖 GPT: Dogs help blind people cross the road. Dolphins sometimes help swimmers in the sea.

3. 꿀팁! 아이 레벨을 맞추는 지시문 모음

아래 지시문은 아이가 질문을 던졌을 때, GPT의 답변이 너무 어렵지 않도록 조절해 주는 도우미에요.

목적	추천 지시문 문장(영어/한글가능)
초등 수준으로 설명 요청	Explain like I'm 8 years old.
짧고 쉽게 대답해줘	Please give a short and simple answer.
예시 1~2 개만 줘	Can you give me 1 or 2 examples?
영어 문장으로 다시 말해줘	Can you say it in a simple English sentence?
내가 들은 문장 쉽게 설명해줘	What does this sentence mean? Say it in easy words.

📅 Day 3 - 스스로 문장 만들기 + 챗 GTP 선생님과 말하기 연습 (약 30분)

- **학습 효과** | 단어를 문장으로 바꿔보고, 내 생각을 영어로 표현하며 말하는 힘을 기릅니다. 챗GPT에게 문장을 확인받고 수정해보며 표현의 다양성 + 자신감이 자라납니다.

1. 단어를 활용해 문장 만들기

Day 1에서 배운 단어 중 1~2개를 골라서 문장을 만들어 보세요(예를 들어 landmine, record, reward, partner, sniff 등).

- 예시 문장
    - Ronin found a landmine and saved people.

- He got a reward for his brave work.

- Instruction

  위의 단어들 중에서 하나를 골라, 그 단어를 꼭 넣은 문장을 1~2개 적어보세요. 문장은 내가 직접 쓰고, GPT에게 확인을 요청할 수 있어요!

- GPT 지시문 예시

   GPT야, 내가 쓴 문장을 자연스럽게 고쳐줄래?

   초등학생 OO 학년이 쉽게 말할 수 있게 바꿔줘!

2. 기사에서 가장 흥미롭거나 궁금했던 부분에 대해 말해보기

- Instruction

  - 오늘 읽은 기사에서 내가 제일 흥미로웠던 부분, 더 알고 싶었던 부분, 또는 배운 점 중 한 가지를 골라 말해보세요!

- 예시 질문 (스스로 생각해봅니다)

  - Ronin이 어떤 점에서 멋졌나요?

  - 어떤 순간이 제일 기억에 남았나요?

  - Ronin처럼 나도 사람을 도와준 경험이 있을까요? 내 생각을 영어로 말해봅니다.

- 예시 1

  - I think Ronin is a hero because he helped people find

bombs.

- 예시 2
    - I want to learn how rats can smell landmines. That was very interesting.

3. 말로 표현해 보고, GPT에게 읽어달라고 요청해보기

- Instruction

    위에서 쓴 문장을 직접 소리 내어 읽어 보세요. 그런 다음, GPT에게 물어볼 수 있어요.

- GPT 지시문 예시

    GPT야, 내가 쓴 문장을 너가 영어로 읽어줘!

    GPT야, 내가 쓴 글 어땠어? 조금 더 멋지게 바꿔줄래?

    GPT야, 내 글에 제목을 붙여줄래?

    GPT야, 내가 쓴 글을 3 문장으로 요약해 줄 수 있어?

    GPT가 문장을 읽어주면, 그걸 따라 읽기 + 발표 연습으로 활용해보세요!

- 확장 활동 TIP

    쓰기 + 말하기 + 피드백을 한 번에 경험해보는 활동이에요! '읽고 → 쓰고 → 말해보고 → 고쳐보는' 루틴을 반복하면 영어로 생각하고 말하는 힘이 훨씬 단단해집니다.

📅 Day 4 - 글쓰기 연습 + GPT 확장 (약 30~40분)

- **학습 효과** ｜ 기사를 읽고 내용을 정리해보고, 나의 경험과 연결해서 간단한 글을 쓴 뒤, GPT에게 도움을 받아 문법을 고치고, 문장을 확장해 보는 훈련입니다. 읽기 → 쓰기 → 문법 → 말하기까지 통합적으로 연습할 수 있어요!

---

1. 내 생각을 한글로 먼저 말해보세요.

- Instruction

  오늘 기사를 읽고, 어떤 점이 기억에 남았는지, 내 생각은 어떤지 말해보세요. 아래 질문 중 하나를 골라 한글로 2~3문장을 말해보세요!

- 예시 질문

  - 오늘 기사에서 제일 인상 깊었던 내용은?
  - Ronin처럼 나도 도와준 경험이 있을까?
  - 이런 직업이 있다면, 나도 해 보고 싶을까?

- 예시

  저는 Ronin이라는 쥐가 지뢰를 찾아 사람을 도운 것이 정말 멋졌다고 생각했어요. 저도 누군가를 돕는 사람이 되고 싶어요.

2. GPT에게 말로 읽어주고, 영어로 바꿔달라고 요청해보세요

- Instruction

위 문장을 천천히 GPT에게 말해보세요. 타이핑이 어려운 친구는 말로 해도 좋습니다. 아래 지시문 중 하나를 써서 GPT에게 영어로 바꿔달라고 말해보세요!

- 추천 지시문

🙂 GPT야, 내가 한글로 말한 글을 영어로 바꿔줘. 문법도 자연스럽게 고쳐줘.

🙂 GPT야, 내가 말한 문장을 영어로 써줘. 초등학교 00학년 수준으로 쉽게 부탁해!

🙂 GPT야, 내가 말한 글을 예쁘고 자연스럽게 고쳐줘.

- GPT 응답 예시

🤖 Sure! Here's your sentence in English:

🤖 I think Ronin is amazing because he saved many people by finding landmines.

🤖 I want to be a person who helps others just like him.

3. **GPT에게 더 자연스럽고 긴 글로 바꿔달라고 요청해보세요.**

- 추천 지시문

🙂 GPT야, 지금 문장을 좀 더 자연스럽게 길게 이어줘!

🙂 GPT야, 내가 쓴 문장을 더 자세하게 확장해줘. 설명을 좀 더 추가해 줘.

- GPT 응답 예시

🤖 Ronin is not just a rat. He is a hero who helps people stay safe. His work saves lives, and I think that's amazing.

🤖 I want to do something meaningful like him when I grow up.

- 추천 시시문

👦 GPT야, 내가 쓴 글에 제목을 붙여줘!

👦 GPT야, 이 글을 5 문장으로 요약해 줘.

👦 GPT야, 이 글을 초등학생이 말한 것처럼 더 쉽게 바꿔줘.

👦 GPT야, 내 글을 영어 발표용으로 정리해 줘!

☑ 마무리 정리

이 활동은 이렇게 연결돼요.

읽기: 기사에서 핵심 내용을 정리한다.

쓰기: 내 생각을 말로 정리해 본다.

GPT: 문장을 고치고, 확장하고, 말로 읽는 연습까지 해본다.

📅 Day 5 - 셀프 점검 + 오늘 느낀 점 정리 (20분 소요)

- **학습 효과** | 자기 점검 → 반성적 사고 → 감정 표현 및 정리 능력이

향상됩니다.

오늘까지 학습한 내용을 체크해봅니다. 다음 항목을 완료했는지 확인하고, 오늘 배운 내용을 스스로 점검해보세요.

1. 내가 새롭게 배운 단어를 설명할 수 있어요

- 활동 지침

  기사에서 배운 단어를 큰 소리로 말하며, 그 뜻을 자기 말로 설명해 보세요.

- 예시

  VIPER는 로봇인데, 이 로봇은 사람들을 돕기 위해 만들어졌어요.

2. 기사에서 중요한 문장을 찾았어요

- 활동 지침

  중요한 문장을 하이라이트 하거나 별표로 표시해 보고, 그 이유를 말해보세요.

- 예시

  Ronin is a rat who helps save lives by finding landmines.

3. 나의 문장을 영어로 말하거나 썼어요

- 활동 지침

기사 내용을 자기 말로 바꾸기 연습을 했으면, 영어로 말하기 연습을 해보세요. 다시 말하기로 시작하세요.

- 예시

  Ronin is an important helper because he saves people from danger.

4. GPT에게 질문을 해봤어요

- 활동 지침
- 영어로 질문을 했을 때, "왜 이 답이 나왔을까?"를 물어보며, 대답을 비교해보세요.
- 예시

  Why is Ronin so important?

5. Ronin에 대한 내 생각을 글로 써봤어요

- 활동 지침

  내가 Ronin에 대해 어떻게 느꼈는지" 간단히 두 문장으로 정리해보세요.

- 예시

  Ronin is a true hero. He helps people stay safe, and I think that's amazing.

전체 점검표

활동	했나요?	예시
기사에서 배운 단어 3개 이상을 설명할 수 있어요.	O / X	"I learned that 'VIPER' means a robot!"
기사에서 중요한 문장 1개를 찾을 수 있어요.	O / X	"Ronin helps to save lives."
내 문장을 만들어본 적이 있어요.	O / X	"I think Ronin is amazing because he helps people."
GPT에게 궁금한 걸 질문해 본 적이 있어요.	O / X	"Why is Ronin so special?"
기사 주제에 대해 내 생각을 2~3문장으로 써본 적이 있어요.	O / X	"I believe Ronin is a true hero!"

※ 위의 점검표에서 4개 이상 체크할 수 있다면, level 2에 도전 준비 완료! 축하합니다.

☑ 5일 학습 마무리 체크리스트

☐ 오늘 느낀 점 영어 한 문장 적기 활동을 합니다. 오늘 하루 동안 가장 기억에 남는 점을 영어로 한 문장을 적어보세요. 예시로, "Today, I learned that even a small animal like a rat can do great things to help people."와 같이 적어봅니다.

☐ 오늘을 칭찬해요. 오늘 하루, 영어라는 도구로 내 생각을 표현했다

는 것만으로도 정말 대단해요! 단어를 많이 몰라도 괜찮아요. 문법이 틀려도 괜찮아요. 오늘 하루, 나는 글로벌 시민으로서 세계 이슈를 다루고, '문해력을 키우는 사람'이 되었습니다! 이제 매일 이 루틴을 이어가며, 더 재미있는 뉴스와 함께 점점 더 성장해요!

Level 2

4. 사고 확장 + 비판적 사고능력 + AI 대화 가이드

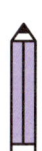

　Level 2는 초등 3~5학년 렉사일 지수 400~600L 수준의 친구들이 대상입니다. Level 1과 마찬가지로 어린이 전용 영자신문 〈News-O-Matic〉 뉴스를 읽으면서 사고력을 확장하고, 기사 내용과 관련된 나의 생각과 질문을 영어로 표현하는 훈련을 해봅니다.

　꼭 이 기사가 아니더라도 아이가 흥미로워하고 친숙한 주제라면 무엇이든 상관없습니다. 뉴스 오 매틱을 활용하는 것은 난이도별 학습이 가능하기 때문이라고 말씀드렸죠? 부모님이나 학원 선생님들이 뉴스 중에서 좋은 주제를 고르고, 챗GPT를 활용해 난이도를 조절하면 어떤 기사든 이런 방식으로 학습할 수 있어서 좋습니다.

　이 레벨에서는 비판적 사고능력을 길러주는 것이 핵심 목표입니다. 어휘력도 열심히 길러야 하는 시기인 만큼 핵심 단어를 파악해서 챗GPT와 대화하는 연습을 하고, 문단 구조를 파악하면서 '중심 문장' 찾기 훈련도 해봅니다.

활용법

- 대상: 초등 3~5학년, Lexile 400-600L 수준
- 기사 특징: 학교·가정·환경 등 친숙한 주제를 통해 정보와 의견을 함께 소개
- 학습 태도: 문장 하나하나를 이해하며, 나만의 질문을 만들고 생각을 연결
- 도구 활용: GPT는 질문을 도와주는 선생님, 말하기 연습 친구로 활용

학습목표

- ✅ 어휘: 기사 핵심 단어 5~8개를 뜻과 함께 익히고 사용해 보기
- ✅ 읽기: 문단 구조를 파악하며 중심 문장 찾기
- ✅ 말하기: 기사 내용에 대해 자신의 생각과 질문을 말로 표현
- ✅ 쓰기: 주제 관련 나의 의견을 2~4문장으로 간단하게 쓰기
- ✅ 도구 활용: GPT에게 "이 단어가 무슨 뜻 이야?" "내 생각 어때?"라고 질문해 보기

☑ 혼자서도 가능한 1일 루틴 (5분/15분/60분 플랜)

🕐 5분 – 기사 제목/그림 보고 말로 상상해보기

🕐 15분 – 본문 듣기 → 챗 GPT에게 한 가지 질문

🕐 60분 – 단어 정리 → 기사 요약 → 말하기 → 글쓰기 시도

※ 주의: 오늘 다 못해도 괜찮아요. "이 기사에서 가장 기억에 남는 문장은 뭐였지?" 스스로 질문하면서 마무리해보세요. 생각을 말하고 쓰는 것만으로도 Level 2의 가장 멋진 완성이에요!

☑ 누구나 쉽게 끝내는 주 5일 루틴 활동 및 소요시간

Day	활동 흐름	주요 활동	예상 소요 시간
Day 1	어휘 배우기 + 기사 예측하기	• 단어 5개 뜻, 느낌 말하기 • 제목과 그림 보고 이야기 상상하기	약 20분
Day 2	기사 듣기+ 주요 문장 정리	• 기사 듣기 • 중요 문장 골라보기 • GPT에게 질문하기	약 25분

Day	활동 흐름	주요 활동	예상 소요 시간
Day 3	문장 만들기 + 말하기	• 단어로 문장 만들기 • GPT와 말하기 • 프레임 대화	약 30분
Day 4	말한 문장 → 글로 쓰기	• 말한 내용 문장으로 정리하기 • GPT에게 문장 연결 도움	약 30~40분
Day 5	내 글 읽기 + 셀프 체크	• 글 읽고 수정 • 자가점검 체크리스트	약 20분

※ 4개 이상 체크가 가능하다면, Level 3에 도전할 준비가 되었어요!

☑ Level 2 학습 효과

읽기, 듣기, 말하기, 쓰기 4가지 영역을 통합해 연습할 수 있어요.

주제와 중심 생각을 찾아내는 힘이 커져요.

AI 친구(GPT)와 대화하며 질문하고, 내 생각을 키울 수 있어요.

내 생각을 이유와 함께 영어로 표현할 수 있어요.

☑ Level 3 진입 전 셀프 체크리스트

☐ 기사 내용을 주제와 중심 생각으로 요약할 수 있어요.

☐ 기사 주제에 대해 찬성/반대 의견을 1 문장 이상 쓸 수 있어요.

☐ GPT에게 질문을 2개 이상 해본 적이 있어요.

☐ 내 의견을 영어로 3문장 이상 정리해 본 적이 있어요.

☐ GPT에게 내 글을 고쳐달라고 해본 적이 있어요.

LEVEL 2

1일 학습 루틴 실전 연습장

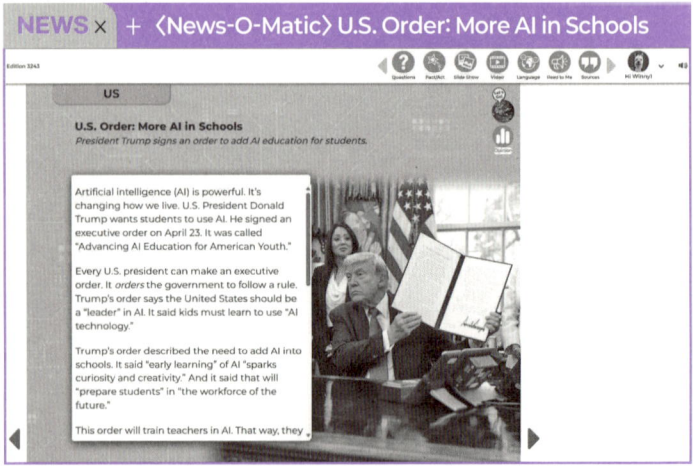

기사 개요 및 학습 목표

출처	News-O-Matic / April 25, 2025
렉사일 지수	400~600L
주제	미국 대통령이 AI 교육을 강화하는 법령을 발표한 이야기
학습 목표	• 기사 주제와 핵심 주장을 찾아보기 • AI 교육의 필요성과 걱정거리에 대해 생각해보기 • 내 생각을 글로 정리하고, GPT와 이야기 확장하기

<5분-15분-60분 학습법>

⏱ 5분 학습법 - 제목과 사진 살펴보기 + 주제 예측하기

1. 제목 읽기: Read the title aloud.

- 제목: _____

2. 사진으로 기사 내용 예상하기: Look at the picture and imagine the story.

- 내 생각 / My thoughts: _____

3. 주제와 이유 적기: Write the predicted topic and your reason.

- 예상 주제 Topic: : _____
- 그렇게 생각한 이유 Reason: : _____

⏱ 15분 학습법 - 기사 듣기 + 중심 생각 찾기 + 질문하기

1. 오디오 듣기: Finished listening to audio? (O / X)

2. 중심 문장 적기: Write the most important sentence

- 중심 문장: : _____

3. GPT에게 질문해보기: Ask GPT a question

🧑 GPT야, AI를 학교에서 배우는 게 왜 중요해?

🧑 GPT, why is learning AI in school important?

🧑 GPT야, AI를 배우면 좋은 점은 뭐야? 간단히 말해줘!

🧑 GPT, why is learning AI good? Say it in a simple way!.

🕐 60분 학습법 - 요약하고, 내 생각 쓰고, GPT랑 대화하기

1. 3문장 이상으로 기사 요약하기: Summarize the article

   (3+ sentences)

   • 요약: _____

2. 내 생각 적어보기: My opinion

   • 나는 [찬성/반대]해요. I [agree/disagree].

   • 이유1 Reason 1: _____

   • 이유2 Reason 2: _____

   • 예시 Example: _____

3. GPT에게 요청하기: Ask GPT to improve your writing

   👤 GPT야, 내 글을 초등학생답게 자연스럽고 길게 고쳐줘!

4. 오늘 배운 단어 정리하기

단어	뜻	기사 속 예문	나의 문장
executive order	대통령 명령	The president signed an executive order.	
artificial intelligence	인공지능	AI is changing how we live.	
education	교육	The order is about AI education for students.	
leader	선도자, 리더	The U.S. wants to be a leader in AI.	
curiosity	호기심	Early learning sparks curiosity and creativity.	

LEVEL 2

5일 학습 루틴 실전 연습장

이 워크북은 〈News-O-Matic〉 기사 'U.S. Order: More AI in Schools'를 바탕으로, 학생이 스스로 읽고 질문하고 대답을 만들어가며 학습할 수 있도록 설계되었습니다. GPT 대화 질문과 대답 예시를 모두 포함하여, 초등학생이라도 혼자서 학습할 수 있습니다.

📅 Day 1 - 단어 배우기 + 기사 예측하기
(Learn Words + Predict the Article)

- **학습 목표 / Today's Goal** ㅣ 새로운 단어를 배우고, 기사를 읽기 전에 내용을 상상해 봐요.

  Learn new words and predict what the article is about.

1. 제목을 소리 내어 읽어봅니다. Read the title out loud.

- U.S.Order: More AI in Schools

2. 사진을 보고 어떤 이야기일지 생각해봅니다.

Look at the picture and guess what the article is about.

- 예상 주제 / Predicted Topic: _____
- 그렇게 생각한 이유 / Reason: _____

3. 오늘의 단어 / Today's Words

단어	뜻
executive order	대통령 명령
artificial intelligence	인공지능 / AI
education	교육
leader	선도자, 리더
curiosity	호기심

📅 Day 2 - 기사 듣기 + 핵심 문장 + GPT 대화

(Listening + Key Sentence + GPT Chat)

- **학습 목표** / Today's Goal

기사를 듣고 중심 문장을 찾고, GPT와 짧은 대화를 해봐요.

Listen to the article, find the main idea, and chat with GPT.

---

1. 기사 들어보세요. / Listen to the article.

2. 가장 중요한 문장을 적어보세요. / Write down the Key Sentense.

- _____

3. GPT와 대화하세요. / Chat with GPT

- 질문 예시 1

🙂 나: GPT야, 왜 학교에서 AI를 가르쳐야 해? 어린이도 이해할 수 있게 설명해 줘!

🙂 나: GPT, why should we learn AI at school? Explain simply for a child.

🤖 GPT: Because AI is important for the future. It helps people work and solve problems easily.

- 질문 예시 2

🙂 나: AI를 배우면 좋은 점 2가지만 알려줘!

🙂 나: GPT, tell me two good things about learning AI.

🤖 GPT: First, AI makes life easier. Second, AI helps people learn new things faster.

📅 Day 3 - 단어로 문장 만들기 + 내 생각 말하기
(Make Sentences + Share Your Thoughts)

● **학습 목표 / Today's Goal** | 단어로 문장을 만들고, 내 생각을 영어로 표현해요.

Today's Goal: Use new words to make sentences and express your ideas.

1. 단어로 나만의 문장 만들어보기 / Make sentences using new words.
   - My sentence: _____

2. 가장 기억에 남는 부분 적어보기 / Write down the most interesting part.
   - _____

3. GPT에게 나만의 문장 고쳐달라고 요청하기 / Ask GPT to improve your sentence:
   - 질문 예시

   🧑‍🦱 나: GPT야, 내가 만든 문장을 자연스럽게 고쳐줄래?

   🧑‍🦱 나: GPT, can you make my sentence sound more natural?

   🤖 GPT: Sure! Your sentence sounds good, but here is a better version: AI education helps students prepare for the future.

📅 Day 4 - 요약 + 내 생각 정리 + GPT 확장하기 (Summary + Opinion + GPT Expansion)

- **학습 목표 / Today's Goal**

  기사를 요약하고, 내 생각을 연결해 멋진 글을 완성해봐요.
  Summarize the article and connect your opinion in a full paragraph.

1. 3문장 이상으로 기사 요약 / Summarize the article.

   (3 sentences or more)

   - _____
     _____

2. 2문장으로 내 생각 정리해보기 / Write your opinion.

   (2+ sentences):

   - _____
     _____

3. GPT 확장 요청하기 / Ask GPT to expand:

   🧑 나: GPT야, 내가 쓴 글을 더 자연스럽고 길게 이어줄래?

   🧑 나: GPT, can you make my writing longer and more natural?

   🤖 GPT: Sure! Learning AI is very important. It helps students think better and prepare for the future. I believe every student should learn AI at school.

📅 Day 5 - 셀프 점검 + 오늘 느낀 점 정리
(Self Check + Reflection)

- **학습 목표 / Today's Goal** | 한 주 동안 배운 것을 정리하고, 오늘의 느낀 점을 남겨요

  Review what you learned and write your thoughts.

1. 셀프 체크 / Self Checklist (Check what you did this week.)

- ☐ 기사에 나온 새 단어 3개 이상을 내 말로 설명해 본 적이 있어요.
- ☐ 기사의 내용을 짧게, 주제 중심으로 정리해 본 적이 있어요.
- ☐ 기사와 관련해서 내가 궁금한 점을 2개 이상 질문해 본 적이 있어요.
- ☐ 내 생각을 영어로 3문장 이상 써 본 적이 있어요.
- ☐ GPT에게 내 글을 더 멋지게 바꿔달라고 해 본 적이 있어요.

2. 오늘 느낀 점 적어보기 / What did you feel today?

- Today, I felt _____.

3. 오늘의 나를 응원해보자 / Cheer for yourself today.

You used English to connect your thoughts to the world. Even one word or sentence helped you grow. Mistakes are okay! What matters is that you kept thinking and expressing.

☑ **Ready for** `Step 3`

한 걸음 더 깊이! 이번 주 동안 여러분은 '생각하고, 표현하고, 질문하는 사람'으로 성장했어요. 위의 셀프 체크 리스트 5개 중 4개 이상을 스스로 해냈다면, 이제 더 넓은 주제, 더 깊은 질문에 도전할 준비가 된 거예요. 틀려도 괜찮아요. 중요한 건, 여러분이 스스로 생각하고 연결한 경험이에요. Level 3은 여러분을 기다리고 있어요. 자신 있게 도전해보세요!

Level 3

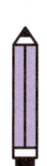

5. 주장하기, 반론 구성, GPT로 논리적 글쓰기 확장

    Level 3부터는 실전 중심의 영어 문해력 활동입니다. 학생이 영어로 읽고 → 생각하고 → 자신의 생각을 말하고 쓰는 훈련을 단계별로 진행합니다. 여기서부터는 어려워지기 때문에 칭찬과 격려가 무엇보다 중요해요. 기사 지문이 어려울 수 있어요. 모르는 단어가 나와도 괜찮아요. 모든 문장을 완벽히 해석하는 것보다, 전체 내용을 이해하려는 태도가 더 중요합니다.

    활동 시간은 학생마다 다릅니다. 하루 30~40분 안에 끝나지 않아도 괜찮아요. 중요한 건 "오늘 내가 끝냈느냐"보다 "내가 이 주제에 대해 생각해봤느냐"입니다. 챗GPT와의 대화는 한국어로 질문해도 되고, 영어로 해도 좋아요. 다만 챗GPT가 쉽게 대답할 수 있도록 아래처럼 지시문을 꼭 함께 써주세요.

    "영어로 짧게 대답해 줘!" "초등학생처럼 쉽게 설명해 줘!" "나는 학생이야. 쉬운 영어로 말해줘!"

활용법

- 대상: 초등 4~6학년, Lexlie 600-800L
- 기사 특징: 정보성 + 주장 제시, 실제 사회현상 또는 직업, 기술 등과 관련된 뉴스
- 학습 태도: 중심 주장을 스스로 정리하고, 찬성/반대 의견을 말해보는 훈련
- 도구 활용: GPT는 논리적 대화 상대, 글쓰기 피드백 선생님

학습목표

- 어휘: 문맥 속에서 중요한 단어 8~10개 익히기
- 읽기: 문단의 흐름을 따라가며 주장과 근거 구분
- 말하기: 찬반 의견 말하고, 반대 질문에도 답해보기
- 쓰기: 기사 속 핵심 내용을 요약하고 내 생각을 글로 정리
- 도구 활용: GPT에게 "내 생각에 반대해 줘", "글 점수 매겨줘" 등으로 사고 확장 시도

☑ 혼자서도 가능한 1일 루틴 (5분-15분-60분 학습법)

🕐 5분 – 주제 예측 + 배경지식 연결

🕐 15분 – 기사 읽기 + 핵심 문장 표시 + 질문 만들기

🕐 60분 – 단어 정리 → 요약 → 찬반 말하기 → 글쓰기

※ 주의: 레벨 3은 "맞고 틀림"보다 "내가 왜 그렇게 생각했는지"가 중요해요. 글을 쓰기 전, 꼭 말로 먼저 설명해보세요. GPT와 질문–반박–요약 대화를 해보는 것만으로도 Level 4 준비가 됩니다!

☑ Level 3 학습 효과

- 뉴스 기반 영어 독해를 통해 핵심 정보 분석력이 자랍니다.
- 찬반 구조로 자신의 의견을 말하고, 논리적으로 글쓰기 연습을 해요.

- GPT와의 대화를 통해 주장 – 반론 – 재주장 훈련이 가능해요.
- 실제 사회 이슈에 대해 비판적 사고를 키우고, 영어로 표현하는 힘을 기를 수 있어요.

☑ Level 4 진입 전 셀프 체크리스트

아래 항목 중 4개 이상 체크되면 Level 4 도전 준비가 되었습니다!

- ☐ 나는 기사 내용을 처음-중간-끝 흐름대로 짧게 정리해 본 적이 있어요.
- ☐ 기사에 대해 찬성 또는 반대 의견을 영어로 2가지 이유와 함께 말하거나 써 본 적 있어요.
- ☐ 누군가 나와 다른 생각(반대 의견)을 말할 것 같다고 상상하고, 거기에 대한 내 답을 영어로 써본 적이 있어요.
- ☐ GPT와 토론처럼 서로 질문하고 대답하는 영어 대화를 해 본 적이 있어요.
- ☐ 내가 쓴 글을 GPT에게 평가해 달라고 영어로 요청해 본 적이 있어요.

※ 4개 이상이면 Level 4로 도전할 준비가 되었어요!

LEVEL 3

1일 학습 루틴 실전 연습장

NEWS × + 〈News-O-Matic〉 Real Jobs:

기사 개요 및 학습 목표

출처	News-O-Matic / April 2025
렉사일 지수	600~800L
주제	나무를 치료하는 진짜 직업, '수목 의사(Tree Doctor)'가 어떤 일을 하는지 소개하며, 자연과 환경을 지키는 직업의 중요성을 전달
학습 목표	• 기사의 중심 내용과 직업 설명을 구조적으로 정리하기 • 이 직업에 대한 자신의 생각과 의견을 말하고, 찬성/반대 입장을 이유와 함께 서술하기 • 나와 다른 생각(예상 반론)을 상상하고, 그에 대한 나의 답변 구성해보기 • GPT에게 내 의견이나 글을 보여주고, 자연스러운 표현이나 문장 구조 피드백 받아보기

<5분-15분-60분 학습법>

⏱ 5분 학습법 - 주제와 단어 살펴보기

1. **제목 읽기:** Real Jobs: Tree Doctor

2. **주요 단어 3개를 골라, 뜻과 간단한 예시를 써봅니다.**

단어	뜻	내가 아는 예시
arborist	나무를 돌보는 전문가	An arborist helps sick trees.
nutrients	영양소	Trees need nutrients to grow.
fungi	곰팡이류	Fungi can grow on sick trees.

3. **오늘 기사의 주제를 써봅니다.**

Trees need doctors called arborists to stay healthy.

⏱ 15분 학습법 - 기사 듣기 + 요약 + 문제 제기하기

1. **기사 듣고 2~3문장 핵심 요약:** Arborists are tree doctors. They check trees for sickness and help them grow strong by removing weak branches and feeding nutrients.

2. **중요 문장 찾기:** How we can keep trees healthy and why they are important.

3. **오늘 기사와 관련된 궁금한 점:** What happens if a tree is sick but no one helps it?

⏱ 60분 학습법 - 주장 정리 + 이유 작성 + 반론 예상 + 글쓰기

1. 나는 이 주제에 대해 [찬성/반대]합니다.
   - _____

2. 내 주장을 지지/반대하는 이유를 두 가지 적어보세요.
   - 첫 번째 이유: Trees give us oxygen and make the Earth beautiful.
   - 두 번째 이유: Healthy trees are homes for many animals.

3. 이 주제에 대해 나올 수 있는 반대 의견은 무엇일까요?
   – Taking care of trees can cost too much money.

4. 반대 의견에 대한 나의 답변을 적어보세요.
   – Even if it costs money, trees are important for life and future generations.

5. GPT와 토론 연습

 나: GPT야, 이 주제에 대해 찬성하는 입장에서 한 문장 말해줄래?

 GPT: Protecting trees helps the environment and human life.

 나: GPT야, 반대하는 입장에서 말해줄래?

 GPT: Taking care of trees might be too expensive for some places.

GPT와 대화한 내용 정리: Trees are very important but caring

for them can be costly.

6. 최종 글 완성 (주제 – 주장 – 이유 – 반론 – 결론 흐름)

Trees are very important for our life. I believe we should take good care of them. First, trees give us oxygen and make the world beautiful. Second, they are homes for many animals. Some people think that taking care of trees is expensive, but saving the Earth is more important. That's why I think we must protect trees!

☑ GPT 평가 루틴 - 내 글을 점검해보자!

1. GPT에게 이렇게 질문해보세요:

🙂 GPT야, 내 글을 iBT TOEFL Writing 기준 30점 만점으로 몇 점 정도 받을까?

🤖 GPT 예상 답변 예시: "I would give your writing around 23 points out of 30. You have a clear idea and reasons, but using more linking words and examples could make it stronger."

2. GPT에게 또 이렇게 질문해보세요:

🙂 GPT야, 내 글은 렉사일 600~800 수준 학생 Writing 기준으로 어느 정도야?

"Your writing matches the mid-high range for Lexile 600~800 students. You explain your ideas well, but could improve flow between sentences."

3. 내 생각 정리해보기

- 내가 잘한 점: I explained my ideas clearly.
- 내가 더 노력해야 할 점: I need to use better linking words.

4. 앞으로의 목표 한 문장으로 써보기

Next time, I will use more linking phrases like first, second, and therefore.

LEVEL 3

5일 학습 루틴 실전 연습장

이 워크북은 〈News-O-Matic〉 기사 'Real Jobs: Tree Doctor'를 바탕으로, 학생이 스스로 읽고 질문하고 대답을 만들어가며 학습할 수 있도록 설계되었습니다. GPT 대화 질문과 대답 예시를 모두 포함하여, 혼자서 학습할 수 있습니다. 통상 초등 5학년에서 중학교 1학년 대상입니다.

📅 Day 1 - 단어 배우기 + 주제/쟁점 분석

- **학습 효과** | 새 단어를 익히고, 기사의 주제와 쟁점을 파악해요.

1. 오늘 읽을 기사 제목: 〈Real Jobs: Tree Doctor〉
2. 주요 단어 5개 정리하기
3. 늘 기사의 주제: Trees are important and need doctors called arborists to stay healthy.
4. 이 주제가 중요한 이유: Trees give us oxygen, beauty, and homes for animals, so they must be protected.

📅 Day 2 - 기사 듣기 + 요약 + 문제 제기

● **학습 효과** | 기사를 듣고 핵심 내용을 요약하며, 궁금한 점을 만들어봐요.

---

1. **기사 핵심 요약(2-3 문장):** Arborists take care of trees by checking for sickness, cutting weak branches, and feeding nutrients. Trees give us many things like oxygen and beauty.

2. **기사에서 가장 중요한 문장 고르기:** Trees are important because they give us oxygen and beauty.

3. **오늘 기사와 관련된 질문 만들기:** What happens if a sick tree is not treated?

📅 Day 3 - 주장 정리 + 이유 쓰기 + 예시 추가

● **학습 효과** | 주제에 대해 내 생각을 정리하고, 이유와 예시를 써요.

---

1. 이 주제에 대해 나는 [찬성/반대]합니다.

2. 내 주장에 대한 이유 2가지 쓰기

   • 첫 번째 이유: Trees help people and animals by giving life and shelter.

   • 두 번째 이유: Healthy trees make cities and nature beautiful.

3. 내 생각을 더 잘 보여주는 예시 하나 쓰기: In my neighborhood,

trees keep the park cool and full of birds and squirrels.

📅 Day 4 - 반론 예상 + GPT와 토론 대화 + 내 답변 쓰기

● **학습 효과** ㅣ 예상 반대 의견을 만들고, GPT와 토론 대화를 연습해요.

---

1. 예상 반대 의견 만들기: Taking care of trees costs too much money.

2. GPT와 토론하기

> 🙂 나: GPT야, 나무를 보호해야 하는 이유를 알려줄래?

> 🤖 GPT: Trees help the environment and give us clean air, so protecting them is very important.

3. 반대 의견에 대한 나의 답변: Even if it costs money, it's worth it to protect trees for the future.

📅 Day 5 - 최종 글쓰기 + GPT 평가 + 셀프 점검 + 목표 세우기

● **학습 효과** ㅣ 최종 글을 작성하고, GPT 피드백과 함께 자기 점검을 해요.

---

1. 최종 글쓰기: Trees are very important for people and animals. I believe we should protect them. First, trees give us oxygen and homes for animals. Second, trees make our world beautiful. Some people think caring for trees is expensive, but saving the

Earth is more important. That's why I think arborists are very important.

2. GPT에게 물어보기:

🧑 나: GPT야, 내 글을 iBT TOEFL Writing 점수로 평가해 줘.

🤖 GPT: About 23/30 points. Your ideas are good, but you can use more linking words.

🧑 나: GPT야, 내 글은 Lexile 600~800 수준 Writing 중 어느 정도야?

🤖 GPT: Your writing is strong for mid-to-high 600L range, but you can work on flow.

3. 내 점검 결과

잘한 점: Clear ideas and good examples.

보완할 점: Use more linking phrases like "first," "second," "therefore."

4. 내 목표 한 문장: I will practice using better transitions to make my writing smoother.

📅 Day 5 - 셀프 점검 + 오늘 느낀 점 정리 (Level 3 확장 버전)

● **학습 효과** | 한 주 동안 성장한 나를 점검하고, 오늘 느낀 점을 영어로 표현해봐요.

---

1. 셀프 체크리스트

오늘 활동을 스스로 점검해 볼까요? (☐ 표시하면서 확인해보세요!)

☐ 기사 내용을 처음-중간-끝 흐름대로 짧게 정리해 본 적이 있어요.

☐ 기사에 대해 찬성 또는 반대 의견을 영어로 2가지 이유와 함께 말하거나 써 본 적 있어요.

☐ 누군가 나와 다른 생각(반대 의견)을 말할 것 같다고 상상하고, 거기에 대한 내 답을 영어로 써본 적이 있어요.

☐ GPT와 토론처럼 서로 질문하고 대답하는 영어 대화를 해 본 적이 있어요.

☐ 내가 쓴 글을 GPT에게 평가해 달라고 영어로 요청해 본 적이 있어요.

※ 4개 이상 체크했다면, 멋진 성장! 모두 체크했다면, Level 4 도전 준비 완료!

2. 오늘 느낀 점 영어로 쓰기: Today, I learned that writing my opinion clearly is important and fun.

☑ Level 4 도전 WRITING 실력

GPT 평가 기준, iBT TOEFL Writing 30점 만점 중 '20점 이상'이면 Level 4 도전 준비 완료입니다! 20점 이상이면, 기본 논리 전개와 자기 생각을 영어로 정리하는 힘이 충분하다는 뜻이에요. (아직 20점이 안 나와도 괜찮아요! 매일 연습하면 3개월 이내에 반드시 도달할 수 있어요.)

☑ 참고: Writing과 Reading 점수 관계(iBT TOEFL 기준)

Writing 점수가 20점 정도라면, Reading 점수는 평균적으로 '21~23점' 정도일 것으로 예상할 수 있어요. 읽기(Reading)는 이해력 중심이고, 쓰기(Writing)는 생각 정리와 표현 중심이기 때문에, Writing이 20점 정도라면 Reading은 보통 약간 높게 나옵니다. → 즉, 글을 읽고 이해하는 힘도 충분히 키워졌다는 의미예요!

☑ Level 3, 수고했어요! 이제 한 단계 더 나아갈 시간이에요.

나는 이제 영어로 읽고 → 생각하고 → 말하고 → 쓰는 힘을 기른 글로벌 문해력 학습자예요. ✔ 단어를 넘어서 '의미'를 찾고, ✔ 기사 주제에 대해 내 의견을 정리하고, ✔ GPT와 대화하며 내 생각을 더 넓혀봤다면, 나는 이미 글을 통해 생각하는 사람이 된 거예요!

☑ 5일 학습 마무리 체크리스트

☐ 나는 기사 내용을 요약하고 핵심 주장을 설명할 수 있었나요?
☐ 찬성/반대 의견을 이유와 함께 정리해 본 적 있나요?
☐ GPT 평가에서 WRITING 20점 이상이 나왔나요?

※ 2가지 이상 확실하게 YES라면, 확실하게 Level 4 도전 준비 완료!

Level 4

6. 글의 구조 이해 + 주제 요약 + 생각 정리 + GPT 활용 대화 훈련

Level 4는 기사 원문 대신 요약 정제 기사로 독해 부담을 줄이고, GPT를 단순 '생성 도구'가 아닌, 단계별 대화 파트너로 활용하며, 스스로 문장, 근거, 질문, 의견을 만들어내는 훈련을 합니다. 이를 통해 글을 구조적으로 이해하고 나의 관점으로 정리할 수 있는 독립 학

활용법
- 대상: 초등 6학년~중학생, Lexile 800~1000L
- 기사선정 특징: 다양한 글감을 활용하되 주제와 흐름이 명확한 기사를 선택
- 학습 태도: 아이가 관심 있는 주제를 택해 영어에 흥미를 잃지 않도록 함
- 도구 활용: 챗GPT로 난이도 및 분량 조절, 토론 상대자로 활용

학습목표
- ☑ 글을 구조적으로 보는 힘 (문단 연결, 전개 방식 이해)
- ☑ 중심 정보와 부가 정보 구별하는 능력
- ☑ 자기 의견을 구조적으로 표현하는 글쓰기 실력
- ☑ GPT와 대화를 통해 사고를 확장하는 능동적 사고 습관

습자로 성장할 수 있어요. 렉사일 지수로는 800~1000L, 통상 초 6학년에서 중 2학년까지의 수준입니다.

다양한 글감을 위해 MIT 테크놀로지 리뷰 등 몇 가지를 교재로 활용하는데요. 내 수준에 맞는 기사를 선택하는 것이 중요하겠죠. 몇 가지 기준을 정해볼게요.

- 어떤 기사를 골라야 하나요?

선택 기준	설명
흥미 주제	기술, 환경, 교육, 사회 등 아이의 관심사와 관련된 기사
구조	시작-문제 제기 - 사례 또는 분석 - 결론으로 흐름이 명확한 기사
난이도	너무 어렵지 않게 80% 이상 이해 가능한 어휘와 문장 구성

추천: MIT Tech Review, Time for Kids, The Week Junior 등

- GPT에게 이렇게 질문해보세요

"GPT야, Lexile 850 수준의 기사 중에서, 기술과 사회를 연결한 흥미로운 글 하나만 골라줘!"

☑ **Level 4 기사 개요 및 학습 루틴 및 목표**

1. MIT 기사 기반 학습 루틴 (Lexile 800~1000)

- 기사 제목: 'Are We Too Attached to AI?'
- 출처: 〈MIT Technology Review〉
- Lexile 지수: 800~1000L

- 핵심 주제: 사람들이 ChatGPT에 감정적으로 의존하는 현상을 다룬 기사로, 인간-AI 관계의 영향을 조명
- 학습 목표:
① 글의 구조(도입 - 연구방법 - 결과 - 의의)를 이해하며 요약하기
② 문단별 중심 내용과 연결어를 통해 전개 방식 파악하기
③ 수능/TOEFL 형식 문제를 통해 독해 전략을 익히기
④ 핵심 주제에 대해 자신의 생각이나 질문을 정리하기
⑤ 챗GPT와의 대화를 통해 생각을 말로 표현하고, 피드백 받아보기

학습 목표 Overview

Skill	목표 내용
읽기	문단 구조 이해 + 주장 흐름 분석
쓰기	요약 + 내 생각을 근거로 정리
말하기	내 의견을 말로 설명 + 토론 대화
챗GPT 대화	의견 검토 → 반응 보고 → 생각 확장

2. 챗GPT와 상호작용 중심 5단계 루틴

Step 1 - 요약 기사 읽기 + 구조 정리

● **목표** | 글을 처음부터 끝까지 읽고, 구조를 나누어 이해해요.

　🙂 GPT야, 이 기사 내용을 배경, 중심 주장, 근거, 결론 순서로 나눠서 알려줘.

• 내 정리 노트: _____

- 배경: _____
- 주장: _____
- 근거: _____
- 결론: _____

Step 2 - 핵심 어휘 익히기 (15개)

● **목표** ㅣ 기사 속 핵심 단어를 정확히 이해하고 예문까지 정리해요.

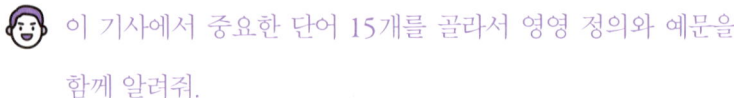 이 기사에서 중요한 단어 15개를 골라서 영영 정의와 예문을 함께 알려줘.

예시 정리 (표로 구성)

단어	품사	영영 정의	예문
policy	noun	a plan of action	The government changed its education policy.

Step 3 - 문제 풀기 (수능 / TOEFL 스타일)

● **목표** ㅣ 읽은 내용을 기반으로 글의 구조와 세부 정보를 확인해요.

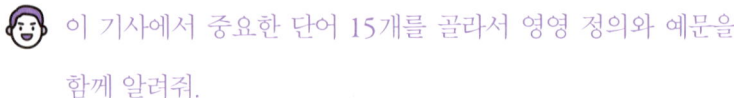 이 기사로 5개의 TOEFL 또는 수능 스타일 문제를 만들어줘. 정답과 해설도 함께.

정답 확인 후, 오답 원인을 적어보세요: → "왜 틀렸는지? 어떤 문장을 다시 봐야 할까?"

Step 4 - 내 생각 정리 + 질문 만들기

● **목표** ㅣ 읽은 내용에 대해 내 생각을 쓰고, 토론 질문을 만들어봐요.

😊 "GPT야, 이 기사에 대해 찬성/반대 의견을 어떻게 정리할 수 있을까?" "이 주제를 가지고 친구랑 토론한다면 어떤 질문이 좋을까?"

- 내 생각 정리: _____
- 요약 한 문장: _____
- 나의 생각 (찬성/반대 + 이유): _____
- 내 토론 질문 2~3개: _____

Step 5 - 말하기 연습 + GPT 토론

● **목표** | 내가 정리한 생각을 영어로 말하고, GPT와 논리적으로 대화해 봐요.

😊 "GPT야, 나는 이 주제에 찬성이야. 너는 반대 입장으로 토론해 줄래?" "내 생각을 영어로 말할 건데, 잘 들었는지 확인 질문해 줘!"

☑ **GPT를 이용한 MIT Tech Review 기사 요약**

NEWS × + ChatGPT 사용이 사람들의 정서적 안정에 미치는 영향 기사

OpenAI has released its first research into how using ChatGPT affects people's emotional well-being
MIT Tech Review

OpenAI says over 400 million people use ChatGPT every week. But how does interacting with it affect us? Does it make us more or less lonely? These are some of the questions OpenAI set out to investigate, in partnership with the MIT Media Lab, in a pair of new studies.

They found that only a small subset of users engage emotionally with ChatGPT. This isn't surprising given that ChatGPT isn't marketed as an AI companion app like Replika or Character.AI, says Kate Devlin, a professor of AI and society at King's College London, who did not work on the project. "ChatGPT has been set up as a productivity tool," she says. "But we know that people are using it like a companion app anyway." In fact, the people who do use it that way are likely to interact with it for extended periods of time, some of them averaging about half an hour a day.

"The authors are very clear about what the limitations of these studies are, but it's exciting to see they've done this," Devlin says. "To have access to this level of data is incredible." The researchers found some intriguing differences between how men and women respond to using ChatGPT. After using the chatbot for four weeks, female study participants were slightly less likely to socialize with people than their male counterparts who did the same. Meanwhile, participants who interacted with ChatGPT's voice mode in a gender that was not their own for their interactions reported significantly higher levels of loneliness and more emotional dependency on the chatbot at the end of the experiment. OpenAI plans to submit both studies to peer-reviewed journals.

Chatbots powered by large language models are still a nascent technology, and it's difficult to study how they affect us emotionally. A lot of existing research in the area—including some of the new work by OpenAI and MIT—relies upon self-reported data, which may not always be accurate or reliable. That said, this latest research does chime with what scientists so far have discovered about how emotionally compelling chatbot conversations can be. For example, in 2023 MIT Media Lab researchers found that chatbots tend to mirror the emotional sentiment of a user's messages, suggesting a kind of feedback loop where the happier you act, the happier the AI seems, or if you act sadder, so does the AI. OpenAI and the MIT Media Lab used a two-pronged method. First they collected and analyzed real-world data from close to 40 million interactions with ChatGPT. Then they asked the 4,076 users who'd had those interactions how they made them feel. Next, the Media Lab recruited almost 1,000 people to take part in a four-week trial. This was more in-depth, examining how participants interacted with ChatGPT for a minimum of five minutes each day. At the end of the experiment, participants completed a questionnaire to measure their perceptions of the chatbot, their subjective feelings of loneliness, their levels of social engagement, their emotional dependence on the bot, and their sense of whether their use of the bot was problematic. They found that participants who trusted and "bonded" with ChatGPT more were likelier than others to be lonely, and to rely on it more.

This work is an important first step toward greater insight into ChatGPT's impact on us, which could help AI platforms enable safer and healthier interactions, says Jason Phang, an OpenAI safety researcher who worked on the project. "A lot of what we're doing here is preliminary, but we're trying to start the conversation with the field about the kinds of things that we can start to measure, and to start thinking about what the long-term impact on users is," he says.

Although the research is welcome, it's still difficult to identify when a human is—and isn't—engaging with technology on an emotional level, says Devlin. She says the study participants may have been experiencing emotions that weren't recorded by the researchers.

"In terms of what the teams set out to measure, people might not necessarily have been using ChatGPT in an emotional way, but you can't divorce being a human from your interactions [with technology]," she says. "We use these emotion classifiers that we have created to look for certain things—but what that actually means to someone's life is really hard to extrapolate."

☑ GPT에 입력할 수 있는 한국어 지시문

- 이 기사를 Lexile 800~1000 수준의 학생이 읽을 수 있도록 다시 써주세요.
- 문장은 명확하고 자연스럽게 연결되게 써주세요.
- 원래 글의 전체 구조를 유지해 주세요.
- 연구 내용, 주요 결과, 수치 등 핵심 정보는 빠뜨리지 말고 포함해 주세요.
- 너무 짧게 요약하지 말고, 원문 길이의 70~80% 정도로 유지해 주세요.
- 어려운 단어나 복잡한 표현은 쉽게 풀어 써주세요.

☑ 챗GPT가 요약한 결과

ChatGPT is used by over 400 million people every week. Many use it as a helpful tool for learning, writing, and solving problems. But some people use it in a more personal way. They talk to it like they would talk to a friend. This has made researchers wonder: can talking to an AI chatbot like ChatGPT make people feel more connected—or more alone?

To find out, OpenAI teamed up with researchers at the MIT Media Lab. Together, they designed two studies to explore how people feel after spending time with ChatGPT.

In the first study, they examined data from nearly 40 million real conversations between users and ChatGPT. Then, they asked over 4,000 people to describe how those chats made them feel. The researchers wanted to know whether the AI made users feel lonely, emotionally connected, or even too dependent on it.

For the second study, the team asked around 1,000 people to use ChatGPT every day for four weeks. Participants had to chat with the AI for at least five minutes a day. At the end of the study, they answered questions about their feelings, such as how often they talked to others, how close they felt to ChatGPT, and whether they thought their use of the chatbot was a problem.

The results were surprising. Most people did not use ChatGPT in an emotional way. Still, for some users, the chatbot became a kind of companion. These users often spent more than 30 minutes a day talking to it. They also said they felt a stronger connection to ChatGPT and were more likely to rely on it for emotional support.

The study also found differences between men and women. Women who used ChatGPT were slightly less likely to talk to real people afterward, while men did not show the same change. Another group of users who spoke to ChatGPT using its voice feature—especially when the voice was a different gender than their own—reported feeling more lonely and more emotionally dependent on the chatbot by the end of the study.

Even though these results are interesting, the researchers admit there are limits. Much of the data was based on what people said about their own feelings, and that isn't always accurate. People may not know exactly how they feel, or they may not express it clearly.

Still, the researchers believe this is a valuable first step. According to Jason Phang, a safety researcher at OpenAI, the goal is to better understand how AI affects people over time. He says that learning about users' emotional experiences can help designers build safer and more helpful AI systems in the future.

While ChatGPT was made to be a productivity tool, not a friend, it turns out that some people are forming real emotional bonds with it. As AI becomes a bigger part of daily life, understanding those relationships—and their effects—is more important than ever.

☑ 기사 개요 요약

- 기사 제목: 〈Should We Be Worried About Getting Too Close to ChatGPT?〉
- 출처: MIT Technology Review
- 핵심 내용:

- 4천만 건의 대화 + 1,000명 대상 실험 결과
- 일부 사용자는 ChatGPT와 정서적 연결을 느끼고 의존
- 여성과 음성 기능 사용자에서 외로움 증가 경향
- AI가 감정에 미치는 영향은 아직 연구 초기 단계지만 중요한 주제임

☑ Level 5 진입 전 체크리스트

☐ 긴 기사(700단어 이상)을 끝까지 읽고 중심 내용을 말할 수 있다.

☐ 글의 주제, 전개 순서, 문단 기능(e.g. 설명, 반박 등)을 구분할 수 있다.

☐ 주장과 근거가 무엇인지 스스로 찾아 표시할 수 있다.

☐ 글을 읽고 "나는 이렇게 생각해"라고 말하거나 쓸 수 있다.

☐ GPT에게 질문하거나 내 생각을 말한 후 타인의 반응을 보고 다시 정리할 수 있다.

☐ 한 기사에서 지시문으로 생성한 수능/TOEFL 형식의 문제를 전부 맞힐 수 있다.

※ 5개 이상 해당된다면, 당신은 Level 5에 도전할 준비가 되었습니다!

LEVEL 4
5일 학습 루틴 예시

📅 Day 1 - 어휘 학습 + 문단 구조 따라 읽기

1. 목표

- 핵심 어휘 15개 학습하기
- 기사 앞부분(도입~방법) 구조 읽기

2. 활동 흐름(⏱ 시간: 약 40분)

- 제목 보고 예측하기
  - "AI와 대화하면 기분이 어떤가요?" → 나의 경험 말하기(예를 들어 "AI랑 말했지만 진짜 친구 느낌은 아니었어요.")
- 어휘 학습

  🧑 이 글에서 가장 중요한 단어 15개를 품사, 영어 정의, 예문과 함께 알려줘.

- 문단 구조 읽기(1~3문단)
  - 연구 질문: AI와의 대화 → 외로움 or 연결감?

- 연구 방법:

    1) 대화 데이터 + 감정 설문

    2) 4주간 실험 → 감정 변화 조사

📅 Day 2 - 전체 읽기 + 주제 흐름 정리

1. 목표

- 글 전체 구조 및 전개 흐름 파악
- 핵심 연결어 파악

2. 활동 흐름(⏱ 시간: 약 40분)

- 전날 내용 3문장 요약
- 전체 읽기 + 흐름표 만들기
- 예시 구조: 도입 → 문제 제기 → 연구 방법 → 결과 → 한계 → 미래 의미
- 중요한 전환어 찾기 (예: however, still, in fact, therefore)

📅 Day 3 - 문제 풀이 (수능/TOEFL 형식)

1. 목표

- 글의 세부 내용과 추론력을 확인
- 출제자의 의도를 파악하며 문제 풀기

2. 활동 흐름(⏱ 시간: 약 60분)

- 다시 한번 빠르게 본문 훑기
- 수능형 문제 5개 풀기

🧑 이 글로 수능 스타일 독해 문제 5개, 정답과 해설 포함해서 만들어줘.

- TOEFL형 문제 5개 풀기

🧑 이 글로 TOEFL 스타일 독해 문제 5개, 정답과 해설 포함해서 만들어줘.

- 오답 분석 + 정답 문장 다시 보기

📅 Day 4: 요약 + 나의 생각 쓰기

1. 목표

- 요약 문단 작성
- 토론 질문 중 하나를 골라 의견 쓰기

2. 활동 흐름(⏱ 시간: 약 30분)

챗GPT에게 요약 요청 후 학생이 보고 스스로 1문단으로 재작성

🧑 이 글의 요점을 3~4문장으로 요약해줘.

- Discussion Questions 중 1개 선택 → 3~4문장으로 내 생각 정리하기

🧑 내 생각은 이런데, 더 자연스럽게 바꿔줄래?

🧑 I think AI can be helpful, but we should be careful. If we use *it too much like a friend, we may forget to connect with real people.*

📅 Day 5: 말하기 + 토론하기

1. 목표
- 내 생각을 말로 표현하기
- 질문 받고 답하면서 말하기 확장

2. 활동 흐름(⏱ 시간: 약 30분)
- 내가 쓴 요약/의견 소리 내어 말해보기 → 발화 예시 연습:
  - This article shows that some people feel lonely after using ChatGPT. I think it's because they stop talking to real people.
- 챗GPT 또는 가족에게 설명하기

  🧑 나는 이 기사에 대해 이렇게 생각해. 너는 반대 입장에서 말해줘.

- 질문받고 다시 말로 정리하기 → "그럴 수도 있고, 또 이런 점도 있어요."로 확장해보기

☑ **Level 5 진입 전 셀프 체크리스트**

☐ 긴 기사(700단어 이상)을 끝까지 읽고 중심 내용을 말할 수 있다.

☐ 글의 주제, 전개 순서, 문단 기능(e.g. 설명, 반박 등)을 구분할 수

있다.
- [ ] 주장과 근거가 무엇인지 스스로 찾아 표시할 수 있다.
- [ ] 글을 읽고 "나는 이렇게 생각해"라고 말하거나 쓸 수 있다.
- [ ] GPT에게 질문하거나 내 생각을 말한 후 타인의 반응을 보고 다시 정리할 수 있다.
- [ ] 한 기사에서 지시문으로 생성한 수능/TOEFL 형식의 문제를 전부 맞힐 수 있다.

※ 5개 이상 체크할 수 있으면, Level 5 도전 가능!

LEVEL 4

5일 학습 루틴 활동지

- Article Source: MIT Tech Review (Simplified Version)
- Lexile Range: 800~1000
- Topic: Emotional Effects of ChatGPT

📅 Day 1 - Vocabulary + Structure Reading

● <u>학습 목표</u> | 글의 어휘 이해, 단락 구조 파악

---

1. Predict and Talk (5분)
   - 제목만 보고 글 내용을 예상해보세요.

   🗣 What do you think this article will talk about? – Have you ever felt close to a chatbot?

   - 말해보기
     - "I think this article is about…" – "My experience with AI is…"

2. Vocabulary Practice (15분)

- 챗GPT에게 이렇게 요청해보세요

🧑 GPT, please give me 15 key words from this article with part of speech, simple English definition, and one example sentence each."

- 15개의 단어를 아래 표처럼 스스로 노트에 정리해보세요.

Word	POS(품사)	Definition(의미)	Example(예문)
companion	n.	someone who keeps you company	A dog can be a good companion.
dependent	adj.	needing someone or something too much	Some people become dependent on their phones.
…	…	…	…

※ TIP: 5개씩 나눠 외우고, 예문을 바꿔 써 보세요. / POS(품사) = Parts of Speech의 약자

3. Paragraph-by-Paragraph Reading (30-40분 소요)

- 각 단락별 목표:

Paragraph 1: What is the main question?

Paragraphs 2-3: What did the researchers do?

Paragraphs 4-6: What were the main results?

Last Paragraph: What are the limits of the study?

- 챗GPT 요청 예시:

🧑 GPT, help me understand the structure of this article. What is the main idea of each paragraph?

📅 Day 2 - Main Idea + Structure Map

- **학습 목표** | 글 전체 흐름을 이해하고 시각화하기

---

1. Flowchart 만들기 (30-40분 소요)

   - [예시] 문제 제기 → 연구 방법 → 실험 결과 → 의미와 한계

     각 화살표 옆에 한 문장씩 요약 써 보세요.

   - 도움 질문:

     😊 What changed after people talked to ChatGPT?

     😊 Who felt more lonely?

2. Key Connectors 찾기 (15분 소요)

   - 글에 나온 연결어를 표시해보세요:

     however, because, still, so, as a result 등

   - 왜 이 단어들이 중요한지 생각해보기

   - TIP: 연결어는 글의 논리 흐름을 보여주는 신호입니다.

📅 Day 3 - Reading Test Practice

- **학습 목표** | 수능형/TOEFL형 문제로 이해 점검

---

1. 수능형 문제 (5지선다, 30분 소요)

- GPT에게 요청

  🧑 GPT, please create 5 Korean CSAT-style multiple choice reading questions with answers and explanations.

- 문제 예시

    1. 이 글의 주제로 가장 적절한 것은?

    ① AI의 미래 기술

    ② 감정 인식 기술

    ③ ChatGPT와 외로움의 상관관계

    ④ 컴퓨터 언어 이해 구조

    ⑤ 음성 기반 AI 연구

    정답: ③ 해설: 글 전반이 AI와의 상호작용이 감정에 어떤 영향을 주는지를 다룸.

- 수능형 문제만 추가 예시

    2. 연구진이 사용한 방법으로 적절하지 않은 것은?

    ① 약 4천만 건의 실제 대화 데이터를 분석하였다.

    ② 참가자들에게 하루 최소 5분 이상 ChatGPT 사용을 요구하였다.

    ③ 연구 종료 후 참가자들의 감정 변화를 설문조사로 확인하였다.

    ④ 연구 대상자 모두에게 음성 모드를 사용하도록 강제하였다.

    ⑤ 스스로 보고한(self-reported) 데이터도 분석하였다.

3. 본문에 따르면 ChatGPT를 친구처럼 사용하는 사람들의 공통된 특징은?

① 사용 시간이 매우 짧다.

② 감정적으로 더 독립적이다.

③ 하루 30분 이상 대화를 하는 경우가 많다.

④ 주로 업무 관련 질문만 한다.

⑤ 감정 표현을 피하려고 한다.

4. 다섯 번째 문단의 'companion'의 의미로 가장 적절한 것은?

① 정보 제공자

② 경쟁자

③ 친구, 동반자

④ 선생님

⑤ 상담자

5. 본문 내용으로 추론할 수 있는 것으로 가장 적절한 것은?

① AI 챗봇을 사용할수록 모든 사람이 사회적 활동이 감소한다.

② 음성 모드를 사용하면 데이터 수집이 더 어려워진다.

③ AI 기술 발전으로 인간의 외로움 문제가 해결되었다.

④ AI 챗봇과 감정적 관계 형성은 앞으로 중요한 연구 주제가 될 것

이다.

⑤ 연구자들은 AI 기술보다 사람 간 대화를 더 선호한다고 밝혔다.

2. TOEFL형 문제 (30 min)

GPT, please make 5 TOEFL reading questions about this article with multiple choice answers and short explanations.

- 문제 예시

    1. What is the author's tone toward the research?

    A) Negative and worried

    B) Positive and excited

    C) Neutral and thoughtful

    D) Critical and angry

    E) Disappointed and sarcastic

    Answer: C Explanation: The author is presenting both pros and cons calmly.

- 토플형 문제 추가 예시

    2. According to the passage, what did some users say after using ChatGPT every day?

A) They talked more with other people.

B) They stopped using the voice feature.

C) They felt more connected to ChatGPT.

D) They found it boring to talk to AI.

E) They used ChatGPT only for work.

3. The word "participant" in paragraph 4 is closest in meaning to:

A) teacher

B) researcher

C) user

D) expert

E) leader

4. What can be inferred about users who talked with a voice of a different gender?

A) They felt less lonely after using ChatGPT.

B) They used ChatGPT for a very short time.

C) They felt more lonely and dependent on ChatGPT.

D) They wanted to delete the voice feature.

E) They talked more with real people.

5. What is the author's attitude toward this research?

A) Worried about its possible dangers

B) Strongly against AI technology

C) Neutral but interested in the results

D) Negative about self-reported data

E) Excited about replacing human friends with AI

※ TIP: 수능형 및 TOEFL형 문제는 아래 두 가지 방식 중 편한 방법으로 채점할 수 있습니다.
　1. GPT에게 직접 정답과 해설을 요청하여 풀이 및 해설을 확인합니다.
　2. 문제를 풀고 정답지를 출력하여 스스로 채점해봅니다.

- 채점 후에는 아래와 같이 오답 정리를 해보세요.

　- 왜 이 보기가 정답인지?

　- 내가 선택한 보기에서 놓친 부분은 무엇인지?

　이 과정을 통해 단순한 정답 확인이 아닌, 논리적 사고력과 독해 전략까지 함께 키울 수 있습니다.

📅 Day 4 - Writing: Summary + Your Thinking

● **학습 목표** ㅣ 요약 능력 + 나의 생각 정리

---

1. Summary (5분 소요)

- GPT 지시문

🧑 GPT, here's my summary.

- 학생 작성 요약

🧑 Does this summary capture the main idea well? Can you help me improve it?"

- 요약 예시

🤖 This article explains that ChatGPT can make some users feel more emotionally connected or lonely. Studies showed that daily use can increase emotional dependency for some people.

4-2. 내 생각 정리하기 (30분 소요)

Discussion Questions 중 하나 선택해서 나의 의견 쓰기

- GPT 요청

🤖 GPT, I want to write 3-4 sentences about this question: [질문]. Can you help me make it logical and natural?"

- 예시

  🙂 I believe _____ because _____ Some people may say _____ , but I think _____ In my experience, _____
  _____

📅 Day 5 - Speaking + Discussion

- **학습 목표** ㅣ 요약 및 의견을 말로 표현하고 GPT와 토론하기

---

1. 내 생각 말하기 (5분 소요)

어제 쓴 의견을 소리 내어 읽기

🙂 In this article, I learned that _____
_____

🙂 My opinion is that _____

2. GPT와 토론해보기 (15~20분 소요)

- GPT 지시문:

🙂 GPT, I believe people should be careful not to rely too much on AI like ChatGPT. Can you argue the opposite side and we can debate?

- TIP: 반박을 들었을 때

  🙂 That's a good point, but I still think_____처럼 이어가기

☑ Level 5 진입 전 4단계 셀프 체크리스트

☐ 긴 기사(700단어 이상)을 끝까지 읽고 중심 내용을 말할 수 있다.

☐ 글의 주제, 전개 순서, 문단 기능(e.g. 설명, 반박 등)을 구분할 수 있다.

☐ 주장과 근거가 무엇인지 스스로 찾아 표시할 수 있다.

☐ 글을 읽고 "나는 이렇게 생각해"라고 말하거나 쓸 수 있다.

☐ GPT에게 질문하거나 내 생각을 말한 후 타인의 반응을 보고 다시 정리할 수 있다.

☐ 한 기사에서 지시문으로 생성한 수능/TOEFL 형식의 문제를 전부 맞힐 수 있다.

이 워크시트를 모두 마쳤다면, 당신은 글의 구조를 읽고 → 정보와 감정을 구분하고 → 자기 관점을 쓰고 말하는 힘을 갖춘 Level 4 학습자입니다. 아주 훌륭해요! 이제 Level 5에서는 더 긴 글, 더 복잡한 논리, 더 깊은 토론을 시작해봅시다!

Level 5

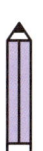

7. 원문 독해 + 비판적 분석 + GRE형 문제 훈련 + 영어 에세이 작성

Level 5는 영어 기사의 원문 전체를 바탕으로 구조, 주장, 근거, 전개 방식을 분석하고, GRE, 수능, 토플형 문제를 스스로 만들고 풀며, 챗GPT를 논리적 반박자 또는 피드백 코치로 활용해 자신의 주장을

활용법
- 대상: 중3~고등학생, Lexile 1200 이상
- 기사 특징: 원문 그대로 읽되, 구조와 논거 흐름이 뚜렷한 비판적 글
- 학습 태도: 스스로 질문하고, 반론을 상상하며 챗GPT와 토론하는 태도
- 도구 활용: 챗GPT는 비판적 파트너 + 반대편 역할 + 논리 흐름 점검 도우미로 활용

학습목표
- ✓ 비판적 독해: 글의 주제, 주장, 전개 방식, 전제를 분석할 수 있어요.
- ✓ 논리 글쓰기: 찬반 구조뿐 아니라, 양측 입장을 비교하고 내 입장 정리까지 가능해요.
- ✓ 챗GPT 활용: 나의 주장을 GPT에게 평가받고 반박을 받으며 사고를 확장할 수 있어요.
- ✓ 윤리·정책·사회 이슈에 대한 철학적 사고력이 자라요.
- ✓ 더 이상 영어 시험을 위한 글쓰기가 아닌, 진짜 논리적 글쓰기 경험이 가능해요.

다듬고 영어로 글을 완성하는 단계입니다. 렉사일 지수는 1200 이상, 학년 기준으로는 중학교 3학년~고등학생 이상을 대상으로 합니다.

이 단계에서는 단순한 요약이나 정리 수준을 넘어, 실제 논증 텍스트의 구조를 뜯어보고 재구성하며, 챗GPT와 영어로 사고 실험을 할 수 있는 독립 사고력과 비판적 문해력이 요구됩니다.

- 어떤 기사를 골라야 하나요?

선택 기준	설명
주제의 깊이	기술·정책·철학·윤리 등 사회를 움직이는 복합 주제
구조	서론 - 가설 또는 질문 - 논거 전개 - 반박 - 결론의 형식을 띤 글
난이도	Lexile 1200 이상, GRE나 SAT Reading과 유사한 수준

추천: MIT Technology Review, Aeon, The Conversation, The New York Times Opinion 등

- 챗GPT에게 이렇게 질문해보세요

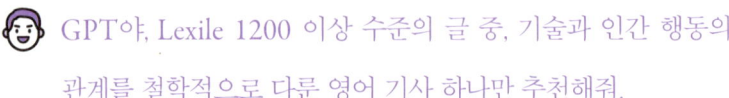 GPT야, Lexile 1200 이상 수준의 글 중, 기술과 인간 행동의 관계를 철학적으로 다룬 영어 기사 하나만 추천해줘.

☑ **Level 5 완성 체크리스트**

☐ 기사 구조와 주장을 요약했나요?
　Did I summarize the article's structure and argument?

☐ GRE 스타일 문제 3개를 풀거나 만들었나요?
　Did I solve or create 3 GRE-style questions?

☐ 주장에 대한 반대 입장을 상상해 봤나요?

Did I explore an opposing view to a claim?

☐ 토론 질문을 최소 2개 만들었나요?

Did I create at least 2 discussion questions?

☐ 챗GPT와 논리적 대화를 해봤나요?

Did I express my ideas clearly with ChatGPT?

LEVEL 5

5일 학습 루틴 활동지

이 구성은 1주일에 5~6일 기준으로 설계되었으며, 하루 약 30~40분씩 학습해도 좋습니다. 시간이 부족한 학생은 이틀에 하나씩 진행하거나, 한 주에 2단계씩 느슨하게 조정해도 무방합니다.

● 학습 목표 Overview

- Skill: 목표 내용
- 읽기: 원문 전체 구조 분석 + 주장/전제/논리 흐름 파악
- 쓰기: 요약 + 주장/반론 구성 + 나의 입장 정리
- 말하기: 주제에 대한 입장을 근거와 함께 설명 + 반대 입장 대응
- 챗GPT 대화: 비판적 피드백 수용 → 주장 재구성 → 논리 실험 확장

📅 Day 1 원문 읽기

기사 전부를 읽고 주제, 주장, 문체를 표시해보기

- 만약 모르는 단어가 있으면 챗GPT에 먼저 이렇게 물어보세요.

🙂 GPT야, 내가 이 기사를 읽을 건데, 모르는 단어가 나오면 설명해 줘. 쉬운 영어로 알려줘!

- 질문 예시

🙂 What is the main argument?

🙂 What tone does the author use? (e.g., serious, humorous, critical)

🙂 What kind of evidence supports the claim?

📅 Day 2. GRE 스타일 문제 풀이

글의 주장, 전개, 전제, 반박 가능성 중심으로 문제 설계해보기

🙂 이 기사로 GRE 스타일 독해 문제 5개 만들어줘. 정답과 해설도 함께.

📅 Day 3 요약 + GPT 피드백

기사 내용을 "배경 – 주장 – 근거 – 결론" 형식으로 4문장 내외 요약하기

🙂 GPT야, 내 요약이 글의 요지를 잘 담았는지 확인해 줘. 부족한 부분 알려줘."

📅 Day 4 반론 실험

기사 속 가장 중요한 주장 1개 선택해 챗GPT에게 Devil's advocate

요청

- 질문 예시

 GPT야, 이 주장에 반대하는 논리적인 입장에서 말해줘."

- 확인 질문

GPT의 반론을 듣고 내 생각이 바뀌었나요? 바뀌었다면 이유가 무엇인가요?

📅 Day 5 토론 질문 만들기

유형을 반드시 표시해서 최소 3개 질문 만들어본다. 질문 힌트 프레임을 활용해볼 수 있다.

유형	질문 예시
사실 (Fact)	이 정책은 왜 등장했나요? 어떤 데이터가 근거인가요?
윤리 (Ethics)	이 방식은 모두에게 공정한가요? 희생되는 사람은 없나요?
논리 (Logic)	어떤 전제가 숨어있나요? 반례가 존재하나요?

📅 Day 6 선택 과제: 토론 or 에세이

- 챗GPT와 토론하기

내가 만든 질문 중 하나를 골라 GPT에게 반대 입장을 맡긴다. 토론하며 내 주장을 유지할 수 있는지도 실험해본다.

- 3단락 에세이

- 1단락: 주제 소개 + 내 입장

- 2단락: 반대 의견 요약

- 3단락: 내가 왜 이 입장을 선택했는지 설명

- 챗GPT 도움 요청 팁

  GPT야, 내가 쓴 글을 평가해 줘. 논리 흐름, 주장 강도, 부족한 점 알려줘.

LEVEL 5

5일 학습 루틴 활동지 실전 연습

NEWS ✕ ＋ 〈MIT Technology Review〉 We need to start thinking of AI as normal

We need to start thinking of AI as normal
MIT Technology Review

Right now, despite its ubiquity, AI is seen as anything but a normal technology. There is talk of AI systems that will soon merit the term "superintelligence," and the former CEO of Google recently suggested we control AI models the way we control uranium and other nuclear weapons materials. Anthropic is dedicating time and money to study AI "welfare," including what rights AI models may be entitled to. Meanwhile, such models are moving into disciplines that feel distinctly human, from making music to providing therapy. No wonder that anyone pondering AI's future tends to fall into either a utopian or a dystopian camp. While OpenAI's Sam Altman muses that AI's impact will feel more like the Renaissance than the Industrial Revolution, over half of Americans are more concerned than excited about AI's future. (That half includes a few friends of mine, who at a party recently speculated whether AI-resistant communities might emerge—modern-day Mennonites, carving out spaces where AI is limited by choice, not necessity.) So against this backdrop, a recent essay by two AI researchers at Princeton felt quite provocative. Arvind Narayanan, who directs the university's Center for Information Technology Policy, and doctoral candidate Sayash Kapoor wrote a 40-page plea for everyone to calm down and think of AI as a normal technology. This runs opposite to the "common tendency to treat it akin to a separate species, a highly autonomous, potentially superintelligent entity." Instead, according to the researchers, AI is a general-purpose technology whose application might be better compared to the drawn-out adoption of electricity or the internet than to nuclear weapons—though they concede this is in some ways a flawed analogy.

The core point, Kapoor says, is that we need to start differentiating between the rapid development of AI methods—the flashy and impressive displays of what AI can do in the lab—and what comes from the actual applications of AI, which in historical examples of other technologies lag behind by decades. "Much of the discussion of AI's societal impacts ignores this process of adoption," Kapoor told me, "and expects societal impacts to occur at the speed of technological development." In other words, the adoption of useful artificial intelligence, in his view, will be less of a tsunami and more of a trickle.

In the essay, the pair make some other bracing arguments: terms like "superintelligence" are so incoherent and speculative that we shouldn't use them; AI won't automate everything but will birth a category of human labor that monitors, verifies, and supervises AI; and we should focus more on AI's likelihood to worsen current problems in society than the possibility of it creating new ones. "AI supercharges capitalism," Narayanan says. It has the capacity to either help or hurt inequality, labor markets, the free press, and democratic backsliding, depending on how it's deployed, he says. There's one alarming deployment of AI that the authors leave out, though: the use of AI by militaries. That, of course, is picking up rapidly, raising alarms that life-and-death decisions are increasingly being aided by AI. The authors exclude that use from their essay because it's hard to analyze without access to classified information, but they say their research on the subject is forthcoming.

One of the biggest implications of treating AI as "normal" is that it would up-end the position that both the Biden administration and now the Trump White House have taken: Building the best AI is a national security priority, and the federal government should take a range of actions—limiting what chips can be exported to China, dedicating more energy to data centers—to make that happen. In their paper, the two authors refer to US-China "AI arms race" rhetoric as "shrill." "The arms race framing verges on absurd," Narayanan says. The knowledge it takes to build powerful AI models spreads quickly and is already being undertaken by researchers around the world, he says, and "it is not feasible to keep secrets at that scale." So what policies do the authors propose? Rather than planning around sci-fi fears, Kapoor talks about "strengthening democratic institutions, increasing technical expertise in government, improving AI literacy, and incentivizing defenders to adopt AI." By contrast to policies aimed at controlling AI superintelligence or winning the arms race, these recommendations sound totally boring. And that's kind of the point.

기사 개요 및 학습 목표	
제목	We need to start thinking of AI as normal
출처	MIT Technology Review
렉사일 지수	1200+
주제	AI를 특이하고 위험한 기술로만 보는 시선을 벗어나, '정상적인 도구'로 인식하자는 프린스턴 연구진의 주장
학습 목표	• 원문 전체 구조와 논리를 분석하며 요약하기 • GRE 스타일 독해 문항으로 비판적 독해 연습하기 • 주장 하나를 선택해, 챗GPT에게 반대 입장을 시켜보기 • 사실·윤리·논리 기반 토론 질문 3개 이상 만들기 • 챗GPT와 토론 또는 3단락 에세이 작성하기

1. 원문 읽기 + 핵심 이해 체크

- 활동 목표: 기사를 처음부터 끝까지 읽고, 전체 흐름과 주장을 정리해요.

- 질문에 영어로 답해보세요:

  - What is the article's main argument?

    → We should treat AI like a normal technology (such as the internet), not as a dangerous, unique threat.

  - How is the article structured?

    → It starts with fear-based views, introduces calm expert opinions, and ends with realistic policy advice.

  - What is the question the article raises about society?

    → Are we creating more fear than progress by exaggerating AI's risks?

2. GRE 스타일 문제 만들기 + 풀이

- 활동 목표: 본문의 핵심 논리, 주장, 전제 구조를 점검하며 사고의 기초를 다집니다
- 챗GPT에게 이렇게 요청해보세요

  GPT, please make 3 GRE-style reading questions about this article. Focus on assumptions, tone, and logic. Give the answer and a short explanation.

- 예시
  - Q1. What assumption underlies the authors' suggestion to stop using the term "superintelligence"? (A) That public fear of AI is necessary (B) That superintelligence is not realistic yet (C) That AI is already smarter than humans (D) That AI models are uncontrollable Answer: (B) Explanation: They argue that "superintelligence" is speculative and unhelpful.

3. 요약 + GPT 피드백 받기

- 활동 목표: 요약은 글의 구조를 정리하는 훈련입니다. 아래 틀을 따라 적어보세요.
- 요약 템플릿

Background: People fear AI will become too powerful.

Main Claim: Experts say AI is a useful tool, not a threat.

Support: Real AI use is slow and boring.

Conclusion: We need calm policies, not panic.

- 챗GPT에게 이렇게 요청해보세요:

🙂 GPT, does my summary explain the article's message well? What can I improve?

4. 반대 입장 들어보기 (Devil's Advocate)

- 활동 목표: 비판적으로 생각해보기! 내가 동의하는 주장 하나를 고르고, 챗GPT에게 반대 입장을 말하게 해보세요.
- 선택한 주장 : We should stop using scary words like 'superintelligence'.
- 챗GPT에게 질문하기

🙂 나: GPT, pretend you disagree with this. Why might those words still be useful?

🤖 GPT: Such terms warn us early. They help society think about ethics before it's too late.

- 나의 생각 정리: Maybe scary words are sometimes needed,

but not always.

5. 토론 질문 만들기 (Scaffolded Prompt)

- 활동 목표: 기사의 핵심을 바탕으로 질문을 만들어봅니다. 아래 힌트를 참고하세요.

유형	질문 예시
사실	What are real-world effects of AI fear on government policy?
윤리	Is it fair to push AI into all parts of life when not everyone understands it?
논리	If AI grows slowly, why are people acting like it's a crisis?
자기성찰	Do I personally think AI is a tool or a threat? Why?

6. 내 생각 정리 (3단락 에세이 or GPT와 토론)

- 활동 목표: 챗GPT와 논리적인 대화를 하거나, 생각을 글로 정리해요.
- 옵션 1: 챗GPT와 토론하기

🧑 *GPT, I believe we should not fear AI. Can you take the opposite side and debate me?*

- 옵션 2: 에세이 쓰기 (Essay Outline)
  - Paragraph 1 – One Side: Some say AI is too powerful and needs to be controlled like nuclear weapons.

- Paragraph 2 – The Other Side: Others say AI is just a new tool, and we should focus on learning and adapting slowly.
- Paragraph 3 – My View: I think AI is powerful but manageable. With smart rules and better education, we can use it safely.

☑ 최종 셀프 체크리스트

☐ 기사 구조와 주장을 요약했나요?
Did I summarize the article's structure and argument?

☐ GRE 스타일 문제 3개를 풀거나 만들었나요?
Did I solve or create 3 GRE-style questions?

☐ 주장에 대한 반대 입장을 상상해봤나요?
Did I explore an opposing view to a claim?

☐ 토론 질문을 최소 2개 만들었나요?
Did I create at least 2 discussion questions?

☐ GPT와 논리적 대화를 해봤나요?
Did I express my ideas clearly with GPT?

모두 체크했다면 여러분은 이제 생각을 설계할 줄 아는 영어 탐구자예요. 아직 부족하다고 느껴져도 괜찮아요. 중요한 건 질문하고 연결하고 표현하는 힘을 매일 조금씩 키워가고 있다는 사실이에요. 여러분이 만든 한 문장, 여러분이 던진 하나의 질문이 세상을 보는 눈을 넓혀주고 있어요.

☑ Level 5, 완주를 진심으로 축하합니다!

당신은 이제 영어를 이해하는 사람을 넘어, 영어로 생각하고 질문하며 세상과 연결할 줄 아는 사람이 되었습니다. 긴 글을 비판적으로 읽을 수 있고, 자신의 생각을 설득력 있게 표현하고, GPT와 함께 논쟁하며 관점을 확장할 수 있는 글로벌 시민이자, 소통 능력자입니다.

영어는 이제 시험 점수를 위한 언어가 아닙니다. 당신만의 목소리로 세상과 대화하는 도구이자, 생각을 움직이는 힘입니다. 어디서든 자신의 시선으로 세상을 읽고, 영어로 자신 있게 말할 수 있는 자랑스러운 세계 시민(Linguistic Global Thinker)입니다.

계속 질문하세요. 계속 연결하세요. 당신의 언어는, 이미 세상을 향해 열려 있습니다.

부록

틴매일경제를 활용해 영어 문해력 정복하기

경제 상식과 수능 독해력을 한 번에 잡는 가장 앞선 방법

틴매일경제는 단순한 기사 모음이 아닙니다. 현실 경제를 소재 삼아, 수능형 사고력과 영어 문해력을 동시에 키우는 실전형 학습 도구입니다. 특히 요즘처럼 '읽고 이해하고 표현하는 힘'이 경쟁력이 되는 시대엔, 이런 콘텐츠가 바로 아이들의 문해력 격차를 벌리는 결정적 차이를 만듭니다.

① 현실 경제를 쉽고 재미있게, 아이 눈높이로

최신 경제 이슈를 학생 눈높이에 맞게 풀어 설명해 줍니다. 어렵게 느껴지던 경제 개념이 실생활 사례와 연결되면서 자연스럽게 이해됩니다. 수능 영어 독해에 자주 등장하는 경제 소재 지문에 미리 익숙해지는 효과도 있고요. 기사 내용을 영어로 요약하고 정리하는 루틴을 더하면 글로벌 감각까지 함께 자랍니다.

② 수능 독해 구조와 딱 맞아떨어지는 학습 방식

도입 → 개념 설명 → 사례 → 해결책. 수능 지문 전개와 똑같은 구조입니다. 문단 간 흐름, 연결어, 전환 표현을 반복 훈련하며 논리적 독해력을 끌어올릴 수 있어요. 처음엔 어렵게 느껴지던 사고력 문제도 기사 속 정보로 자연스럽게 접근하게 됩니다. 기사 내용의 영어 요약은 곧 수능형 독해 대비이자 자소서와 면접의 표현력 훈련이기도 하죠.

③ 어휘력과 독해력, 표현력을 한 번에

'시사용어 체크', '핵심 정보 정리' 코너로 핵심 어휘와 배경지식이 차곡차곡 쌓입니다. 경제 용어를 영어로 바꿔보는 훈련을 통해 문맥 속 어휘 감각도 확장되고요. 기사 속 경제 개념을 내 말로 설명하는 연습은 표현력과 사고력까지 업그레이드시켜줍니다. 덤으로 금융 상식, 글로벌 트렌드 감각까지 따라오죠. 진짜 살아 있는 학습입니다.

그래서, 틴매일경제로 공부하면 뭐가 다를까?

처음엔 어렵게 느껴졌던 경제 기사가, 어느 순간 우리 아이의 '지적 루틴'이 되는 경험을 하게 될 거예요. 그 순간부터 영어는 단순 과목이 아닌 생각을 키우는 도구로 바뀌고, 수능 독해든 면접이든, 어떤 무대에서도 흔들리지 않는 힘이 생깁니다. 그게 바로 '영어 문해력'의 진짜 가치입니다. 틴매일경제는 그 문해력을 가장 현실적이고 똑똑하게 키워주는 도구가 될 겁니다.

≪틴매경 홈페이지의 한글 기사를 챗GPT로 영문 변환해서 읽는 것도 좋은 방법이에요. 구체적 팁은 '대치동 상위 1% 문해력' 블로그에서 안내해드릴게요.≫

대치동 1% 아이들은
종이신문을 읽습니다

초판 1쇄 2025년 9월 18일

지은이 김정민 신찬옥
펴낸이 허연
편집장 유승현

책임편집 김민보
편집부 정혜재 고병찬 이예슬 장현송
마케팅 한동우 박소라 임성아
경영지원 김정희 오나리
디자인 ㈜명문기획

펴낸곳 매경출판㈜
등록 2003년 4월 24일(No. 2-3759)
주소 (04557) 서울시 중구 충무로 2(필동1가) 매일경제 별관 2층 매경출판㈜
홈페이지 mkbook.mk.co.kr **스마트스토어** smartstore.naver.com/mkpublish
페이스북 @maekyungpublishing **인스타그램** @mkpublishing
전화 02)2000-2632(기획편집) 02)2000-2646(마케팅) 02)2000-2606(구입 문의)
팩스 02)2000-2609 **이메일** publish@mkpublish.co.kr
인쇄·제본 ㈜M-print 031)8071-0961
ISBN 979-11-6484-806-5

© 김정민 신찬옥 2025

책값은 뒤표지에 있습니다.
파본은 구입하신 서점에서 교환해 드립니다.